HIGH PERFORMER
CORPORATE
STRATEGY

_____ 님께

_____드림

CEO를 위한
하이퍼포머
경영전략

CEO를 위한 하이퍼포머 경영전략

2009년 3월 25일 초판 1쇄 발행

지은이 · 류랑도 | 발행인 · 박시형 | 책임편집 · 이은정, 최세현 | 디자인 · 김애숙, 윤안나
마케팅 · 권금숙, 김명래, 김석원, 김영민
사업관리 · 조경일, 이연정 | 저작권 관리 · 김이령
발행처 · (주) 에스에이엠티유 | 출판신고 · 2006년 9월 25일 제313-2006-000210호
주소 · 서울시 마포구 동교동 203-2 신원빌딩 2층
전화 · 02-324-0255 | 팩스 · 02-324-0149 | 이메일 · info@smpk.co.kr

- 쌤앤파커스는 (주)에스에이엠티유 미디어 사업본부의 출판 브랜드입니다.
- 잘못된 책은 바꾸어 드립니다.   • 책값은 뒤표지에 있습니다.

쌤앤파커스(Sam&Parkers)는 독자 여러분의 책에 관한 아이디어와 원고 투고를 설레는 마음으로 기다리고 있습니다. 책으로 엮기를 원하는 아이디어가 있으신 분은 이메일 book@smpk.co.kr로 간단한 개요와 취지, 연락처 등을 보내주세요. 머뭇거리지 말고 문을 두드리세요. 길이 열립니다.

CEO를 위한

하이퍼포머
경영전략

류랑도 지음

HIGH PERFORMER
CORPORATE STRATEGY

성과 중심의 자율책임경영으로
하이퍼포먼스 기업을 창조한다

❀

최고의 환경에서는 역사에 남겨질 탁월한 성과를 기록해낼 수 있지만
최악의 환경에서는 미래의 성과를 보장해주는 핵심역량을 축적시킬 수 있다.

바짝 얼어붙어 있는 세계경제를 보면 우리 경제 역시 꽤 오랫 동안
이 충격에서 쉽게 벗어나지 못할 것이라는 예감이 든다. 세계경제의
중심지였던 미국 금융가에서 금융 수익을 창출해낸 대표 주자 격인 리
먼브라더스와 같은 세계 굴지의 금융회사들이 하루아침에 도산하는
장면을 목격하고 있자니, 남의 일이 아니다. 10년 전 외환위기가 국가
적인 경영 위기였다면, 2008년 말 미국 발 금융 위기는 전 세계적으
로 미치는 파급효과가 크기 때문에 가히 세계경제의 쓰나미라고 불릴
만한 위력으로 우리를 위협하고 있다. 실물 경제의 타격으로 인해 소
위 우량기업에 속하던 기업들이 줄줄이 무너지고 소리 없이 사라지는
현상을 보면서, 많은 이들이 불안과 동요 속에 살고 있다. 하지만 위
기란 곧 우리를 되돌아볼 수 있는 자성의 기회이기도 하다. 이런 때일

수록 우리는 우리를 둘러싸고 있는 환경을 냉정하게 바라보아야 할 필요가 있다.

 "최고의 환경에서는 역사에 남겨질 탁월한 성과를 기록해낼 수 있지만 최악의 환경에서는 미래의 성과를 보장해주는 핵심역량을 축적시킬 수 있다."

 호황의 시기란 단기성과를 위해서는 보약이겠지만 자칫 미래성과를 위한 중장기적인 투자에는 소홀해지기 쉬운 때다. 반면 경기불황이라는 환경은 단기성과를 올리는 데는 독이겠지만, 그 역시 어차피 주어진 현실이라면 미래성과를 대비할 역량축적을 위한 더 없이 훌륭한 보약이 되어줄 수 있다. 그래서 흔히 위기(危機) 속에 위험과 기회가 동시에 있다고 한다.

 맞는 말이다. 그러나 위기를 '위험'으로 느끼는 것은 근시안적인 단기 관점에서 오는 두려움이다. 현재의 위기상황을 기회로 판단하고 활용한다면, 오히려 그것은 미래의 성과를 위한 최적의 투자기회가 될 수 있다. 현실을 돌파해야 한다면, 이왕 어렵게 돌파해야 한다면, 지금의 현실을 미래의 기회로 바꿀 수 있는 도전과 용기를 가일층 가져야 한다.

 1990년대 후반 이후 급작스런 경영환경의 변화 앞에서, 우리는 새로운 경영환경에 맞는 경영시스템으로의 체질 개선을 미처 제대로 이뤄내지 못했다. 우리 기업을 둘러싸고 있는 외부환경은 이미 고객 중심으로 변했는데, 우리 기업의 내부 경영체질은 아직도 과거 기업 중심의 협소한 시각에서 벗어나지 못하고 있는 것이 현실이다. 말로는 죄다 아니라고들 하지만, 변했다는 것은 말뿐일 따름이요 실상은 아직도 진정한 고객 감동을 위한 '액션'을 취하는 데 서투르다. 겉보기에만 그럴듯한 억지춘향식이 대부분이다.

지금 우리는 시장에서 고객의 마음을 훤히 꿰뚫고 고객을 완벽하게 만족시킬 줄 아는 '진정한 핵심인재 육성'과 함께 '성과 중심의 자율책임경영'을 정착시킬 수 있는 절호의 기회를 맞고 있다. 지금 이것을 일궈내지 못한다면 우리는 정작 승부를 펼쳐야 할 가까운 장래에 땅을 치고 크게 후회하게 될 것이다. 고객 감동을 이뤄낼 수 있는 핵심인재와 성과 중심의 자율책임경영은 앞으로의 새로운 시대에 지속가능한 성과를 창조해낼 수 있는 핵심성공요인이다.

필자는 "고객 접점조직을 혁신해야 한다."고 기회가 있을 때마다 누누이 강조하고 있다. 앞으로 기업경쟁력의 핵심은 경쟁자와 차별화된 구성원 브랜드(Membership Brand)라고 생각한다. 고객 만족을 위해서는 고객 접점조직의 구성원들이 자율성과 창의성과 최고의 핵심역량으로 무장해야 한다. 이러한 자율성과 창의성, 핵심역량이 구성원들에게서 자연스럽게 배어나오게 하기 위해서는 성과 중심의 자율책임경영을 정착시켜야 함이 자명하다. 구호나 슬로건만으로는 구성원을 움직일 수 없다. 자신의 책임 하에 의사결정에서 성과보상까지, 움직이고 결과를 낸 만큼 그들이 가져갈 수 있게 해야 한다. 이러한 필자의 생각은 세계적인 경영사상가 게리 해멀(Gary Hammel)의 견해와도 일맥상통한다.

현대의 경영자들에게 가장 큰 영향을 미치고 있는 세계 최고의 경영사상가로 꼽히는 《꿀벌과 게릴라(Leading the Revolution)》의 저자 게리 해멀은 2007년 그의 저서 《경영의 미래(The Future of Management)》에서 기업의 지속성장과 발전의 원동력을 향상시키기 위한 여러 고민을 담고 있다. 게리 해멀이 꼽은 경영의 미래 핵심전략은, 첫째 임직원의 자율성을 확대하고, 둘째 격자형 조직구조를 활용하며, 셋째 구성원들의 경영에 대한 참여기회를 늘리는 등 기업의 경영활동 전반을 변화시킴으로써 기업 구성원의 창조성을 향상시키고 구성원 전원을 혁신활동에 참여시키는 '경영혁신(Management Innovation)'을 도모하는 것이다.

2008년에 세계적인 바이올리니스트 장영주와 내한공연을 가진 미국의 오르페우스 체임버 오케스트라에는 지휘자가 없었다. 팀원들이 스스로 악보를 해석하며, 악장과 수석도 그들이 직접 선정한다. 하지만 이 오케스트라는 뛰어난 연주 실력을 바탕으로 2001년 그래미 어워드를 수상할 정도로 성과를 올려왔으며, 여전히 승승장구 하는 중이다. 각각의 단원들이 자율성을 기반으로 맡은 바 최고의 실력을 표출하는 '자기성과경영'의 전형인 것이다. 이들은 자율성과경영을 통해, 누구나 인정하는 최고의 성과를 창출하고 있다.

경영학의 구루 피터 드러커(Peter Drucker) 역시 "미래의 기업은 바로 이 오케스트라처럼 움직일 것"이라고 강조하여 언급한 적이 있다. 훌륭한 하모니를 통해 멋진 연주와 바라던 성과를 달성하는 데 있어서 '자율책임경영'이 얼마나 중요한가를 느낄 수 있는 사례가 아닐 수 없다.

최근 들어 많은 기업 경영자들이 성과경영을 제대로 하기 위한 방법과 전략을 강구하고 있다. 하지만 정작 그것을 실제로 이행해나가는 것에 대해서는 너무나 어려워하고 두려워한다. 그래서 미리 시나리오를 짜고 앞으로의 성과를 어떻게 달성해낼 것인가 전략을 세우기보다는 일단 되는 대로 해보자는 '저지르고 보기 식' 행동이 앞선다.

기원전 2세기, 알프스를 넘어 로마로 진격한 카르타고의 한니발 장군은 불과 1만 명의 병력을 가지고 가장 강력한 갑옷과 방패로 무장한 7만 명의 로마군을 물리친 혁혁한 무훈을 세웠다. 그때 한니발 장군은 전쟁을 시작하기 전 치밀한 전략을 수립했다. 병력의 50%를 잘 훈련된 기마병으로 구성하고, 열악한 병력을 가지고 전쟁에서 승리하기 위해 필요한 전략을 사전에 잘 치밀하게 수립해서, 결국 군사력의 열세를 딛고 종횡무진으로 이탈리아를 유린했던 것이다. 어떻게 그런 일이 가능했을까?

손자병법의 〈군형(軍形)〉 편에 나오는 이야기에서 우리는 그 해답을 찾을 수 있다.

"전쟁에서 이기는 장수는 전쟁을 시작하기 전에 먼저 이기고 전쟁을 시작한다.

반면, 전쟁에서 패하는 장수는 전쟁을 시작하고 나서야 이길 궁리를 한다."

기업도 마찬가지다.

시장에서 수익을 창출하는 기업은 일을 하기 전에 먼저 성과목표와 성과를 낼 수 있는 전략을 세우고 실행에 옮기지만, 시장에서 흔적도 없이 사라지는 기업들은 어떻게 고객을 만족시켜야 하는지 알지도 못하는 상황에서 일단 일을 벌여놓고 본다.

모름지기 고객을 만족시키고 성과를 내기 위해서는 성과목표를 명확히 정하고, 그것을 달성하는 데 가장 중요하게 영향을 미치는 핵심 성공요인과 예상장애요인을 파악해서 경쟁의 승패를 좌우하는 전략을 수립해야 한다. 이것은 경쟁에서 반드시 지켜져야 할 '원칙'이다.

그리고 이러한 성공요인 및 장애요인과 관련된 정보를 획득하는 데 있어서는 반드시 필요한 사람이 있다. 바로 현장에 있는 고객 접점의 실무자들이다.

이들은 성과와 직결되는 현장의 여러 가지 정보를 접할 기회도 많고 이를 조직 내부로 가져와 여러 가지 전략적인 의사결정에 도움이 되도록 할 가능성도 크다. 그렇기 때문에 시장에서 고성과를 창출하는 하이퍼포먼스(High-Performance) 기업이 되기 위해서는 고객 접점의 구성원들을 바로 시장과 통하는 관문으로 여겨야 한다. 그래서 고객과 경쟁자에 대한 중요 정보를 수집해오는 '척후병'으로 육성해서 활용할 필요가 있다. 이들에게 업무 수행을 통해 달성해야 할 성과목표와 전략방향은 사전에 합의하되, 그 실행방법에 관해서는 철저하게 권한을 위임함으로써, 이 '척후병'들이 자신의 고객에 대한 지식과 창의적인 생각을 결합하는 계기를 만들어준다면, 어떤 기업이든 고객들로부터 존경받는 하이퍼포먼스 기업이 될 수 있다.

이 책에서 이야기하고자 하는 것이 바로 '하이퍼포먼스 기업'이 되기 위한 전략이다. 치열한 경쟁 속에서 성과경영의 진정한 정신을 이해하고 권한위임과 관련된 도구(Tool)를 어떻게 활용해야만 기업의 성과를 극대화할 수 있는지에 대해 골몰하는 국내의 기업들을 보면서, 필자가 여러 산업 분야에서 오래 축적해온 성과경영 컨설팅 경험을 전략적 의사결정에 필요한 도움으로 연결시키고자 이 책을 집필하게 되었다.

이 책의 1부에서는 성과경영의 의미가 무엇이며 왜 성과경영을 해야 하는지, 그리고 진정한 성과경영을 실천하는 하이퍼포먼스 기업이 되기 위해서는 어떤 방향을 기준으로 삼아야 하는지에 중점을 두었다. 아울러 과거 한국기업들이 성과경영 운영에 실패했던 이유와 함께, 진정한 성과 중심의 경영을 정착시키기 위해 유념해야 할 핵심성공요인들도 함께 제시해보았다.

2부에서는 필자의 박사학위 논문(《성과관리유형과 경영성과》, 2008, 성신여대 경영학과)을 바탕으로, 기업들이 단기 성과를 넘어 중장기적이고도 지속가능한 성과를 창출하기 위해 어떤 전략적 경영지표를 적용해야 하는지, 또한 구성원들로부터 자율성과 창의성을 이끌어낼 수 있도록 동기부여할 수 있는 제대로 된 인사제도 기준은 무엇인지, 기존 국내기업들의 성과경영 유형을 분류하고 분석해보았다. 이를 바탕으로 실제 국내기업들이 운영하는 성과경영 유형을 파악하고 각 유형별 특징과 앞으로의 차별화 방향을 대안으로 제시해보았다.

마지막으로 3부는 이 책의 가장 핵심적인 부분으로, '미래지향적인 성과'를 고려하는 동시에 진정한 '자율책임경영'을 실현할 수 있는 길을 제시해보고자 한다. 이는 2부에서 살펴봤던 지속가능한 경영성과를 창출하고 있는 성과경영의 모델기업들의 특성을 정리하여 이를 바탕으로 다른 기업들도 경영성과를 지속적으로 창출하기 위해서 무엇을 어떻게 해야 하는지 짚어봤다.

필자는 이 책을 통해 국내기업들이 하이포퍼먼스 기업이 될 수 있는 밑바탕으로 SCM 모델을 제안하고자 한다. 비전과 전략, BSC 바탕의 전략 시스템(Strategy System), 성과목표에 의한 경영을 실현하게 하는 실행 시스템(Cruising System), 성과 중심의 리더십과 역량 중심의 인적자원 경영전략을 이뤄내는 동기부여 시스템(Motivation System)을 경영자들이 쉽게 이해하고 활용할 수 있도록 사례와 더불어 전략적인 관점에서 기술해보았다.

결국 하이퍼포먼스 기업이란, 고객이 무엇을 요구하는지에 대해 진지하게 고민하고, 구성원 모두가 주인의식을 가지고 열정과 도전정신으로 똘똘 뭉쳐서 신바람 나게 '몰입'하는 기업이다. 국내기업들이 '성과를 잘 내는 DNA'를 공유하고 전파함으로써 지속적으로 조직 내 문화로 정착시킬 수 있기를 바란다. 그리하여 글로벌 경쟁시대에도 지속적인 성과를 창출해낼 수 있는 기업이 되어 새로운 날개를 달고 푸른 바다를 거침없이 날 수 있는 하이퍼포먼스 기업들로 성장하기를 진심으로 기원해본다.

- 대한민국의 모든 조직들이
하이퍼포먼스 기업으로 재탄생하는 그 날을 기약하며
안국동에서 저자 류랑도

CONTENTS

도표 및 그림 목차

한국기업이여, 성과 중심의 자율책임경영에 눈을 떠라!

'하이퍼포먼스 기업'은 고객이 무엇을 요구하는지에 대해 진지하게 고민하고, 구성원 모두가 주인의식을 가지고 열정과 도전정신으로 똘똘 뭉쳐서 신바람 나게 '몰입'하는 기업이다. 근본적인 체질개선으로 지속적으로 탁월한 성과를 창출해내라. 말단사원부터 CEO까지 '성과 중심의 자율책임경영'으로 뼛속까지 혁신하고, '하이퍼포먼스 전략'으로 머리끝부터 발끝까지 재무장하라.

Chapter 1

성과경영이란 무엇인가?

무작정 '열심히'만 하는 것이 아니라 상위 조직의 목표를 실현해내기 위해
필요한 전략을 수립하고 권한을 위임받아 가장 효과적인 실행 방안을 모색해야 한다.

21세기 경영환경은 한마디로 정의내릴 수 없을 정도로 복잡미묘하다. 시장 내의 기술발달 속도와 새로운 시장의 출현은 더욱 가속도가 붙어, 우리 기업들은 끊임없는 압박과 도전 속에서 고객욕구를 충족시키기 위한 부단한 노력을 요구받고 있다.

기업들에게는 시대적 경영환경 변화에 따라 브랜드 가치, 생산 기술, 특허 및 지적 재산권 등 무형자원이 더욱 중요시되고 있고, 예측 불허의 환경에 민첩하게 대응할 수 있는 최적의 전략을 '선택'하고 '실행'하는 역량도 경쟁력의 화두로 떠오르고 있다.

외환위기를 겪으면서 우리 정부는 당장 눈에 보이는 세금 감면, 유류세 면제와 같은 단기적인 소비진작 정책들을 우선과제로 실행해왔

다. 기업들도 마찬가지로 외부환경의 불안요인을 감지하자마자, 구조조정과 경비절감 등 초단기적인 처방을 주로 사용해왔다. 때문에 지속적으로 수익을 극대화해야 하는 기업의 궁극적인 미션을 놓고 보았을 때, 3년 혹은 5년 후의 생존조차 장담하기 어렵게 되었다. 1990년대 말에 불어 닥친 외환위기 이후의 단기적이고 소비적인 경영이 낳은 후유증으로 인해 2008년의 글로벌 금융위기를 맞으면서 다시금 여러 부작용들이 수면 위로 떠올랐다. 외환위기 당시에는 한 치 앞도 볼수 없는 긴박함 속에서 모든 처방의 초점을 단기성과에만 두고 구조조정을 단행했다. 그러면서 나타난 문제점은 중장기적으로 반드시 지켜야 할 산업 근간에 대한 투자, 그리고 우수한 인력을 지속적으로 육성하고 유지하지 못했다는 체질 저하의 상황이다.

하루 빨리 우리를 둘러싼 환경을 보는 새로운 시각이 필요하다.

아무리 좋은 외부환경에 처해 있다 하더라도 정부든 기업이든 스스로 분발하지 않고 혁신하지 않는다면 좋은 환경 자체가 중장기적인 관점에서는 독약이나 다름없다. 호황이라는 것은 단기성과를 올리기 위한 조건으로는 충분하지만, 미래의 중장기 성과를 위한 역량축적을 위해서는 자칫 자만심과 방심이라는 부정적인 싹을 키워낼 수도 있기 때문이다.

반대의 시각도 가능하다. 장기 경기침체에 따라 불황이 계속된다면, 당장 경영성과에는 타격을 받을지 모르나 추후 닥치게 될지 모를 역경을 헤쳐나갈 '면역력'을 생성시켜주는 데는 최고의 환경이 될 수도 있다고 말이다. 기왕 맞이해야 할 위기라면 이런 자세로 맞는 편이 더 생산적인 것이 아닌가? 어차피 닥친 불황이라는 환경에서 호들갑을 떨어봐야 마음만 아프다. 차라리 이러한 상황을 겸허히 받아들이고 미래의 중장기 성과를 위한 학습의 장으로 삼는 것도 좋은 처방일 것이다.

우리는 그동안 앞만 보고 달리면서 정작 미래를 위한 준비에는 소홀하지 않았는지 반성해야 한다. 우리를 둘러싸고 있는 환경이 좋다 나쁘다 평가하는 대신에, 환경을 어떻게 활용하느냐가 중요하다. 미래의 어느 시점에서 '예전에 이렇게 준비해뒀으면 더 좋았을 것을…' 하고 습관적으로 후회를 반복할 것이 아니라, 아예 이 기회에 좀 더 거시적이고 멀리 내다보는 안목을 가져야 할 것이다.

시장에서 경영성과를 창출하는 요인들이 어떻게 변화해 왔는지, 그리고 향후에는 어떤 방향으로 나아갈 것인가에 대해 살펴볼 필요가 있다.

수익 창출의 핵심요소를 상품(Product)과 기업(Corporate) 측면으로 구분해본다면 경쟁력의 원천이 무엇인지 그 무게중심이 달라지고 있음을 알게 될 것이다.

불과 20년 전까지만 해도 수익에 영향을 미치는 데는 상품(Product)이라는 요소가 절대적이었다. 1990년대 초반까지는 제품의 품질과 가격이 차지하는 비중이 가장 컸다면, 1990년대 말에는 납기와 서비스가 중요한 가치로 대두됐다. 그러던 것이 2000년대에 접어들면서는 고객의 요구사항(Needs, 이하 니즈)과 숨겨진 욕구(Wants, 이하 원츠)를 제품과 서비스에 반영하는 디자인 요소가 수익에 결정적인 영향을 미치고 있다.

　이렇듯 '상품' 측면에만 집중되어 있던 수익 창출의 선행요인들이 서서히 '기업' 측면으로 이동할 것으로 전망된다. 이제는 상품(Product) 측면의 경쟁력은 기본이고, 그동안 기업의 수익 창출에 미치는 영향력에서 상대적으로 덜 중요시되었던 공급자, 즉 기업 측면이 중요해지기 시작했다. 기업 측면은 곧 기업에 대한 이미지로 표현될 수 있으며, 시대별로 부상할 주요 요인들을 구분해볼 수 있다.

　2010년대에는 구성원들의 열정과 역량을 발휘하는 구성원 브랜드, 2020년대에는 기업에서 운영하는 경영시스템 등의 경영 브랜드, 그 이후에는 윤리경영, 친환경경영, 기업가정신, 기업지배구조 등 기업의 '사회적 브랜드'가 경영성과에 결정적인 영향을 미칠 것으로 예측된다.

　위와 같은 변화는 기업 경영환경이 지식정보화사회로 전환되고 글로벌시장 경계가 허물어지면서 기업의 무형가치가 경영성과에 영향을 미치는 비중이 커지고 있기 때문이다. 제품의 질과 가격은 왠만하면 비슷하게 마음에 드는 상황에서 상품을 생산하는 구성원 브랜드, 경영 브랜드, 기업의 사회적 브랜드로 차별화되지 않고서는 고객의 선택으로부터 멀어질 수밖에 없다.

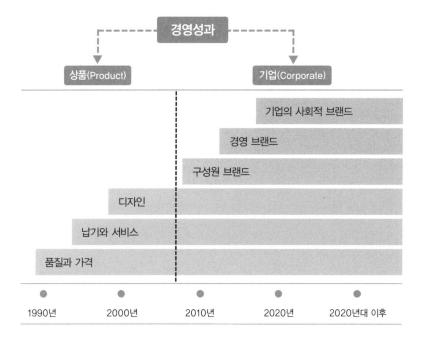

〈표 1-1〉 경영성과에 영향을 미치는 선행요인

마케팅 포지셔닝의 대가인 잭 트라우트(Jack Trout)는 고객에게 차별화 포인트를 제공하지 않으면 시장에서 도태될 수밖에 없다는 것을 누누이 강조해왔다. 수없이 많은 기업 속에서 자신을 차별화하여 포지셔닝 하지 않고서는 고객들의 기억 속에 남을 수가 없기 때문이다. 과거의 것도 중요하지만, 눈에 보이는 유형가치를 넘어서 특별한 부가가치, 즉 눈에 보이지 않는 브랜드의 무형가치를 높임으로써 성과를 이끌어내야 한다.

이처럼 기업을 경영함에 있어서 상품 측면을 중요시할지, 기업 측면을 중요시할지 선택의 문제에는 시대적으로 차이가 있다. 그러나 궁극적으로 기업의 경영성과를 창출하자는 동일한 목적을 가지고 있다.

이러한 현상들은 기업들이 예전만큼 성과를 내기 쉽지 않다는 것을 반증하는 것이기도 하다. 성과에 대한 관심이 높아지고는 있지만 정작 최근에 들어서야 우리는 '성과(成果, Performance)'라는 것이 무엇인지, 그리고 왜 성과가 중요한지, 성과를 지속적으로 창출하기 위해서는 무엇을 어떻게 해야 하는지에 대해 진지하게 성찰하기 시작했다.

그렇다면 도대체 성과란 무엇을 의미하는 것일까?

일반적으로 성과란 일을 잘하는 것, 일을 잘해서 얻게 되는 것, 목표를 달성해서 나타난 결과 등으로 인식된다. 이처럼 성과는 '생산에 필요한 요소들을 투입하여 변환과정을 거쳐서 얻게 되는 산출물' 정도로 이해되어왔다. 이것은 마치 제조공장에 근무하는 사람들이 즐겨 사용하는 '생산수율'이라는 개념과도 유사하다고 볼 수 있다.

하지만 이 책에서 말하는, 그리고 좀 더 명확한 의미에서의 성과란 그런 협소한 의미만을 가지고 있지는 않다. 성과를 논의할 때 놓쳐서는 안 되는 핵심은 '애초에 의도한 목적과 목표가 결과로 구현되는 것'이다. 아무리 열심히 일을 하더라도 애초에 정해놓았던 원하는 상태에 도달하지 못한다면 우리는 그 일의 결과를 성과로 볼 수 없다.

예를 들어, 며칠 밤을 세워가면서 그럴싸한 보고서를 작성했다 하더라도 그 보고서에 '고객이 원하는 정보'가 담겨져 있지 않으면, 보고서를 밤새워 쓴 행위는 성과로 연결되지 않는다. 불과 몇 문장으로 작성할 수 있는 보고서를 수십 페이지에 걸쳐 많은 시간을 들여 쓴다면, 이 역시 결코 높은 성과라고 할 수 없다. 아무리 좋은 전략을 수립하고 실행한다고 하더라도 애초에 설정한 목표에 도달하지 못한다면 성과를 창출했다고 할 수 없는 것이다. 따라서 성과의 개념에는 '고객지향성'이라는 의미가 강하게 포함되어 있다. 즉 성과는 고객의 니즈와 원츠에 대해 얼마나 만족을 주고 있는가의 관점에서도 평가되어야 한다.

상품을 구매하려는 고객의 마음속은 전쟁터와 같이 혼란스럽고 갈등이 계속되고 있다. 이 혼돈스러운 전쟁터에서 기업들은 자신의 존재를 차별화시켜서 포지셔닝 해야만 한다. 그렇지 못하면 해당 기업은 시장에서 경쟁자에게 패배할 수밖에 없는 현실에 직면하게 된다.

우리의 제품과 서비스를 구매하는 소비자만이 아니라, 우리와 거래를 하는 주요 협력사들, 금융회사들, 노동력과 역량을 제공하는 노동조합 또는 구성원, 업무를 부여하고 실행하는 상사와 구성원의 관계까지도 모두 고객 관점에서 접근해야 한다.

핀란드 노키아 사가 만들어낸 베르투(Vertu) 휴대전화의 사례는 고객의 요구사항과 숨겨진 욕구를 만족시켜서 탁월한 성과를 창출한 좋은 사례로 꼽을 수 있다. 베르투에는 요즘 휴대전화에는 필수적으로 달려 있는 그 흔한 카메라나 MP3 기능도 없지만 누구나 탐낼 만한 디자인 하나에 승부를 걸어 고객의 니즈를 충족시켰다. 더불어 가격은 한 대에 3만 달러 정도를 책정하여 전 세계 상위 1% 부자들의 자존심을 자극해 '진짜 부자들만 살 수 있는 휴대전화'라는 고객들의 원츠까지 충족시켜주는 전략을 통해 시장에서 큰 성공을 거두었다.

내가 아무리 나의 입장에서 잘한다고 해도 고객이 마음에 들어 하지 않는다면 헛수고에 지나지 않는다. 고객이 만족하는 서비스가 되려면, 어떤 일을 하기 전에 먼저 해당 고객의 요구사항과 욕구가 무엇인지 정확하게 파악해서 일을 추진해야 한다. 이것이 성과 창출의 지름길이다.

아울러 성과의 개념에서 빠져서는 안 되는 것으로 '탁월성'의 개념을 들 수 있다. 특별한 노력이나 역량이 없더라도 그냥 정해진 절차에 따라서 일을 수행했을 때 얻을 수 있는 결과물이라면, 그것을 성과로 보기는 어렵다. 또한 목표가 달성되었다 하더라도 과도하게 많은 비용이 들었거나 다른 조직이나 개인들도 비슷한 시간과 비용을 들이면 동일한 수준의 결과를 얻을 수 있는 정도라면, 이를 놓고 성과라고 보기가 어렵다. 성실하게 일해서 통상적인 수준의 결과물이 나온 것이 아니라, 창의성과 혁신성을 바탕으로 탁월한 수준에 이르렀을 때 우리는 성과를 냈다고 볼 수 있다.

종합해보면 성과란 아래와 같이 정의 내릴 수 있다.

첫째, 어떠한 '자원(Input)'을 활용함으로써 얻고자 기대하는 '결과물(Output)'이다. 이때 결과물은 기존에 하고 있는 업무의 상호작용을 통해 질적으로 변화된 다른 모습의 결과물을 의미한다.

둘째, 이렇게 도출된 결과물은 미래의 시점에 달성하고자 하는 목적지가 된다.

셋째, 고객이 요구하는 적정한 수준의 니즈를 충족시키는 것은 물론이고 숨겨져 있는 원츠까지 만족시킬 수 있는 기준이 있어야 한다.

넷째, 공급자가 얼마나 노력을 하고 실행을 했는가 하는 실행 기준보다, 새로운 가치를 창조해내는 성과 기준이 반드시 수반되어야 한다.

마지막 다섯째, 이렇게 이루어낸 결과가 통상적인 수준을 뛰어넘는 탁월한 결과여야 한다는 것이다. 이러한 성과의 개념을 요약하면 아래의 그림과 같다.

기대하는 Output (Per:기준, Form:형태)
가고자 하는 목적지
고객만족 기준(Wants)
실행기준(X)   성과기준(O) Needs   Wants Key Mission   Key Performance
통상적인 수준(성실) 탁월한 수준(창의, 혁신)

〈표 1-2〉 성과란 무엇인가?

한편 최근 일본의 경영사례를 연구해온 일부 학자들은 서구를 중심으로 도입되고 있는 성과주의를 비판하면서 일본식 연공제의 장점을 소개하고 장기적인 성과 과제에는 일본식 연공제가 더 유리하다고 설파하기도 한다. 이는 오로지 연봉제 혹은 금전적인 동기부여제도를 비판하는 국한된 시각일 뿐, 성과주의 경영의 본질인 자율책임경영의 철학을 간과한 것이라고 볼 수 있다.

우리가 이야기하고자 하는 진정한 '성과주의'는 성과의 핵심성공요인인 고객만족을 실현하기 위해 고객의 니즈와 원츠를 정확히 파악해서 제품과 서비스에 반영하자는 것이 핵심이다. 이를 위해서는 고객과 가장 근접해 있는 구성원들의 역할이 중요하다. 고객들이 요구하는 니즈와 원츠에 신속하게 대응하고 의사결정을 할 수 있는 권한을 부여함으로써, 그들이 합리적이고 자율적으로 전략을 실행할 수 있도록 하는 것이다.

많은 사람들이 '성과주의'를 '결과주의' 또는 '능력주의'와 혼용하고 있는데, 각각은 엄격히 구분되어야 한다. '결과주의'는 최종 결과를 내기 위한 중간 과정을 전략적으로 통제하기보다는 최종 결과 자체를 중시하는 것을 말한다. 그에 반해 '성과주의'는 최종 성과를 창출하기 위해 이에 결정적인 영향을 미치는 중간 성과를 전략적으로 도출하고 이를 잘 실행되도록 하는 일종의 '전략적 과정주의'라고 볼 수 있다.

	성과주의	결과주의	능력주의
Focus	최종 성과뿐만 아니라 결과에 이르는 프로세스도 중시	매출이나 시장점유율, 이익 같은 숫자상 나타나는 최종 성과만을 중시	잠재능력, 의욕, 태도 중시
장점	성과를 가져오는 성과행동이나 중간성과의 파악을 통한 지속적인 성과 창출 가능	단기목표 달성을 위한 역량 집중 가능	단일방향으로의 양적 확대를 지향하는 전략 트렌드에 유용
단점	· 시스템적인 구축이 되지 않으면 관리 포인트만 상승되는 결과 초래	· 단정적이고 단기적인 방향으로만 업무 진행 · 핵심역량 구축의 어려움으로 지속적인 경쟁우위 상실 우려 · 고객, 시장으로부터의 신뢰 상실 우려	· 연령, 경험연한 등의 존중으로 성과가 우수한 젊은 인재의 근로의식 상실 · 주관적인 판단 개입 여지
평가 요소	성과행동/성과	최종 결과	능력

〈표 1-3〉 성과주의, 결과주의, 능력주의 비교

지금까지 성과주의, 결과주의, 능력주의의 차이를 알아봤다. 그 핵심이 어디에 있는지 이해할 수 있을 것이다. 그런데 최종 성과뿐만 아니라 결과에 이르는 프로세스를 중시하는 '성과주의' 내에서도 흔히 '성과관리'와 '성과경영'을 혼동하는 경우가 많다.

'성과관리'는 자원을 통제하는 것을 근간으로 한다. 기업의 목표를 각 단계의 하위 조직에 내려주고 그 계획을 정확히 실행하여 목표를 달성하는 데 초점을 맞추는 관리 방식이 바로 '성과관리'다. 즉 상위 조직 또는 상위 관리자가 업무를 명령하고 지시하면, 구성원이 그것을 '열심히' 실행해내는 데 초점을 맞추고 있다.

반면 '성과경영'은 회사 차원 혹은 각 단위 부문의 성과목표 달성을 위해 전략을 통한 계획과 실행을 목적으로 한다. 즉 기업 내의 여러 단위 조직들이 성과목표를 달성하기 위한 전략을 수립하고 선택과 집중을 한다는 것이 기존의 '성과관리'에서는 볼 수 없었던 점이다. 무작정 '열심히'만 하는 것이 아니라 상위 조직의 목표를 실현해내기 위해 필요한 전략을 수립하고, 권한을 위임받아 가장 효과적인 전략실행 방안을 모색하는 등 '제대로' 하여 성과목표 달성에 초점을 맞추는 것이다.

최근 시장환경이 고객 중심으로 경쟁이 극심해지고 성장세가 저조해지는 구도로 변하면서, 많은 이들이 성과경영의 중요성을 인식하고 있다. 그러면서 너도나도 성과 중심의 경영혁신 기법들을 도입한다고 아우성인데, 문제는 성과에 대한 근본적인 이해 없이 형식만 빌려왔다는 점이다. 기존의 중앙통제식 의사결정과 연공서열주의에 적당히 목표관리와 차등성과급을 섞어놓고 혼용하다 보니, 껍데기는 성과주의로 변했는데 본질은 예전의 운용방식과 다름없어 실질적인 효과를 못 보고 있는 것이다.

그래서 다음 장에서는 성과경영이 어떻게 태동하게 되었으며, 우리 기업들이 왜 성과경영을 해야만 하는가에 대한 설명을 이어가고자 한다.

Chapter 2

왜 성과경영에 도전해야 하는가?

고객을 만족시키고 지속적으로 수익을 내기 위해서는, 내부경쟁력을 극대화하거나
미래 성장동력 발굴 및 핵심역량의 축적에 초점을 맞추어야 한다.

▌ 성과경영, 성과 중심의 자율책임경영은 어떻게 해서 등장하게 된 것
일까?

분초를 다투며 변화하는 환경은 기업의 경영방식에도 변화를 요구
하고 있으며, 더 이상 과거의 경영방식을 고수할 수 없게끔 만들었다.
결국 시장경쟁에서 살아남고자 하는 기업은 경영의 틀을 새롭게 수용
할 것을 강요받고 있다. 오른쪽 페이지에 제시된 미국 기업의 시대별
경영전략의 주제와 주요 개념 및 특징들을 보면서 그 변천사를 비교
해보자.

	1950년대~1970년대 초반	1970년대 후반~1980년대 중반	1980년대 후반~1990년대 중반	1990년대 후반~2000년대
주요 주제	장기 전략계획	산업구조 및 경쟁분석	경쟁우위 창출 및 유지	인터넷을 비롯한 기술 진보의 영향
주요 개념 및 기법	재무적인 투자계획 수립 및 시장예측, 시장점유율 분석, SWOT 분석	산업구조 분석과 산업 내의 포지셔닝	기업 내의 경쟁우위를 창출하는 요인 분석, 동태적 분석 기법	수확체증의 현상, 네트워크 경제성, 혁신, 산업표준의 중요성
조직상의 특징	재무관리가 주요 기능 수행, 기업의 종합기획실 설립	수익성이 낮은 사업으로부터 탈퇴 및 전망이 좋은 사업 분야로 진입	인적자원 관리, 전략적 제휴를 통한 핵심역량 배양, 비즈니스 리엔지니어링으로 비용 절감 및 서비스 향상	전략적 제휴가 강조됨, 시장 및 기술의 변화에 대한 빠른 대응, 창의력 증대, 기업가 정신
대표적 학자	· 이고르 앤소프(Igor Ansoff) · 케네스 앤드로스(Kenneth Andrews) · 클레이튼 크리스텐슨(Clayton M. Christensen)	· 마이클 포터(Michael Porter)	· 개리 허멜(Gary Hamel) · C. K. 프라할라드(C. K. Prahalad)	· 이쿠지로 노나카(Ikujiro Nonaka)

〈표 1-4〉 경영전략의 시대적 흐름

표에서 보는 바와 같이 기업 경영전략의 변화는 크게 4단계로 구분해 볼 수 있다.

1950년대 경영전략의 주제는 장기적인 전략계획 수립이었다. 따라서 이러한 주제에 맞춰 효율적인 재무투자계획을 수립하고 시장에 대해 중장기적으로 예측하고 목표를 설정하며, 시장점유율 확대 방법을 중점적으로 분석하기 시작했다. 그리하여 이 시대의 기업들은 재무관리 기능을 종합기획실에 두고 기업의 자원을 효율적으로 투자하기 위한 본부의 기능을 수행하면서 사업을 다각화하였다.

1970년대 후반부터는 미국기업이 일본과 독일의 제품들과 힘겹게 경쟁하면서 이전의 우월한 지위를 상실하게 되었다. 이로 인해 미국기업들이 그동안 보여주었던 기업 집단구조가 경쟁력을 상실하게 되면서 새로운 경영전략의 방향을 모색하게 된다. 이러한 요구에 맞추어 마이클 포터(M. Porter)는 산업구조 분석의 개념을 주장하면서, 산업조직론의 시각을 경영전략론에 적용하기 시작했다. 여기서 말하는 산업구조 분석이란 산업에 참여하고 있는 주요 경쟁자들의 특성을 찾아보고 해당 산업이 실제 매력 있는 산업인지 그렇지 않은지를 판단함으로써, 산업 내에서의 핵심성공요인(Critical Success Factor)을 찾아 경쟁수단으로 활용하도록 방안을 제시하는 것이다.

이후 1980년대 말부터 1990년대에 들어서면서 미국의 경제상황은 또 다시 변화를 경험하게 된다. 그동안 일본과 독일기업을 상대하던 미국은 저렴한 원가를 내세운 아시아기업들과 경쟁하게 되었고 또 다시 변화를 시도하게 된다. 이에 경영전략학자인 게리 해멀을 비롯한 제이 바니(Jay Barney) 등은 기업의 경쟁우위를 가능케 하는 핵심역량을 중심으로 전략적 의사결정을 수립해야 한다고 주장하였다. 핵심역량이란 단순히 비교우위를 가져오는 우위 요소를 설명하는 것이 아니다. 경쟁상의 우위, 탁월한 성과를 가져오는 독특한 특성을 의미하고 있다. 따라서 핵심역량은 조직적인 가치를 지니고 있으며 쉽게 모방되지 않는 희소한 역량이다. 또한 조직적으로 다른 분야에도 활용 가능한 특성이 있다.

2000년대에 이르러서는 인터넷 환경을 기반으로 하는 네트워크 사회로 진입하면서 또 한 번의 큰 변화를 경험하게 된다. 인터넷 기반의 네트워크 사회에서는 수확체증의 법칙이 적용되고, 소비자와 공급자의 개념이 모호해지면서 인터넷을 통한 정보와 지식의 확산과 공유가 가능해지는, 이전과는 다른 경쟁환경에 노출되게 된다. 이러한 이유로 기업들은 핵심역량을 확보하기 위해 기업 간의 합종연횡과 전략적 제휴 등의 방법들을 선택하면서 급변하는 환경에 대응하기 위한 방안들을 모색하고 있다. 네트워크 사회는 소비자들이 가지는 정보의 양역시 급격히 증대됨으로 인해, 이전의 공급자 위주의 사회에서 소비자 위주의 사회로 급속도로 전환되고 있다.

이처럼 경영전략은 시대별로 꾸준히 변화해 오고 있으며, 경쟁시장이 어떠하냐에 따라 전략의 방향과 방법도 달라진다. 경쟁시장은 레드오션(Red Ocean)과 블루오션(Blue Ocean)으로 양극화하여 구분해볼 수 있다.

이미 경쟁이 치열하게 진행된 레드오션 시장에서는 규모의 불확실성을 최소화하고자 규모의 경제(Big&Powerful) 전략방향을 선택하게 된다. 이 전략은 다른 기업과 전략적 제휴나 네트워크 구축 혹은 인수합병(M&A)과 같은 전략들을 통해 시장지배력을 극대화하고자 한다. 이것은 거대기업들이 가장 선호하는 전략이기도 하다. 시장의 환경이 불투명해지고 고객들의 요구사항이 까다로워지며 경쟁의 양상이 한 치 앞도 내다보기 힘들기 때문에 기업들은 시장에 대한 불확실성을 줄이기 위해 몸집을 불리려고 하는 것이다.

블루오션 시장에서는 현재 미개척된 시장을 선점하여 향후 그 시장에 진입할 경쟁자보다 우위를 차지할 수 있는 전략이다. 작지만 차별화된 전문영역(Small&Strong)을 통해 새로운 가치를 발굴하고 특화시킴으로써 기업의 수익을 창출하는 생존전략으로, 얼마나 빠르게 그

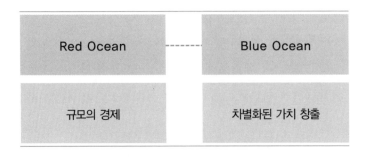

〈표 1-5〉 기업 생존전략의 양극화 방향

시장을 발굴해내고 상품 가치를 만들어내느냐에 기업의 생사가 걸려 있다.

기업이 시장에서 생존하기 위해 위의 전략 중에서 무엇을 선택하든, 중요한 것은 고객을 만족시키고 수익을 내야 한다는 것이다.

그러기 위해서는 내부경쟁력을 극대화하거나 미래 성장동력 발굴 및 핵심역량의 축적에 초점을 맞추어야 한다. 내부경쟁력의 극대화는 경쟁기업에 비해 우리가 가지고 있는 강점을 더욱 강화시키고 투입 대비 결과를 향상시킴으로써 생산성을 올리도록 하는 것을 의미한다.

미래 성장동력을 발굴하고 핵심역량을 축적하는 것은 '그들만의 리그'가 아닌 고객 중심, 시장지향적인 방향성 추구를 통해 수익창출 요인을 선정하는 것을 말한다.

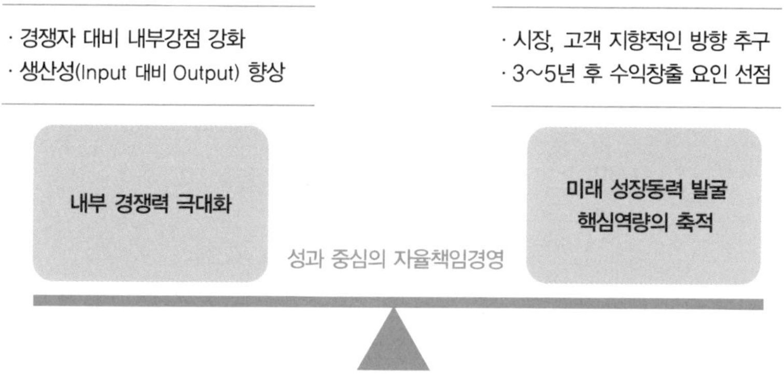

· 경쟁자 대비 내부강점 강화
· 생산성(Input 대비 Output) 향상

· 시장, 고객 지향적인 방향 추구
· 3~5년 후 수익창출 요인 선점

내부 경쟁력 극대화

성과 중심의 자율책임경영

미래 성장동력 발굴
핵심역량의 축적

〈표 1-6〉 성과 중심의 자율책임경영을 통한 기업의 궁극적인 목표

이처럼 기업경쟁력을 강화하기 위한 고민의 기본바탕에는 공통적으로 성과 중심의 자율책임경영이 자리 잡고 있다.

성과 중심의 자율책임경영이란 개인의 성과목표를 달성하는 과정에서 상위 조직 장의 눈치를 보거나 통제를 받지 않고 스스로 수립한 달성전략을 자율적으로 실행할 수 있는 경영체계를 의미한다.

회사 차원의 비전과 중장기 성과목표를 실현하기 위해서는 단위 조직의 역할이 반드시 수반되어야 한다. 따라서 상위 조직의 장은 회사 차원의 성과목표를 이룰 수 있도록 각 팀원들에게 개인이 책임질 수 있는 성과목표를 배분해주고 성과목표를 부여받은 팀원은 이를 달성하기 위한 전략을 수립하도록 한다.

목표를 부여했던 상위 조직 장과 팀원은 달성전략에 대해 협의하고, 그 후 팀원은 자율적으로 전략을 실행할 수 있는 권한을 갖게 된다. 이러한 성과 중심의 자율책임경영은 고객 접점의 자율성과 창의성을 극대화시켜주기 때문에 내부경쟁력과 향후 미래 성장동력을 발굴하는 데 있어서 구성원의 적극적인 참여와 몰입을 이끌어낼 수 있다.

지금까지 기업환경의 변화를 통해 성과 중심의 자율책임경영의 중요성에 대해 알아보았다면, 이제는 우리가 성과 중심의 자율책임경영에 도전해야만 하는 당위성에 대해 살펴보자.

왜 성과 중심의 자율책임경영을 할 수밖에 없는지, 그 이유는 다음과 같은 네 가지 경영환경 변화와 패러다임 이슈를 통해 설명할 수 있다.

- 일하는 방법의 변화를 통해 구성원을 동기부여시켜야 한다.
- 성과주체의 변화로 권한위임이 필요해졌다.
- 업무도구의 변화로 시스템 경영이 필요하다.
- 성과와 관련된 이해관계자들이 다양해지고 복잡해졌다.

〈표 1-7〉 경영환경 변화에 따른 자율책임경영의 당위성

첫째, 일하는 방법의 변화를 통해 구성원을 동기부여시켜야 한다.

구성원들이 하는 일을 관리자가 일일이 지시하고 통제하고 검사하면 구성원들은 수동적으로 변해버리고 생산성도 오르지 않는다. 일을 하기 전에 달성해야 할 업무목표와 핵심과제를 사전에 합의하고 과제 실행방법에 대해서는 스스로 알아서 하게 해야 한다. 그러면 마음가짐은 물론이고 생산성도 확연히 달라지는 것을 우리는 건설현장이나 생산현장의 소위 '돈내기' 문화를 통해서 알 수 있다.

설정된 목표 아래에서 구성원들이 자율적으로 성과에 대한 책임을 지고 경영하는 방식은 일찍이 피터 드러커와 D. 맥그리거(D. Mcgregor)가 목표관리, MBO(Management By Objectives, 일반적으로 '목표관리'라고 부르고 있지만 정확한 의미는 '목표에 의한 경영'이다. 3부에서 구체적으로 다룰 예정이다)라는 개념으로 정리한 바 있다. 지시하고 통제하고 점검하는 방식에서 기준과 조건을 제시하고 성과와 역량에 따라 차등 보상하는 시스템이 훨씬 구성원들을 신바람 나게 동기부여 할 수 있기 때문에, 자기 주도적이고

사업가적인 마인드를 가진 구성원들에게 일하는 방법을 혁신시킴으로써 탁월한 성과를 창출할 여지를 더 확산해야 하는 것이다.

둘째, 성과주체의 변화로 권한위임이 필요해졌다.

경영환경이 공급자 중심에서 고객 중심으로 변화함에 따라 고객 접점조직의 역할이 중요해졌다. 만들어진 제품을 시장에 어떻게 파느냐와 시장에서 팔릴 물건을 어떻게 만들 것인가 하는 것이 중요해짐에 따라 이의 실행을 맡고 있는 고객 접점조직의 책임자와 실무자들이 성과의 주체로 중요한 역할을 맡게 된 것이다. 탁월한 성과를 창출하고 있는 기업들이 공통적으로 가지고 있는 경쟁력의 키워드로 전략 실행력과 스피드를 꼽을 수 있는데, 이는 변화무쌍한 시장환경에 따라 얼마나 효과적으로 대안을 빨리 실행시켜서 고객을 만족시킬 수 있는가가 관건임을 의미한다고 볼 수 있다. 요즘같이 하루에도 수천, 수만 가지의 정보가 쏟아져 나오고 경영자가 복잡한 의사결정을 하루에도 몇 번이나 해야 되는 환경에서는, 모든 것을 소수의 최고경영진이 중앙집권적 통제방식으로 처리할 수 없는 상황이 되었다.

경쟁자와 차별화된 가치(Value)를 창출하기 위해서는 내부지향적인 마인드나 프로세스 정도로는 성과를 내기에 역부족이다. 고객가치를 새롭게 창출하기 위한 무엇인가가 필요하게 되는데 이것을 가능하게 하는 것이 바로 성과의 주체로 새롭게 등장한 고객 접점 실무자들이다. 그들에게 달성해야 할 성과목표를 부여하고 실행방법에 대한 권한위임을 통한 현장 중심의 참여경영을 해야만 탁월한 성과를 창출할 가능성이 가장 높아지는 환경에 직면하게 된 것이다.

따라서 많은 기업들이 수직적이고 중앙통제적인 조직관리 방식에서 벗어나 수평적인 사업부와 팀제로의 변화를 모색하면서 권한위임이 가능한 자기완결형 조직구조로 변모하기 시작하였다. 이처럼 수평적 조직과 구성원의 역량을 강조하는 것은 성과 창출의 핵심계층이 최고경영진에서 점차 중간경영층 또는 조직의 프로세스로 이행되면서, 성과 창출을 위한 실행방법의 선택권한을 실행을 맡고 있는 아래로 위임할 수밖에 없는 상황으로 변해가고 있다는 것의 반증이다.

셋째, 업무도구와 내용의 변화로 시스템 경영이 필요하다.

업무도구와 내용의 고도화, 전문화, 세분화가 진행되면서 임원들이나 팀장들은 구성원들이 하는 일의 과정이나 실행방법을 일일이 보고받고 통제하기가 현실적으로 어려워졌다. 또한 복잡한 일들이 어느 한 사람의 컨디션에 따라 그 결과가 좌지우지되는 것은 성과 창출이 중요한 이 시점과 어울리지 않는 일이다. 조직은 사람 중심의 인치경영에 영향을 받아서는 안 되며 전 구성원이 공통적으로 공유하고 납득할 수 있는 객관적인 기준에 의해 시스템적으로 경영되어야 한다.

넷째, 성과와 관련된 이해관계자들이 다양해지고 복잡해졌다.

예전에는 조직의 성과 창출에 영향을 미치는 요소들이 주로 조직 내부적 요소들이었다. 그러나 지식정보화 사회, 글로벌 사회로 옮겨가면서, 이해집단들의 다양성이 협력사, 지역사회, 시민단체로까지 확산되었다. 그에 따라 업무 수행과정에서의 이해관계가 복잡다단해졌고, 성과에 미치는 요소들도 그만큼 많아지고 예측 또한 어렵게 되는 상황이 도래하였다. 그래서 구성원들의 업무 수행, 즉 성과목표에 도달하는 프로세스가 기업 내·외부를 아우르고 대단히 복잡해졌고 모든 과정을 일일이 상위 관리자들에게 보고하고 의사결정을 기다리는 것이 불가능해졌다. 만약 보고한다 하더라도 상위 관리자들은 상황에 대한 정확한 인식이 없기 때문에 적절한 의사결정을 내리기가 어려워졌다.

고객이 시장을 주도하기 시작하면서 기업의 수익 창출은 더 이상 소수의 최고경영층이 아니라 고객 접점에서 근무하는 실무자들에 의해서 이루어지게 되었다. 고객 접점의 실무자들에 의해 기업의 성패가 좌우되므로 기업의 경영 관리 정책은 권한위임을 통한 현장의 참여경영방식이 요구되고 있다. 그런 만큼 우리는 성과 중심의 자율책임경영을 할 수밖에 없다.

성과경영을 기업 내에 정착시키기 위해서는 성과 중심의 자율책임경영을 할 수 있는 기반이 필요하며 이때 반드시 고려해야 할 요인들이 있다. 성과경영을 도입해서 국내기업들이 실패했던 사례와 성공한 사례를 통해서 벤치마킹 해보도록 하자.

Chapter 3

성과경영의 실패요인과
핵심성공요인

감독이나 코치는 선수들과 같이 그라운드에서 직접 뛰는 것이 아니라,
승리를 위한 전략수립이나 선수들에 대한 지원 및 역량개발에 주력한다.

▌성과경영을 죽이는 4(死)대 실패요인

수많은 기업들이 성과주의를 표방하고 있음에도 불구하고, 왜 많은
기업들이 성과경영을 정착시키는 데 실패하고 있는 것일까? 실제로
그 속내를 들여다 보면, 국내기업들의 성과경영이 실패할 수밖에 없
었던 원인에는 네 가지 공통점을 가지고 있다.

첫 번째 실패의 이유는 바로 사람에 대한 실패다. 특히 리더들의 성
과경영 스타일의 문제점을 꼽을 수 있다.

제대로 된 성과경영을 위해서는 구성원에게 기업이 가고자 하는 방

- 사람에 대한 실패, 특히 리더들의 성과경영 스타일 문제다.
- 중앙통제 성격이 강한 조직 운영이 문제다.
- 순위경쟁 방식을 고집하는 관련 제도의 운영이 문제다.
- 자원을 효율적으로 활용하지 못하는 점이 문제다!

〈표 1-8〉 한국기업들의 성과경영 실패요인

향과 비전을 제시하고 합리적인 목표를 설정하는 '리더의 역할'이 필요하다. 그런데 국내의 대다수 리더들은 그렇지 못하다.

과거에 리더들이 했던 경영 스타일은 '지시'하며 '통제'하고 '감시'하는 것이었다. 대다수 기업에서 성과경영이 실패하게 된 가장 큰 원인은 바로 리더들의 역할과 미션상에 혁신이 이뤄지지 못했기 때문이다. 성과경영의 핵심주체인 임원들이나 팀장과 같은 리더들의 '역할'은 예전처럼 그대로 놔두고, 제도적인 부분에서만 접근하려고 하는 것이 여전히 많은 기업들의 일반적인 모습이다.

성과경영은 임원들이나 팀장들의 '일하는 방법'에 대한 전면적인 혁신을 요구한다고 해도 과언이 아니다. 그럼에도 불구하고 정작 당사자들에게 일하는 방법에 대한 전면 재교육이나 혁신은 전혀 요구하지 않고, 제도나 시스템, 일선 실무자들의 업무 마인드나 방법에 대한 교육만 강조하고 있는 것이 현실이다. 향후 성과경영의 성공 여부는 임원들과 팀장들의 일처리 방식 혁신이 가장 큰 관건이 될 것이다.

즉 성과경영의 기본이 되는 것은 바로 이들 리더들이 업무나 과제를 시작하기 전에 목표와 전략방향에 대해 실행자들과 합의하고, 그 실행 과정에 대해서는 자율적으로 실행자가 주도할 수 있도록 과감하게 믿고 맡겨야 한다는 점이다.

두 번째 실패 이유는 중앙통제 성격이 강한 조직 운영의 문제를 꼽을 수 있다.

일반 기업에서 흔히 볼 수 있는 조직 운영 형태는 최고경영층이나 임원층에서 모든 의사결정 권한을 가지고 조직을 통제하는 방식이다. 이런 경우 조직 내부의 쌍방향 커뮤니케이션이 어려워진다. 고객 접점에 있는 실무자들에게는 권한은 없고 책임만 주어지기 때문에, 고객의 의사가 실무자에게 전달되더라도 실무자 선에서는 그것을 재량껏 처리할 수도, 기업 경영에 반영되게 할 수도 없다. 말로는 고객만족, 고객중심을 부르짖었지만 실제적으로는 기업 내부의 최고경영층 중심으로 중앙 집권적, 중앙 통제적인 기업 경영 메커니즘이 진정한 성과경영의 정착을 가로막았다고 볼 수 있다.

세 번째 실패 이유는 순위경쟁 방식의 평가와 보상제도의 운영을 꼽을 수 있다.

성과경영을 제대로 실행하기 위해서는 고객과 근접한 구성원들의 역량이 관건이다. 구성원들의 역량을 향상시키기 위해서는 지속적인 교육훈련도 중요하고 역량 강화도 중요하지만, 무엇보다 구성원들을 절대평가하고 보상하는 '기준'이 재정립되어야 한다.

그래서 평가제도에 있어서 단순히 구성원들의 서열을 구분 짓는 순위경쟁 방식의 사정형 평가로부터 벗어나, 개인별 업무성과 기록을 향상시킬 수 있는 육성 지향적인 관점에서 개개인의 역량과 성과를 측정하고 육성시켜줄 수 있는 지혜가 필요하다. 그러나 대다수의 기업들은 아직도 기록경쟁 방식이 아닌 순위경쟁 방식의 기존 관행을 유지시키고 있다.

당연히 그런 조직에서는 눈앞에 놓인 단기성과만을 획득하려는 행동과 의식이 지배적이고, 부서 간 이기주의가 만연하는 현상이 일반적일 수밖에 없다. 서열을 매기고 상대평가를 부추기면서, 우리나라 국민들의 핵심역량인 공동체 의식이나 팀워크가 점차 사라지고 있다. 이러한 현상을 반영하듯 대부분의 기업들이 성과경영의 도입 목적과 철학을 명확히 공유하지 않은 채 단기목표 달성 결과를 성급하게 보상제도 등과 연계시켜 운영하기 시작했다.

'성과경영이 왜 필요한가?'에 대한 근본적인 고민을 공유하고 성과경영의 목적에 대해 정확히 이해할 필요가 있다. 대부분의 기업들은 과정을 무시한 단기성과에 따라 차등 보상하는 것을 마치 성과주의의 전부인 것으로 착각하고 있다.

마지막으로 네 번째 실패 이유는 성과관리지표와 성과책임지표를 균형 있게 운영하지 못하여 자원을 효율적으로 활용하지 못하고 있다는 점이다.

성과경영을 제대로 하기 위해서는 팀장과 구성원들이 올해 일상적으로 관리해야 할 성과가 무엇인지, 그리고 특히 올해 중점적으로 책임져야 할 성과목표가 무엇인지를 구분하여 우선순위를 정하는 것이 필요하다. 해야 할 일들을 펼쳐놓고 보면, 그 양은 엄청 많은데 자원은 한정되어 있게 마련이다. 자원의 한계를 극복하고 최대한의 성과를 내려면 수행해야 할 과제를 성과관리지표와 성과책임지표의 형태로 구분해놓고 '선택과 집중'의 운영의 묘를 살려야 한다.

여기서 말하는 성과관리지표란 일상적인 업무의 전반적인 상태를 모니터링 하고, 성과책임지표는 올해 반드시 달성해야 하고 그 성과를 책임져야 한다는 것을 알려주는 기능을 한다. 모든 것이 중요하다고 해서 이것도 하고 저것도 하라는 식의 업무지침은 구성원들의 진을 빼놓을 뿐이다.

성과경영을 살리는 4(史)대 핵심성공요인

그렇다면 성과경영을 성공적으로 정착시키기 위한 방법은 없을까?

분명히 답은 있다. 다음의 요소들을 고려하여 기업을 경영하고 있다는 것은 곧 성과 중심의 자율책임경영을 하기 위한 기반이 마련된 것이라고 볼 수 있다.

성과경영에 활력을 불어 넣고 역사(歷史)에 길이 남을 수 있는 성공적인 성과경영을 정착시킬 수 있도록 하는 것! 그 방법을 알고 나면

- 진정한 성과경영에 대해 전 구성원들이 공감대를 형성해야 한다.
- 모든 조직을 고객 접점 중심의 임파워먼트 조직구조로 바꾸어야 한다.
- 리더와 구성원들이 자율적으로 움직일 수 있는 프로구단 형태로 조직을 운영해야 한다.
- 각 단위 조직별로 문자 중심이 아닌 숫자 중심의 경영을 해야 한다.

〈표 1-9〉 한국기업들의 성과경영 핵심성공요인

그리 어렵지 않다. 다만 반복적인 실천을 통해 체질화시키는 과정이 힘들 뿐이다.

첫째, 진정한 성과경영에 대해 전 구성원들이 공감대를 형성해야 한다.

인식의 대전환이 필요하다. 성과경영을 위한 시스템을 정교하게 갖추어놓지 않은 상태에서 무조건 "성과를 높여야 한다." 하고 주창하는 것은 허공에 외치는 공허한 메아리에 지나지 않는다.

대한민국의 많은 기업들이 나름대로 성과경영을 위한 시스템을 운영하려고 하거나 갖추기 위해 동분서주하고 있다. 그러나 대부분 겉으로만 드러나는 '시스템'의 모습만 갖추는 데 급급할 뿐이다. 원래 의도한 '성과 중심의 자율책임경영', '고객만족경영', '권한위임경영', '전 직원 참여경영'을 가능하게 하기 위해, 전 구성원들과 치열하게 토론해 공유하고 우리가 되고자 하는 미래의 바람직한 모습에 대해 끈

질기게 도전하는 모습은 취약한 것이 사실이다. 따라서 최고경영자에서부터 고객 접점의 구성원에 이르기까지 성과경영에 대해 동상이몽을 하지 않도록 해야 한다.

성과경영은 영속적으로 조직이 성장하고 발전하기 위해 필수불가결한 것임을 인식하고, 현재의 성과뿐만 아니라 미래의 중장기 성과 역시 소홀히 해서는 안 된다는 사실에 모든 구성원이 인식을 같이 해야한다. 따라서 성과경영을 추구하는 모든 단위 조직들은 회사 차원, 사업부 차원, 팀 차원, 개인 차원의 성과경영이 체계적으로 연계될 수있도록 통합적이고 장기적인 시각을 가지고 있어야 한다.

아울러 현재의 가시적인 재무성과뿐만 아니라 미래의 성과를 만들어 낼 수 있는 고객이나 내부 프로세스, 그리고 구성원들의 역량과 관련 있는 학습과 성장의 관점에서도 관심을 가지고 성과기준을 수립해경영해 나아가야 한다. 대개의 경우 성과경영을 경영혁신과 더불어 '귀찮고 힘든 것'쯤으로 치부하는 경우가 많다. 과거와 다른 일처리방식을 요구하기 때문에 때로는 부담스럽고 때로는 하기 싫은 경우도발생할 수 있다.

조직이 성장하고 발전하기 위해서는 리더와 구성원들이 성과목표중심의 성과 창출 프로세스를 끊임없이 체질화해야 한다. 더불어 이를 실행하였을 때 성과 창출이 가능하다는 진리를 깨달아야 한다. 이와 같이 성과목표 중심의 성과 창출 프로세스를 체질화함과 동시에, 리더와 구성원들은 성과목표 중심의 자율책임경영이 원활하게 이루어질 수 있도록 자신의 역할과 미션을 재정립해야 한다.

둘째, 모든 조직을 고객 접점 중심의 임파워먼트(Empowerment) 조직구조로 바꾸어야 한다.

일선에서 뛰고 있는 실무자들과 현장의 고객, 경쟁자들의 목소리를 진지하고 가감 없이 듣고 싶다면 조직구조를 파격적으로 리모델링 하여 철저하게 고객 중심의 조직구조로 전환해야 한다.

57페이지의 두 가지 조직도를 보면서 고객의 위치를 비교해보자.

고객가치 창출을 통해서 성과를 올리기 위해서는 철저히 고객 접점의 구성원 중심으로 조직을 운영해야 한다. 조직도는 단순히 평면 위의 그림일지 모르지만 그 그림에 따라 조직은 구조와 사고, 행동 등 모든 것이 달라질 수 있다.

실행통제 중심의 조직도에서는 정점에 최고경영자가 위치하기 때문에 의사결정 자체가 수직적인 내부 관점에서 처리될 수밖에 없다. 그러나 고객 중심의 임파워먼트 조직도에서는 고객이 접점에 위치하기 때문에 고객과 직접 만나는 현장의 실무자들의 역할이 중요해지고, 구성원들의 인식도 자연스럽게 고객 접점 중심으로 변하게 된다.

구성원들의 업무실행 과정을 통제하고 커뮤니케이션을 저해하는 요소들이 곳곳에 도사리고 있는 현실에서는 구성원들이 자신의 소신과 자율성을 발휘하기를 기대할 수 없다. 진정한 성과를 창출하고 싶은 기업이라면 기존 제품 중심의 내부통제 조직을 확실하게 고객 중심의 자율책임 조직으로 혁명적으로 변화시켜 디자인해야 한다.

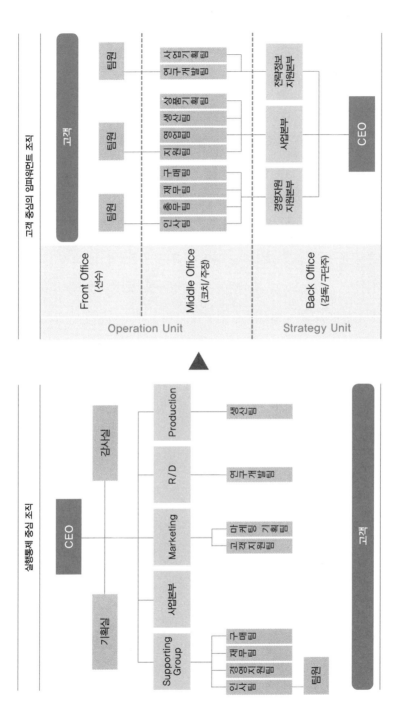

실행통제 중심 조직

경영자 중심의 통제 조직 vs. 고객 중심의 임파워먼트 조직

고객 중심의 임파워먼트 조직

〈표 1-10〉 경영자 중심의 통제 조직 vs. 고객 중심의 임파워먼트 조직

셋째, 리더와 구성원들이 자율적으로 움직일 수 있는 프로구단 형태로 조직을 운영해야 한다.

피라미드 조직에서는 기능 중심의 수직적 조직구조 형태를 가지고 있는 반면, 스포츠구단 조직에서는 역할을 중심으로 선수 중심의 수평적 조직구조를 가지고 있다.

프로구단을 예로 들어보면, 선수들은 각자 책임지고 의사결정을 하여 소신 있는 플레이를 하거나 필요한 경우에는 팀의 승리를 위해 다른 선수들과 협조 플레이를 하는 것이 필요하다. 감독이나 코치는 선수들과 같이 그라운드에 직접 뛰어 들어 경기를 치르는 것이 아니라, 승리를 위한 전략을 수립하거나 선수들을 지원하고 역량을 개발시키는 데 주력한다. 즉 감독과 선수들이 승리를 위해 지속적인 파트너십을 가지고 유기적으로 협조하는 '관계 설정'이 중요하다. 이를 위해서는 자율성을 극대화하여 성과를 창출할 수 있는 조직 운영이 필요한 것이다.

프로구단과 마찬가지로 병원 조직도 좋은 사례다.

병원을 방문하는 환자는 고객이고, 환자의 아픈 곳을 치료해주는 의사는 바로 선수다. 간호사는 환자와 의사를 위해 지원하고, 임상병리사는 환자의 몸 상태를 과학적으로 분석해주고, 후방에는 이들 모두를 지원하는 지원부서가 있다.

즉 병원의 모든 활동은 고객 접점의 의사를 최대한 지원하는 프로세스로 꾸며져 있고, 곧 고객인 환자 중심의 경영을 펼친다는 것이다.

피라미드 조직(수직적 & 관리자 중심)

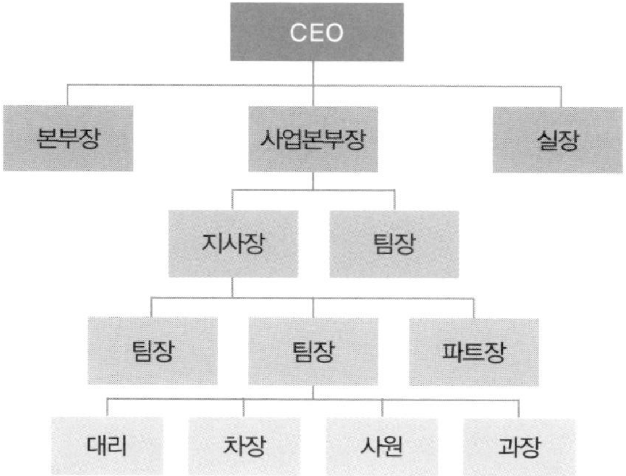

CEO

- 본부장
- 사업본부장
  - 지사장
  - 팀장
    - 팀장
    - 파트장
      - 대리
      - 차장
      - 사원
      - 과장
- 실장

스포츠구단 조직(수평적 & 선수 중심)

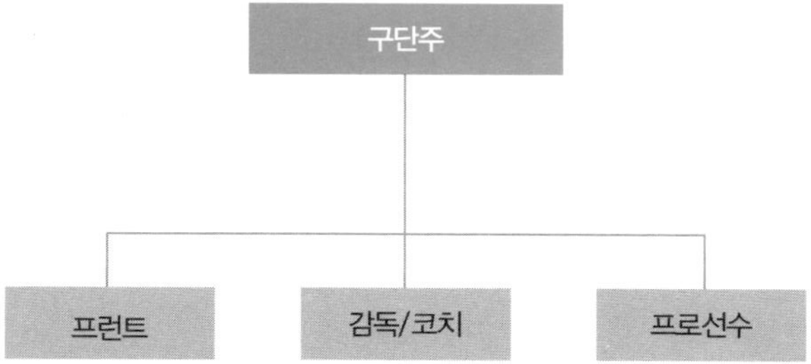

구단주

- 프런트
- 감독/코치
- 프로선수

〈표 1-11〉 자율성을 기반으로 한 수평적 조직구조

구성원들을 프로구단의 선수처럼, 그리고 병원에서 근무하는 의사처럼, 그들을 위하는 것이 곧 고객을 위하는 것이라는 철학을 바탕으로 자율책임경영 조직으로 리모델링함으로써 성과 중심형 조직 운영을 과감하게 실행해야 한다.

넷째, 각 단위 조직별로 문자 중심이 아닌 숫자 중심의 경영을 해야한다.

대부분의 기업들이 목적지 중심의 경영, 즉 중장기 전략에 따라 그 전략과 연계된 성과측정지표를 설정하고 관리해나가는 역량이 부족한 것이 사실이다. 또한 장기적인 관점을 바탕으로 측정지표를 모두 계량화시켜 기업의 핵심역량을 확보하는 데도 서툴다.

우리가 중요하다고 생각하는 과제들을 아무런 바로미터 없이 그냥 수행하다 보면, 일이 어느 정도 진행되고 있는지 혹은 현재 그 일을 잘 수행하고 있는지 등 수행상태에 대한 의문이 생길 수 있다. 이럴 때 전략과제의 수행 정도를 확인할 수 있는 방법이 핵심성과지표 설정을 통한 숫자 중심의 경영이다.

핵심성과지표란 전략과제를 측정할 수 있는 여러 지표들 중에서, 전략과제가 추구하고자 하는 목적에 맞는, 의도한 대로의 성과를 창출하였는지 측정할 수 있는 가장 타당성 있는 지표를 의미한다. 동시에 전략과제를 수행함에 있어서 일일이 상사가 과제수행 방향에 대해 간섭하지 않아도 실행자가 목적지를 정확히 알 수 있도록 표시해놓은 것이다. 그렇기 때문에 정성적인 문자가 아니라 정량적인 수치로 표현해놓아야 혼란이 없다.

그럼에도 불구하고 스태프 부서에 있는 전략입안자 혹은 성과경영 담당자들조차도 기업 차원에서 가장 중요하게 다루어져야 할 지표가 무엇인지, 단순한 관리적 차원에서 다루어야 할 지표가 무엇인지 확실하게 알지 못하고 대충 말로 넘어간다거나 뜬구름 잡는 식의 두루뭉술한 문장으로 표현해 놓은 경우가 허다하다.

정확하게, 최대한, 반드시, 기필코, 확실하게, 모두가 합심하여… 등의 표현으로는 공감대를 이끌어낼 수 없다.

회사와 단위 조직 간에 지표의 연계성이 불명확하거나 우리가 가야 할 목적지 간의 환경을 고려하지 않은 채 지표를 추출하게 되면 실질적인 성과경영의 효과가 반감될 수 있다. 그러므로 우리는 경영성과 수준을 측정하는 지표를 수치화함으로써 보다 객관적인 관점으로 경영성과를 분석하고 파악해야 한다.

아울러 숫자 중심의 경영은 현상에 대한 원인 분석과 개선점 도출을 가능하게 하며, 더 나아가 문제점을 보완하는 기준까지 제시해준다는 이점이 있기 때문에 일석이조의 효과를 누릴 수 있다.

Chapter 4

바람직한 성과 중심의 자율책임경영을 위한 5대 혁신방향

과거의 잘나가던 시절에 대한 집착과 미련을 버리고,
모든 의사결정의 기준은 미래를 예측하고 비전을 달성하는 데 두어야 한다.

지금까지 우리는 성과가 무엇인지, 성과경영이 등장하게 된 배경을 살펴보았다. 아울러 많은 기업들이 성과경영에 실패할 수밖에 없었던 실패요인들, 그리고 반대로 성과경영을 성공적으로 정착시킬 수 있는 요인들에 대해 논의해봤다. 이를 통해서 우리는 그 동안 국내기업들이 시장을 보는 눈이 얼마나 취약했었는가에 대한 심각성을 절감할 수 있었고, 성과목표를 달성하기 위한 전략을 세우고 실행함에 있어 아직 배워야 할 점이 많다는 것도 깨달았을 것이다.

우리 기업도 충분히 하이퍼포먼스 기업으로 성장할 수 있다. 다만, 기업 내에 바람직한 성과 중심의 자율책임경영이 기반이 되어야 하며 이를 위해서는 조직 내의 커다란 혁신이 필요하다.

의사결정 기준	성과 창출 핵심요인	실행방법 결정	업무실행 주체	일하는 방법 (일의 타깃)
As-Is				
과거 (성공, 실패)	제품/서비스 (내부, 기능)	최고경영층 (CEO+임원)	팀장	노력(Input) 업무 절차
To-Be				
미래 (비전, 의지)	고객/경쟁자 (시장, 요구)	팀장/팀원	팀원	성과 가치

〈표 1-12〉 바람직한 성과 중심의 자율책임경영을 위한 5대 혁신방향

　　과거의 잘나가던 시절에 대한 집착과 미련을 버리고, 모든 의사결정의 기준은 미래를 예측하고 비전을 달성하는 데 두어야 한다. 거기다 열정적인 의지를 담아 기준을 설정해야 한다. 여전히 많은 기업들이 의사결정을 할 때 그 근거를 과거의 실패나 성공요인에 둔다. 그렇다고 과거를 무시하라는 말이 아니다. 과거는 어디까지나 참고사항일 뿐이라는 것이다. 더군다나 요즘처럼 급변하는 환경 속에서는 과거라는 참고사항이 오히려 독약이 될 수도 있다. 제로베이스 관점에서 미래에 우리가 도달하고자 하는 비전이나 중장기적 목표를 분명하게 설정하고, 목표 달성에 결정적인 영향을 미칠 요인을 기준으로 의사결정을 해야 한다.

　　성과에 결정적인 영향을 미치는 요인을 제품 중심적인 관점에서 바라보지 말고 고객 중심적인 관점에서 봐야 한다. 그동안 우리는 수익을 창출하기 위한 핵심성공요인을 제품에만 초점을 맞추고 내부적인

시각으로 시장을 바라봤다. 이제 제품과 서비스 자체도 중요하지만 고객의 니즈와 원츠를 충족시키는 제품인지가 더 중요하고, 경쟁자와 차별화된 특징이나 요소가 없다면 살아남을 수가 없다.

또한 목표를 달성하기 위해 선택한 전략을 실행함에 있어서도 이제까지는 주로 임원을 포함한 최고경영층에서 전략의 구체적인 실행방법에 대해 꼬치꼬치 관여해왔지만, 이제는 시장의 고객이나 경쟁자와 가까이에 있는 팀장을 중심으로 한 고객 접점 단위 조직이 실행방법에 대한 자율적이고 주도적인 의사결정을 할 수 있도록 해줘야 한다.

그리고 팀 내에서는 성과목표와 가야 할 방향에 대해 팀장과 팀원이 합의하고 팀원들이 자율적으로 전략을 실행할 수 있도록 실행주체를 예전의 팀장 중심에서 팀원 중심으로 전환해야 한다.

마지막으로 이전에는 구성원들의 일하는 방법(일의 타깃)이 주로 '일을 얼마나 열심히 하는가' 하는 노력(Input) 중심이었고 업무 절차와 규정에 맞춰서 했는가에 초점이 맞춰져 있었다. 그러나 이제는 달성해야 할 결과물인 성과를 중심으로 일을 해야 하며 이전에는 만들어 내지 못했던 가치를 창조하는 데 초점이 맞추어져야 한다. 성과와 가치를 먼저 설정하고 보다 전략적으로 업무를 추진할 수 있도록 '일하는 방식의 혁명'이 이루어져야 한다.

우리 기업의 경영환경은 매일 변화하고 있다. 소비자가 시장에서 선택할 수 있는 대안들이 다양해지고 인터넷을 통해 지역과 국가 간의 경계가 사라지고 있다. 더욱이 요즘은 소비자와 생산자가 통합되는 현상까지 가세함으로써 경영환경 변화에 따른 기업 경영전략의 민첩하고도 탄력적인 변신이 요구되고 있다.

기업을 둘러싼 환경이 바뀜에 따라 경영에 있어서 중요시되는 요소들 역시 변화하고 있으므로, 기업들은 성과 중심의 자율책임경영을 기본철학으로 정해야 한다. 그래야만 진정한 하이퍼포먼스 기업으로 성장하고 지속적으로 하이퍼포먼스를 창출할 수 있다.

우리는 지금까지 성과경영을 해야 하는 이유와 그 필요성에 대해 공감하였고 하이퍼포먼스 기업으로 입문하기 위한 기본철학도 익혔다.

2부에서는 성과경영을 하고자 노력해온 많은 국내기업들 중 137개 기업들을 대상으로 조사해서 실제로 성과 중심의 자율책임경영이 어느 정도 수준인지를 분석하고 시사점을 찾아보고자 하였다.

또한 그 연구 결과를 바탕으로 성과경영의 도입과 활용에 있어서 나타나는 특징을 규명하고 성과경영의 유형을 분류하여 각 유형별로 향후 하이퍼포먼스 기업으로 거듭나기 위한 전략과 실행 도구를 조망해보고자 한다.

PART 2

한국기업!
하이퍼포먼스
엔진을
장착하라

당신의 기업은 성과 중심의 경영전략을 가졌는가? 생존을 보장해줄 차

별화된 실행전략은 무엇인가? 지금 우리는 고객의 마음을 훤히 꿰뚫고

고객을 완벽하게 만족시킬 줄 아는 '진정한 핵심인재 육성'과 함께 '성

과 중심의 자율책임경영'을 정착시킬 수 있는 절호의 기회를 맞고 있다.

이 두 가지는 앞으로의 새로운 시대에 지속 가능한 성과를 창조해낼 수

있는 핵심성공요인이다.

Chapter 1

진정한 한국형 성과경영 모델은
존재하는가?

진정한 고객중심 경영을 하는가? 구성원들이 자율적으로 참여하고 몰입하는가?
한국형 성과경영 모델의 성패는 바로 이 두 질문에 달려 있다.

지속적인 하이퍼포먼스를 꿈꾸는 기업들에게 국경은 더 이상 의미
가 없다.

대한민국에 그 뿌리를 심고 생존해가는 기업들도 충분히 글로벌 기
업들에게 성과경영 모델로서 본보기가 될 수 있다. 그러기 위해서 국내
기업들은 앞에서 언급한 '바람직한 성과 중심의 자율책임경영을 위한
5대 혁신방향'을 기본적으로 이해한 상태에서 하이퍼포먼스를 창출할
수 있는 강하고 스포티한 동력장치, 즉 엔진을 다는 것이 필요하다.

글로벌 시장에서 진정한 한국형 하이퍼포먼스 기업을 목표로 향해
가기 위해 장착해야 할 엔진이 무엇인지 찾아내고자 먼저 두 가지 질
문에 대한 답을 찾아보자.

첫째, 어떻게 하면 고객 중심으로 경영을 할 것인가?

대한민국의 많은 기업들은 스스로가 경영을 잘하고 있는가 판단하는 기준으로 '재무적인 지표'를 중시하는 경향이 있다. 이는 산업화 시대에서부터 꾸준히 사용되어오던 전통적인 관리방법으로 대부분의 경영자들의 가시적 관심이 기울어지면서 더욱 그러했다. 그러나 기업들의 평균 시장가치 중에서 75% 이상이 재무지표로 측정되기 어려운 무형자산으로부터 발생한다는 조사 결과가 있다. 그런 진단에 따라, 최근에는 비재무적인 측면을 고려하려는 시도가 늘고 있다. 특히 글로벌 차원의 경쟁이 가속화되면서 기업이 생존하고 경쟁우위를 선점하기 위해서는 기업의 성과경영에 있어서 중장기적이고 균형적인 관점이 요구되고 있다.

재무적인 시각과 아울러 기업 성과의 원천이 되는 '고객', 내부적인 업무 '프로세스', 구성원들의 역량을 향상시키고 기업의 성장가치를 높이는 '학습과 성장'이라는 측면에서 보다 넓고 전략적으로 성과 창출의 본질을 꿰뚫어볼 필요가 있다.

고객, 내부 프로세스, 학습과 성장이라는 재무성과 창출의 선행요인들은 미래의 '전략적 자산'이다. 전략적 자산이란 해당 기업만이 가지고 있는 차별화된 충성고객, 내부의 경쟁력 있는 업무 프로세스, 구성원들의 역량 등 회사에 경쟁우위를 가져다주는 희소하면서도 모방하거나 거래하기 어려운 요소들을 가리킨다. 이러한 요소들은 회사의 경쟁력을 장기적으로 유지시켜준다는 측면에서 회사의 수익성, 주식

가치와 같은 궁극적인 성과 창출 요소에 중요한 영향을 미칠 수 있다.

우리나라 기업들도 재무지표에 결정적인 영향을 미치는 선행관점인 고객, 내부 프로세스, 학습과 성장과 같은 균형 잡힌 시각에서 미래지향적인 전략실행 과정에 적극 참여할 필요성이 있다.

둘째, 어떻게 하면 구성원들로 하여금 자율적으로 참여하고 몰입하게 유도할 것인가?

조직은 규모가 커질수록 구성원들의 사고와 행동을 조직 내 규범과 규칙 등에 가두어두려는 경향이 있다. 예전처럼 고도성장 환경에서는 최고경영층 중심의 획일적이고 집단주의적인 경영방식이 필요한 경우도 있었지만, 지금의 경영환경에서는 고객 접점의 구성원들이 가지고 있는 잠재된 역량을 끄집어내어 회사가 지향하고자 하는 전략을 실행으로 연결할 수 있도록 해야 한다. 그래야 구성원들이 업무에 몰입하고 창의적인 사고와 실행력을 발휘할 수 있다.

기업들이 성과를 내기 위한 동력으로 구성원들의 참여를 적극적으로 배려해왔는지, 아니면 통제와 감시 위주로 구성원들의 의욕과 동기를 억제해왔는지 여부는 하이퍼포먼스 기업으로 가기 위한 중요한 전제조건이 된다. 결국 구성원들을 자율적으로 동기부여 해줄 수 있는 선발, 평가, 보상, 경력개발 등 인적자원 경영제도 간의 연계성이 제고되는 전략이 필요하다.

앞서 제기한 두 가지 질문을 기준으로 국내기업들의 성과경영이 현재 어느 정도의 수준인가를 분석해봄으로써, 국내기업들의 성과경영 유형을 분류해보고자 한다.

성과경영 유형 분류

국내기업들의 성과경영 유형을 분류하기 위해 두 가지 기준을 설정해보았다.

첫 번째 기준은 기업경영에 있어서 단기성과도 중요하지만, '중장기적이고 균형적인 관점(성과지표의 종합성)'인 '과정'의 경영을 지속적으로 유지해야 한다는 것이다. (이를 위해 Frost(2002)의 이론을 참고했다.)

두 번째 기준은 '구성원들의 적극적인 참여와 몰입(인적자원제도의 연계성)'이 얼마나 성과경영시스템과 연계되어 있는가 하는 점이다. (이는 Greene(1991), Barker et al.(1990)의 이론을 참고했다.)

기업의 중장기적이고 균형적인 관점(성과지표의 종합성)이라 함은 기업이 경영활동의 기준으로 삼는 성과경영지표가 지속가능한 성과를 창출할 수 있도록 '중장기적'이며 '미래의 성과를 동인'할 수 있어야 한다는 기준을 의미한다. 개인의 경우에도 임금을 받아 현재의 생활비를 지출하는 것도 중요하지만, 다가올 미래를 대비해 교육, 보험, 주택자금 등의 부분에 지출과 투자를 하는 것과 마찬가지 이치다. 기업 역시 미래에 성과를 가져다 줄 고객 만족을 위한 투자, 그리고 핵심역량 확보와 개발에 대한 투자가 균형 있게 이루어지고 있는지 종합적으로 고려해볼 수 있는 지표들을 성과지표로 구성하는 것이 필요하다.

구성원의 성과에 대한 공헌과 기여를 이끌어낼 수 있는 '인적자원제도와 성과경영시스템의 연계성' 역시 성과경영의 척도를 평가하는 데 중요하다. '구성원의 적극적인 참여와 몰입(인적자원제도의 연계성)'은 구성원들을 위해 업무 수행에 대한 공정한 평가와 보상 그리고 미래의 성과 창출을 위한 역량개발과 경력개발을 어떻게 하고 있는지까지 포함한다. 이는 구성원들을 동기부여 시키기 위해 참여경영을 얼마나 잘 실행하고 있는지, 그 적정성 여부와 관련된 내용이라고도 볼 수 있다.

위의 두 가지 측면이 중요한 이유는 바로 현재가치와 미래가치의 균형 때문이다. 기업들은 대부분 성장기일수록 현재 성과와 현재의 상황에만 초점을 맞추어 경영활동을 영위하게 된다. 그러나 잘나가고 있을 때 그 풍부한 자원을 활용해 미래를 준비하고 시장대응 능력을 확보하면서, 고객 만족을 위해 끊임없이 투자해야 한다. 거기에 구성원들에게 동기를 부여하고 업무에 공헌하도록 만들기 위한 보상을 동시에 마련하는 것이 필요하다.

이상과 같이 기업의 중장기적이고 균형적인 관점(성과지표의 종합성)과 구성원의 적극적인 참여와 몰입(인적자원제도의 연계성)을 바탕으로 다음과 같이 네 가지의 성과경영 유형을 분류해낼 수가 있다. 필자는 이 성과경영 유형모델을 LD모델이라 명명하였다.(LD모델의 LD는 Lang Do의 약자로서 필자의 박사학위 논문에서 발표된 새로운 성과경영 유형모델이다.)

아울러 성과경영 유형에 대한 이해를 돕기 위해 각 유형별로 우리 귀에 익숙한 세계적인 축구 명문 리그와 국내 축구 리그를 대표적으로 비유하여 표현해보았다.

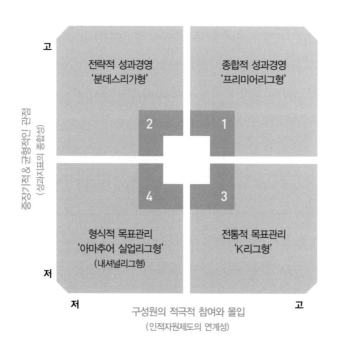

〈표 2-1〉 성과경영의 네 가지 유형, LD모델

첫째, 종합적 성과경영을 하는 유형이다.

이는 단기적인 재무성과와 중장기적 성과를 균형적으로 운영하는 수준의 성과지표 종합성을 지니고 있으면서, 동시에 구성원 참여를 이끌어낼 수 있도록 성과와 인적자원제도를 연계시키고 있는 유형이다. 미래에 대한 준비와 함께 현재의 높은 수익구조를 추구하는 기업의 성과경영 유형으로서, 전 세계적인 축구팬들을 환호하게 만드는 유명한 영국의 프리미어리그에 비유해볼 수 있다.

둘째, 전략적 성과경영을 하는 유형이다.

전략적 성과경영이란 종합적 성과경영 유형과 마찬가지로 기존의 재무성과와 함께 미래지향적인 성과지표를 고려함으로써, 성과지표에 대한 종합적이고 균형적인 경영을 하고 있는 경우다. 반면에 구성원들의 적극적인 참여와 몰입을 유도하는 성과와 인적자원제도의 연계성이 종합적 성과경영 유형에 비해서는 다소 미흡하다.

이 유형은 미래의 중장기 성과를 위한 전략에 초점을 맞추어 구성원들의 역량에 집중한다. 그러나 전략을 실행하기 위해 구성원 개개인의 역량을 개발시키고 동기부여하기보다는 다소 집단적으로 끌고가는 경향이 있다. 그래서 회사가 나아가고자 하는 미래비전에 대해 구성원들의 공감대가 비교적 떨어지고 회사 차원의 전략과제가 개인 단위까지 연계되어 전략적으로 실행되는 측면이 취약하다고 볼 수 있다. 전략적 성과경영 유형은 독일 축구의 분데스리가에 비유해볼 수 있다.

셋째, 전통적인 목표관리를 하는 유형이다.

구성원들이 열정적이고 적극적으로 업무를 추진할 수 있도록 인적자원제도를 성과경영과 연계시키고는 있지만, 상대적으로 전략지향성보다는 현실적인 단기성과에 실행을 집중하는 유형이다. 전통적 목표관리는 그동안 대부분의 기업에서 전통적으로 실행해왔던 유형으로 주로 초기 단계의 성과경영을 시도하는 기업들에서 나타나는 모습이다.

이 기업들은 주로 단기적인 재무성과를 중심으로 성과를 관리하며 성과와 보상을 연계시켜 구성원들의 공헌을 이끌어내고자 하는 방식을 사용한다. 구성원들과의 공식적인 관계보다는 비공식적 관계를 중시하면서, 구성원들을 동기부여하는 방법을 활용하고 있는 조직형태로 볼 수 있다. 열정은 있으나 성과경영의 수준이 개선되어야 할 전통적 목표관리는 국내 축구의 K리그에 비유해볼 수 있다.

마지막으로, 형식적으로 목표관리를 하는 유형이다.

현재와 미래에 대한 전략적 준비가 이루어지지 못하고 현재 상황의 유지에만 급급한 성과경영 유형으로 구분할 수 있다. 더욱이 구성원들의 적극적인 참여와 몰입을 유도하기 힘든 인적자원제도로 인해 구성원들에 의한 지속적인 성과창출도 조금 어려운 유형이다. 주로 조직 수준의 목표관리에 초점을 맞추고 있으며, 구성원 개인에 대한 배려나 투자가 이루어지지 못하는 유형이다. 게다가 비교적 전근대적 조직 형태를 가지고 있으며, 단기적이며 근시안적인 관점을 유지하고 있는 목표관리의 형태라고 볼 수 있겠다. 이는 국내의 아마추어 실업리그(내셔널리그)에 비유해볼 수 있으며 여기에 속하는 성과유형에 대해서는 '아마추어 실업리그형'으로 명칭을 통일하고자 한다.

결론적으로 K리그형과 아마추어 실업리그형은 현재의 재무적 지표를 중심으로 현재의 실적을 체크하는 목적과 현재 상황을 통제하기 위한 목적으로 성과경영을 하고 있다고 볼 수 있다.

이에 비해 프리미어리그형과 분데스리가형에 속하는 기업들은 현재의 상황과 함께 미래에 대한 준비와 미래에 도달하고자 하는 목적지인 비전이나 중장기 성과에 대한 전략적인 경영을 하는 편이다. 이것은 곧 고객 만족을 위한 투자와 내부 구성원들의 업무성과와 역량을 향상시키기 위한 미래지향적, 장기적인 투자를 하고 있다고 볼 수 있다. 종합적 성과경영 유형인 '프리미어리그형'과 전략적 성과경영 유형인 '분데스리가형'이야말로 우리 기업들이 앞으로 지향해야 할 '하이퍼포먼스 기업'의 모습이다.

필자는 넓은 의미에서 성과관리나 목표관리를 포함해서 성과경영을 실시하고 있는 국내기업의 실정을 파악하기 위해 총 137개 기업을 대상으로 조사를 실시했다. 그리고 이들을 앞서 말한 대로 기업의 중장기적이고 균형적인 관점(성과지표의 종합성)과 구성원의 적극적인 참여와 몰입(인적자원제도의 연계성)을 기준으로 4개의 성과경영 유형으로 분류했다.

국내기업들 가운데 가장 높은 빈도를 보이는 성과경영 유형은 프리미어리그형으로 61개 사가 이에 해당되었다. 다음으로 아마추어 실업리그형은 44개 사, 분데스리가형과 K리그형은 각각 15개와 17개 사로 조사되었다.

국내기업들 중 성과관리를 도입하여 활용하고 있는 기업들 가운데 프리미어리그형(44.5%)과 아마추어 실업리그형(32.1%)의 형태를 취하고 있는 유형이 설문대상 기업 전체의 약 77%를 차지하는 것으로 나타났다.

　　이러한 결과는 국내기업들의 성과경영의 도입과 활용에 있어서 나타나는 특징으로 성과경영 지표의 종합성이 높은 동시에 인적자원제도와의 연계성도 강한 프리미어리그형 유형이 많다는 것을 시사한다. 또한 과거의 재무적 경영성과를 기준으로 삼고 있고 성과경영시스템과 인적자원제도와의 연계 정도가 낮은 형식적 목표관리 중심의 아마추어 실업리그형(내셔널리그형)에도 상당수 기업이 속함으로써 양극화 현상이 강하다는 것을 확인할 수 있었다.

　　특히, 예상했던 대로 인적자원에 대한 투자와 고객 만족을 위한 내부 프로세스의 중요성에 대한 인식에 있어서는, 아직도 많은 기업들이 인색하다는 것이 현실임을 재차 확인할 수 있었다.

조직 특성과 성과경영 유형 사이에는
어떤 관계가 있을까?

그렇다면 앞서 나타난 전체적인 결과들을 참고로 하여 기업들이 속한 산업의 형태, 규모, 성과경영 도입 기간 등의 조직 특성과 성과경영 유형 간에 어떤 연관성이 있을까를 추가적으로 조사해보았다.

	2차 산업	3차 산업	4차 산업
프리미어리그형	20	21	20
분데스리가형	7	6	2
K리그형	10	6	1
아마추어 실업리그형	22	16	6

〈표 2-2〉 산업형태에 따른 성과경영 유형 분포

각 산업형태에 따른 성과경영 유형의 분포를 살펴보면, 프리미어리그형은 각 산업에 고르게 분포하고 있으며, 아마추어 실업리그형의 경우 특히 2차 산업과 높은 관련성이 있음을 알 수 있었다. 이는 3차 및 4차 산업의 경우, 2차 산업에 비해 시장에 대한 민감하게 반응해야 하는 특성을 가지고 있기 때문으로 해석할 수 있다.

즉 시장과 고객에 대한 민감한 반응과 신속한 대응을 위해 고객 만족이나 경쟁우위와 관련된 성과지표의 종합성이 요구되고, 아울러 인적자원제도와의 연계가 잘 이루어져 구성원들에 대한 평가와 피드백, 보상이 성과와 연결되어야 할 필요성이 높기 때문이다.

국내기업들은 규모에 따라 성과경영 유형에도 의미 있는 차이가 존재하는 것으로 판단된다.

	100인 이하	101~500인 이하	501~3,000인 이하	3,001인 이상
프리미어리그형	1	16	20	16
분데스리가형	1	3	4	6
K리그형	0	7	6	1
아마추어 실업리그형	7	10	18	4

〈표 2-3〉규모에 따른 성과경영 유형 분포

기업의 규모에 따라 성과경영 유형을 비교해보면, 100인 이하의 소규모 기업을 제외하고는 100인 이상 기업에서 3,000명 이상의 대기업에 이르기까지 고르게 프리미어리그형의 성과경영 형태를 적용하고 있는 것을 볼 수 있었다. 그중에서도 500인 이상 규모의 대기업들에서는 비교적 많은 수용양상을 보여주고 있어, 대기업에서 시장 환경과 글로벌 환경에 적응하기 위한 신경영기법을 보다 빠르게 적용하고 있음을 알 수 있다.

그리고 기업규모별로 볼 때는 비교적 프리미어리그형과 아마추어 실업리그형에 다소 집중된 것으로 조사되었다.

	1년 이하	2~5년 이하	6년 이상
프리미어리그형	4	25	19
분데스리가형	2	8	3
K리그형	1	10	5
아마추어 실업리그형	11	5	7

〈표 2-4〉 성과경영 도입 기간에 따른 성과경영 유형 비교

　다음으로 성과경영 도입 기간에 따라서도 성과경영 유형에 의미 있는 차이가 존재하는지를 확인하기 위해 성과경영 유형이 어떻게 구성되어 있는가를 조사하였다.

　성과경영 도입 기간에 따른 성과경영 유형을 비교해본 결과, 1년 이하의 기업들에서는 주로 아마추어 실업리그형의 형태를 취하고 있었으며, 1년 이상 기간이 늘어날수록 프리미어리그형의 형태로 이행해가고 있는 모습을 볼 수 있었다.

　아울러 성과경영방식의 도입은 주로 재무성과 정도의 기업성과를 관리하는 수준의 아마추어 실업리그형에서부터 시작하여 점차 분데스리가형과 프리미어리그형의 유형으로 진화해가는 것을 알 수 있었다.

　기업전략 유형에 따라 성과경영 유형을 비교해보면, 원가우위 전략 및 차별화 전략을 취하고 있는 기업들은 대부분 프리미어리그형과 아마추어 실업리그형을 취하고 있는 것으로 나타났다. 원가우위 전략의 경우, 주로 규모의 경제를 통해 경쟁우위를 확보하는 산업 또는 기업

	원가우위 전략	차별화 전략	집중화 전략
프리미어리그형	42	14	5
분데스리가형	5	8	2
K리그형	6	8	3
아마추어 실업리그형	19	14	11

〈표 2-5〉 기업전략에 따른 성과경영 유형 비교

들에서 주로 선택하는 기업전략으로 주로 제조업 중심의 기업들에서 찾아볼 수 있었다.

특히 대기업들이 주로 속해 있는 거대장치 산업이나 대규모 공급업체들 중에서 원가우위 전략을 주로 선택하는 기업들은 기존 시장 내에서 상대적으로 높은 점유율을 차지하고 있는 리딩(leading) 기업들이었다. 한편 집중화 전략을 주로 활용하는 기업들은 아마추어 실업리그형 성과경영을 주로 도입하고 있는 것으로 나타났다.

Chapter 2

성과경영 유형에 따른 차별화된
전략방향은 무엇인가?

하이퍼포먼스 기업으로 성장하려면 장단기적 균형을 유지한 전략과
경영성과에 따른 개인성과와의 연계를 통한 동기부여의 극대화가 이루어져야 한다.

국내기업들을 대상으로 조사한 연구 결과를 토대로 하여, 성과경영 유형별로 해당되는 주요 기업들을 분류해보았더니 84페이지에 나온 〈표 2-6〉과 같은 의미 있는 모습으로 나타났다.

네 가지의 성과경영 유형이 지니는 특징과 함께, 앞으로 각 유형에 속한 기업들이 하이퍼포먼스 기업이 되기 위해 나아가야 할 차별화된 전략적 방향에 대해 살펴보기로 하자.

이들 연구대상 기업뿐만 아니라 다른 기업들도 자신들이 현재 어느 영역에 속하는지 충분히 가늠해볼 수 있을 것이다. 자신들이 속한 영역을 바탕으로 현재의 모습을 냉정하게 들여다 본 다음, 과연 하이퍼

포먼스 기업으로 진화하기 위해서는 어떻게 해야 할지에 대해 충분하게 고민해보기 바란다.

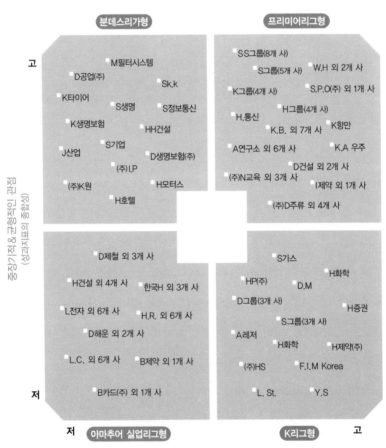

분데스리가형

고

M필터시스템
D공업(주)
Sk.k
K타이어
S생명   S정보통신
K생명보험   HH건설
S기업
J산업   D생명보험(주)
(주)I.P
(주)K원   H모터스
H호텔

D제철 외 3개 사
H건설 외 4개 사   한국H 외 3개 사
L전자 외 6개 사   H.R. 외 6개 사
D해운 외 2개 사
L.C. 외 6개 사   B제약 외 1개 사
B카드(주) 외 1개 사

저

아마추어 실업리그형

프리미어리그형

SS그룹(8개 사)
S그룹(5개 사)   W.H 외 2개 사
K그룹(4개 사)   S.P.O(주) 외 1개 사
H.통신   H그룹(4개 사)
K.B. 외 7개 사   K항만
A연구소 외 6개 사   K.A 우주
D건설 외 2개 사
(주)N교육 외 3개 사   I제약 외 1개 사
(주)D주류 외 4개 사

S가스
H화학
HP(주)   D.M
D그룹(3개 사)   H증권
S그룹(3개 사)
A레저
H화학   H제약(주)
(주)HS   F.I.M Korea
L. St.   Y.S

K리그형   고

저

중장기적 & 균형적인 관점
(성과지표의 종합성)

중장기적 & 균형적인 관점
(성과지표의 종합성)

〈표 2-6〉 성과경영 유형별 기업 분포 현황

성과경영 유형별 특징

① 종합적 성과경영, '프리미어리그형'

종합적 성과경영을 운영하는 프리미어리그형은 조직의 성장, 발전과 함께 구성원들의 발전 및 동기부여를 동시에 고려하고 있는 성과경영 유형이다. 연구 결과 프리미어리그형에는 SS그룹, K그룹, H그룹, S그룹, K은행, D건설 등의 국내에서도 대표적인 혁신기업들이 속하는 것으로 나타났다.

프리미어리그형 유형에 속하는 기업들 중 대표적인 기업들로 SS그룹, S그룹의 주요 계열사들이 분포하고 있었으며, 이들 기업들의 특징은 조직경영적인 측면에서 사업부제의 조직구조를 바탕으로 자율책임경영의 모습을 취하고 있다는 점이었다. 또한 부/과 제의 모습에서 실질적인 사업본부/사업부/팀의 형태로 자기완결형 조직구조를 가지고 있었으며, 시장에서 미래 선점을 하기 위한 전략적 기능을 강화하고 일상적인 업무 기능은 과감하게 아웃소싱했다. 상대적으로 전략 스태프를 강화하여 자신들의 비전 달성을 위해 선택하고 집중하는 조직 운영의 방법들을 보이고 있었다.

구성원들을 관리하는 측면에서도 성과에 따른 보상을 기본적으로 운영하며 적재적소 배치의 원칙을 강조하는 인적자원제도를 운영하고 있었다. 여타 기업들이 연공서열 중심의 능력주의 인사를 여전히 견지해오고 있는 반면, 이들 기업들은 경영환경과 경기상황의 변화에 능동적으로 대응할 수 있는 소위 '전략실행역량(Competency)'을 바탕으로 한 인적자원의 확보와 유지·개발에 집중하는 철저한 준비성도 갖췄다.

앞서 언급한 SS그룹과 S그룹의 경우 경영진의 전략적 의사결정 역량과 함께 뛰어난 핵심인재를 바탕으로 한 인적자원의 경쟁력이 가장 큰 강점 중의 하나로 조사되었다.

프리미어리그형에 속하는 국내기업들은 역량 중심의 인적자원 경영을 실행하기 위해 성과급, 인센티브제, 글로벌화된 인재 양성, 테크노(Techno) MBA 프로그램 등을 운영하면서 자신만의 특화된 인재 양성에 힘을 기울이고 있었다. GE를 비롯한 세계적 기업들이 인재 양성에 힘을 쏟고 있는 것과 마찬가지로, 국내 리딩 기업이라 할 수 있는 이들 기업 집단에서도 인재 양성이 주요 경쟁원천으로 인식되고 있었으며 실제로 이들 기업의 성장과 성공을 이끄는 주요 수단이 되고 있음을 확인했다.

인적자원의 운영 측면에서도 우리사주제도, 커뮤니케이션 활성화, 계층별 면담제도나 멘토 제도, 사내 동호회 등의 제도들을 운영하면서 구성원들의 역량을 극대화하고 이를 조직 수준의 자산으로 변환하기 위한 다양한 노력들이 시행되고 있었다.

조직문화적 측면에서는 글로벌 초일류기업을 지향하면서 고객과의 관계를 가장 중요시하고 인간미와 도덕성을 강조하는 조직문화를 구축하는 노력을 하고 있었다. 신경영, 질(質)경영, 창조경영, 펀(Fun)경영,

윤리경영, 사회적 책임경영, 친환경경영, 미래경영, 자원경영 등 다양한 슬로건을 내걸고 내부의 지속적인 변화와 응집을 강조하는 것이 그러한 사례라고 볼 수 있다.

SS그룹과 S그룹의 두 기업 집단은 치밀함과 도덕성을 강조하고 모험을 추구하는 조직문화를 바탕으로 성과경영 측면에서도 혁신적인 첨단 경영기법들을 적용하면서 자신들의 업(業)과 기업문화에 맞는 맞춤식 경영방식을 모색하는 특징을 보였다. 이러한 두 기업 집단의 경영 특징은 성과경영방식에 있어서도 그대로 적용되고 있었다. 단기적인 재무성과와 중장기적인 고객, 내부 프로세스, 조직과 구성원 역량과 같은 전략성과에 대한 기준들을 균형 있게 도출하여 종합적인 성과경영지표들로 설정했다. 성과경영지표들은 정기적으로 모니터링을 하면서 구성원들의 인적자원 경영시스템과 연계시킴으로써 향후 기업이 나아가고자 하는 비전과 구성원들의 업무방향을 자연스럽게 하나로 묶어주는 형태의 균형적인 성과경영방식을 적용하고 있었다.

경영 관리에 있어 조직적 특성들(조직구조, 조직문화, 인적자원 경영방식)은 기업이 적용하는 다른 관리 방식들과 전략적으로 일관(Alignment)된 상태로 연결되어져야 그 성과가 제대로 나타날 수 있다는 사실을 우리는 여러 연구 결과들을 통해 알 수 있었다. 이러한 점을 감안했을 때 SS그룹과 S그룹의 성과경영방식은 조직적 특성이 다른 관리 방식과 잘 연계된 모습으로서 성과경영방식에 있어서도 선도기업다운 모습을 잘 갖추고 있다고 설명할 수 있겠다.

② 전략적 성과경영, '분데스리가형'

전략적으로 성과경영을 하는 분데스리가형 경영방식은 회사 차원의 중장기 성장에 초점을 맞추고 있는 반면, 성과경영시스템과 구성원들의 인적자원 경영기준을 전략적으로 연계하는 부분에서는 상대적으로 미흡한 상태라고 볼 수 있겠다.

분데스리가형 유형에는 S생명, K타이어, K생명보험, H자동차 등의 기업들이 속하는 것으로 나타났다. 분데스리가형에 속하는 유형 중 가장 대표적인 기업으로 H자동차의 모습을 통해 그 특징을 살펴보고자 한다.

H자동차는 1980년대 국내시장의 수요 증가를 바탕으로 내수시장 중심의 전략을 추구하는 모습을 보여왔다. 외국기업들과의 전략적 제휴 등을 통해 기술 향상을 도모하면서 원가 절감과 효율성에 초점을 맞추어왔고, 이후 1990년대 후반에 들어서서는 국내시장의 성숙과 국제 경쟁에서의 경쟁우위 및 시장 확보를 위해 글로벌 전략을 선택하고 현지화 전략을 추진해왔다.

한편으로는 이전의 가격경쟁력 중심의 제품 전략에서 점차 고급화, 고부가가치 차량을 통한 수익성 제고의 방향으로 전략적 지향점을 조정하고 있다. 이러한 추세에 따라 조직의 구조와 조직 운영의 방법들을 엔지니어링 중심인 프로젝트 관리형에서 프로세스 관리를 강조하는 형태로 변화하고 있는 상황이다.

조직구조에 있어서도 사업부제로 전환하였다가 사업부문 간의 책임 전가와 책임회피라는 문제가 발생하여 유기적인 협력체계 구축에 다소 어려움을 겪게 되었다. 그 이후 기능 중심의 책임본부제로 전환하고 기능별 책임본부 단위에 권한을 부여하는 조직구조를 취하고 있다. 또한 사업본부의 통합 등을 통해 조직의 단순화와 효율화에 집중하고 있다.

　인적자원 경영 측면에서는 인재 육성, 적정인원 관리, 신상필벌을 강조하는 인사원칙을 바탕으로, 합리적인 인적자원 경영을 추구하고 있으며 판매인력과 해외 신시장 개척을 위한 인재를 전략적으로 안배해 육성하는 모습을 보이고 있다. 인력 구성에 있어서도 H자동차의 문화에 맞는 인재의 모습으로, 정성, 도전, 신뢰를 강조하고, 인력 수요와 공급의 불균형을 해소하기 위한 적재적소 배치의 원칙을 강조하고 있는 것으로 조사되었다. 기술자립화와 고유모델 개발을 위한 연구개발 기능을 강조하는 특징이 있지만, 노사관계 측면에서는 임금교섭 중심, 노무관리 중심의 노사관계 틀을 벗어나지 못하고 있는 것이 현실이다.

　노사관계의 안정을 중시하는 기업문화를 강조하는 한편, 주요 의사결정 권한이 최고경영층에 집중화된 특징을 보여주고 있었다. 이는 모 그룹의 창업 과정에서 형성된 최고경영자의 스타일과 밀접한 관계가 있는 것으로 볼 수 있겠다.

　이러한 H자동차의 경영 특징은 성과경영방식에도 그대로 적용되어 글로벌 경영환경과 장기적인 내수침체라고 하는 경영환경의 변환기에 직면하게 되면서 미래의 전략적 지향성을 강조한다고 할 수 있다.

생산이 강조되는 산업의 특성으로 인해 노무관리를 중요시하는 인적자원관리의 양상을 보일 수밖에 없다. 그러다 보니 노사 간의 협상 결과에 따라 전반적인 경영형태나 인적자원 경영형태가 결정되는 구조적인 한계를 가지고 있다.

경영성과와 인적자원 경영기준과의 연계성에 있어서는 상대적으로 그 전략적 연결고리가 약하고 개별적 인적자원 경영 측면보다는 집단적 인사관리의 형태를 보인다. 그러다 보니 회사가 나아가고자 하는 전략적 방향에 대한 성과보다는 연공서열이 인적자원 경영의 기본영역을 차지하며, 금전적 보상보다는 승진이 구성원들의 동기부여에 있어서 아주 중요한 비중을 차지하고 있다.

여기서는 H자동차를 예를 들어 설명하였지만 그 밖에 분데스리가형 유형에 속한 기업들의 면면을 살펴보면 대부분 미래의 중장기적인 전략적 지향점을 강조하는 산업환경에 속해 있거나, 기업이 중장기 전략을 바탕으로 변화를 추구하는 단계에 속해 있는 기업들임을 알 수 있다.

그러나 이들 기업들은 회사 차원의 집단인사관리는 잘 수행하고 있으나 개인 차원의 동기부여를 강조하는 인적자원 경영의 수준에 이르기까지는 아직 미흡한 성과경영 형태라고 할 수 있다.

③ 전통적 목표관리, 'K리그형'

전통적 목표관리를 시행하는 K리그형은 앞에서 봤던 프리미어리그형과 비교해봤을 때, 단기성과를 중심으로 현실에 충실한 모습을 보일뿐 중장기 전략 수준까지의 성과경영은 체계적으로 이루어지지 못하고 있었다.

하지만 인적자원 경영 측면에서는 구성원을 평가하여 승진이나 보상에 직접적으로 연계시키고 있었다.

K리그형에 속하는 대표적 기업들로는 D그룹의 계열사들과 S그룹의 일부 계열사들을 확인할 수 있었다. K리그형은 미래의 전략적 지향성보다는 현재 기업의 안정성과 효율성을 강조하며, 조직의 성과와 개인의 보상연계를 강조하는 인적자원 경영시스템을 운영하고 있었다. 우리가 흔히 주변에서 쉽게 볼 수 있는 기업의 형태들로, H종합화학, D그룹, S그룹, H제약 등이 여기에 속한다.

K리그형은 거대장치 산업에 속한 기업들과 대규모의 자본을 바탕으로 하는 기업들이 속하는 경우가 많다. 장치 산업과 거대자본을 바탕으로 하는 산업에 속한 기업들의 경우에는 신속한 변화와 새로운 경영방식의 도입에 있어서 상대적으로 느린 모습을 보여주고 있다. 그렇기 때문에 주로 재무적인 성과를 중요시하고, 비공식적인 커뮤니케이션 채널을 중시하며 반면에 개인 성과관리는 상대적으로 소홀히 하는 모습을 보여주고 있는 것이 특징이다.

그리고 성과지표와 전략 간의 연계성도 많이 부족한 모습을 보여주고 있다. 기존의 경쟁환경이 비교적 이들이 속한 산업에 우호적인 상황이었던 만큼 미래의 전략적 지향성을 강조하기보다는 현재 조직 내부의 효율성과 안정성을 중시하는 경향이 강하다.

이러한 이유로 인해 경영성과를 활용하고자 하는 목적은 주로 구성원들을 평가해서 승진과 보상으로 연계시켜 구성원들의 회사에 대한 충성을 유도하고 효율적으로 통제하기 위한 수단으로 활용되는 모습을 보여주고 있다.

④ 형식적 목표관리, '아마추어 실업리그형'

형식적으로 목표를 관리하는 아마추어 실업리그형은 보수적인 성향으로 알려진 기업들이 대부분을 차지하며, 기업의 규모나 속해 있는 산업의 특성이 중후 장대한 기업들로 분류해볼 수 있다.

아마추어 실업리그형에는 L건설, H건설, L전자, D제철, D해운 등이 속하며 그중에서도 건설, 중공업, 전자 등의 산업에 속한 기업들이 상당 부분을 차지하고 있다. L건설, H건설, H중공업, L전자 등의 기업들에서 보는 바와 같이 해당 그룹사의 조직문화와 조직구조가 잘 반영된 모습을 볼 수 있다.

이들 기업들은 미래지향적인 준비보다는 상대적으로 현재의 시장에서 경쟁력을 확보하기 위한 단기실적과 경쟁우위에 역량을 집중하고 있는 모습을 보였다. 그리고 구성원들에 대한 인적자원 경영기준도 성과와 역량과 같은 개별 인적 특성보다는 연공서열이나 회사 차원의 성과와 연동하여 결정되는 경우가 많았다. 회사의 경영성과가 좋으면 전원 특별 인센티브를 지급한다든지, 경기가 좋지 않아서 회사 상황이 어려우면 임금 삭감이나 구조조정 등의 조치를 취한다.

구성원들의 승진이나 회사 내의 복리후생 혜택 등은 철저하게 연공 서열에 의해 먼저 입사한 사람이 먼저 혜택을 보는 선입선출의 형태를 띠고 있다. 그러다 보니 자연히 임원들이나 팀장과 같은 중간관리자들의 역할보다는 최고경영자의 말 한마디가 곧 법이고 의사결정의 기준이 되고 있다.

물론 이러한 성과경영의 형태가 예전의 고도성장 경영환경, 먹고 살기에 부족했던 1960~1970년대에는 아주 효과적이었다. 그러나 21세기 글로벌 경영환경에서는 이러한 경영방식이 앞으로 몇 년간은 버틸 수 있을지 몰라도 시장의 다른 경쟁자에 의해 무너질 수밖에 없는 방식이다. 더구나 외부 노동시장이 발달한 작금의 경영환경에서는 내부의 핵심인재가 자신들의 성과와 역량을 인정받는 곳으로 언제든 떠날 위험이 높기 때문에 시장에서 퇴출되는 것은 시간문제인 것이다.

성과경영 유형별 바람직한 차별화 전략

어떠한 유형에 속하는 기업이든 간에 지향하고자 하는 목적은 모두 지속가능한 성과 창출이다. 그래서 각 유형에 속하는 기업들이 하이 퍼포먼스 기업으로 더욱 더 성장하기 위해서는 어떻게 해야 하는지, 성과경영의 본질적인 측면에서 각각의 성과경영 유형에 속하는 기업별로 바람직한 방향을 제시해보고자 한다.

이때 명심해야 할 기본 바탕은 성과를 지속적으로 창출하고자 한다면, 기업이 추구하고자 하는 전략에 있어서 장단기적인 균형성을 유지하고 있어야 하며, 경영성과에 따른 개인성과와의 연계를 통한 동기부여의 극대화가 이루어져야 한다는 점이다.

① 종합적 성과경영, '프리미어리그형'

프리미어리그형의 기업들은 미래를 위한 투자나 구성원들의 참여경영 측면에서는 이미 일정 수준에 올라와 있다고 볼 수 있다. 그만큼 재무성과 외에도 미래지향적인 고객 만족과 구성원 만족을 위한 성과지표를 균형 있게 고려할 줄 알며 구성원들이 자율적으로 일을 하도록 '일하기 좋은 기업환경'을 만들고자 한다. 따라서 프리미어리그형의 기업들이 더욱 발전적이고 지속가능한 성과를 창출하는 하이퍼포먼스 조직으로 업그레이드 될 수 있는 발전 전략은 다음과 같이 정리해볼 수 있을 것이다.

조직 차원에 있어서는 전략적 우선순위에 따라 자원을 배분하고 프로젝트나 중요 사안에 따라 환경변화에 아주 유연하게 대처할 수 있는 '아메바형 조직'으로 거듭나야 할 것이다. 회사의 미래 성장동력을 발굴해내기 위해서는 향후 5년 뒤, 10년 뒤를 내다보고 신규 사업을 통해 새로운 시장을 공략하거나 새로운 욕구를 가진 고객들의 틈새시장을 찾아내서 끊임없이 새로운 가치를 창출하고자 하는 시도가 중요하다. 이러한 경영활동들이 일상 속에서 일어날 수 있도록 하려면 조직의 체질 자체가 유연하고 자율적인 DNA를 가지고 있어야 하며, 그러려면 아메바형 조직체질이 적합할 것이다.

경영관리시스템 측면에서 보면 새로운 사업이나 아직 한 번도 가보지 않은 미지의 목적지를 정하고 일관되게 나아가기 위해 구성원들에게 임파워먼트를 통한 자율책임경영을 할 수 있도록 닻을 더욱 깊이 내릴 필요가 있다. 과거의 공헌이나 실적 중심이 아닌, 조직이 가야할 미래성과 중심으로 경영관리시스템을 통합적으로 가져가는 전략적 방향성을 견지하는 것이 바람직하다.

아울러 다년간 성과지표들의 추이를 살펴보면서 해당 기업의 재무성과에 가장 크게 영향을 미치는 요소가 무엇인지를 알아내어 수익모델을 최적화해야 한다. 성과지표의 상호인과관계(Key Performance Indicator Value Chain)를 규명해내는 데 초점을 맞춰야 한정된 자원을 가지고 최대의 성과를 내기 위해 자원을 전략적 우선순위에 따라 배분하는 것이 가능하다. 또한 일정 역량수준을 갖추고 있는 다양한 개인들이 회사의 중요한 경영이슈를 도출하는 의사결정 과정에 가능한 한 많이 참여할 수 있도록 통로를 활성화한다면 더욱 안정된 경영시스템을 운영해나갈 수가 있을 것이다.

인적자원 경영 측면에서 보자면, 모든 구성원들이 철저한 역량과 성과 마인드로 무장한 '자기성과 경영자(Self CEO), 1인 사내기업가'로 혁신시키는 일에 회사의 역량을 쏟아부어야 한다. 기업은 고객의 숨겨진 욕구를 지속적으로 찾아 충족시켜주어야 지속적인 이윤 창출이 가능하다. 그러기 위해서는 좀 더 수준 높은 고객 수요를 새롭게 창출할 수 있도록 내부 구성원들의 역량을 더욱 극대화시켜야 한다.

따라서 고객의 입장에 서서 고객의 눈으로 보고 그 속마음을 직관적으로 이해할 수 있을 정도의 공감역량과 창의성을 키워주어야 한다. 또한 상상력과 감성이 풍부한 인재들을 세계 여러 나라에서 초청하고 내부적으로 양성하는 데 투자를 아끼지 말아야 할 것이다.

② 전략적 성과경영, '분데스리가형'

분데스리가형 기업들의 경우 구성원들의 경영에 대한 주도적 참여도가 프리미어리그형 기업들에 비해서는 상대적으로 떨어진다고 볼 수 있다. 그렇기 때문에 무엇보다도 회사의 성과 창출을 위한 전략적인 의사결정 과정에 구성원들을 최대한 많이 참여시키고 구성원 중심의 의사결정 프로세스를 중시하는 조직구조로 변신할 필요가 있다. 동시에 구성원들의 참여가 조금 미흡하기 때문에, 본의 아니게 조직문화나 구조가 보수적이거나 중앙통제적인 모습을 계속 유지할 가능성이 있다. 조직구조를 보다 더 지방분권적인 형태, 즉 고객 접점의 현장 중심으로 운영할 수 있는 지혜를 가지는 것이 무엇보다 중요하다.

그런 만큼 현장에서 실무자들이 느끼는 생생한 현장정보를 성과를 창출하기 위한 의사결정에 최대한 반영할 수 있는 구조를 지향해야 한다. 팀장이나 지점장, 영업소장, 대리점장을 정점으로 한 과감한 권한 위임 경영을 펼쳐야 진정한 구성원들의 참여경영이 이루어질 수 있다.

경영관리시스템 측면에서 보자면 성과 평가시스템을 운영하는 데 있어서 더욱 정교한 기준을 적용하고 덩치보다는 수익성을 강조하는 경영관리시스템을 지향하되 지표의 균형성을 갖춰야 한다. 재무적인 지표만이 아니라 특히 고객, 내부 프로세스 및 구성원 역량의 관점에서 관심을 가지고 지향해야 할 다양한 지표들을 개발하고 확보해서 적용하는 것이 필요하다.

특히 성과경영시스템 자체를 구축하는 데 신경을 많이 쓰기보다는, 이것을 어떻게 조직문화로 잘 녹여서 구성원들에게 체질화시킬 수 있도록 활용할 것인가에 대한 깊은 고민이 있어야 한다. 가장 추천할 만한 방법은 연간 성과목표를 월간 단위로 구체화하여 성과목표 달성전략을 세부적으로 실행하고 모니터링 하는 실행 프로세스를 적용해보라는 것이다. 물론 처음부터 쉽지는 않겠지만 이것만 잘 실행되어 정착된다면 실질적이고도 엄청난 전략실행 역량을 담보할 수 있게 될 것이다.

한국기업들은 겉멋과 형식을 너무 좋아한다. 그러나 이제는 형식보다는 실질적으로 경영성과에 결정적인 영향을 미치는 요인들을 살펴보고 대안을 마련해서 행동으로 옮겨야 할 것이다.

성과경영시스템을 운영하다 보면 부서별로 서로의 이해관계가 첨예하게 대립되거나 객관성에 대해 문제를 삼는 경우를 종종 볼 수가 있다. 이런 경우 월간 성과모니터링 워크숍을 통해 부서 간 불필요한 오해나 시기를 불식시키고 비판적인 입장으로 돌아설 위험을 긍정적인 수용으로 전환시킬 수 있는 계기를 마련할 수 있다.

일반적으로 성과모니터링 워크숍은 월간 단위로 열리는데, 이때 각 부서장들은 성과목표 달성전략을 직접 발표하고 동시에 다른 부서에서 발표하는 내용에 대해 코멘트 하고 질문하는 과정을 거치면서 전사적인 차원에서 성과를 자연스럽게 공유하고 타 부서의 업무나 입장들을 이해하는 계기를 가질 수 있다.

특히 경영혁신을 시도하거나 새로운 제도를 도입하려 할 때, 근거 없는 비방으로 부정적인 영향을 미치려는 이른바 '빅 마우스'들을 월간 성과모니터링 워크숍에 참석시키면 반대의 목소리도 어느 정도 잠재울 수 있고 일반 구성원들이 성과에 대한 공감대를 형성하는 데 많은 도움을 받을 수 있는 긍정적인 효과가 있다.

인적자원 경영 측면에서 본다면, 상대적으로 분데스리가형 기업들은 성과경영지표와 인적자원제도와의 연계성이 프리미어리그형 기업들에 비해 뒤처지기 때문에 구성원들의 의욕을 고취시키는 인재 육성에 대한 투자를 강화하고 상향평준화를 시킬 수 있는 인적자원 정책들을 보완해야 한다. 특히 분데스리가형 기업들의 경우 조직문화와 맞지 않거나 현저하게 역량이 뒤처지는 구성원들에 대한 합리적인 퇴출 시스템을 구축하는 것이 필요하다고 본다. 미래를 대비한 성과지표들은 적절하게 균형 잡혀진 유형이기 때문에, 구성원들이 인적자원제도와의 연계를 통해 능동적으로 움직이고 참여할 수 있게 할 수만 있다면 더없이 좋은 성과를 낳을 수 있다.

따라서 어느 정도는 객관적인 성과 평가에 의한 퇴출 가능성을 인적자원 경영시스템 설계를 통해 열어두는 것이 필요하다. 왜냐하면 위기의식이나 선의의 합리적 경쟁에 대해 적절한 압력이 없으면 미래를 대비한 투자를 잘 진행해도 실질적인 성과를 얻기가 어려워질 수도 있기 때문이다. 실제로 외환위기 때 구조조정의 아픔을 겪으면서, 오히려 사내의 역량 있는 인재들이 회사를 많이 떠나고 오갈 곳 없는 사람들은 끝까지 자리를 고수하는 아이러니한 현상들이 발생했다는 것을 기억할 필요가 있다.

성과경영시스템을 운영하자는 것은 결국 성과를 많이 낸 사람들에게 더 많은 보상을 하자는 취지다. 할 일 안 하고 게으르고 성과도 낮은 구성원들은 자연스럽게 퇴출될 수 있는 구조도 어느 정도 마련되어야 할 것이다.

③ 전통적 목표관리, 'K리그형'

전통적인 목표관리를 시행하고 있는 K리그형 기업들의 향후 발전 전략을 조직구조 측면에서 이야기해본다면, 앞으로는 기존의 효율 위주의 조직에서 탈피해 새로운 비즈니스 기회를 탐색하여 새로운 가치를 창출할 수 있는 계기를 마련해야 한다는 점이다. 그런 만큼 실질적인 효과를 추구하는 조직구조로 바꾸어 나가는 데 우선적으로 힘을 기울여야 한다. 비공식적 채널을 가급적 지양하고 공식적 조직을 통한 의사결정을 강화해야 한다. 아울러 조직구조가 회사의 비전 및 전략을 제대로 실행하기 위한 형태로 구성되어 있는가에 대해서는 재점검을 할 필요가 있다.

경영관리시스템 측면에서는 무엇보다 재무성과에 영향을 미치는 선행 성과지표를 개발하는 데, 그리고 고객 만족과 유지, 경쟁우위 요소를 확보하기 위한 지표 수립과 구성원 역량 향상과 동기부여를 위한 다양한 지표들을 도출하고 관리하는 데 집중해야 한다.

인적자원 경영 측면에서는 우선 시장을 잘 아는(고객과 경쟁자, 이해관계자들의 관계와 특성) 인력을 고객 접점에 재배치시키는 인적자원 정책을 강화해야 한다. K리그형의 경우 기업의 중장기적이고 균형적인 성과지표의 종합성이 낮기 때문에 전략과 연계한 균형 잡힌 성과지표들을 설정하고 체계화시키는 것이 우선적으로 시급하다. 때문에 현업에 능통한 전문가들이 필요하고 특히나 성과와 밀접한 관련이 있는 고객 접점에는 숙련된 우수 인재들이 배치되어 성과에 영향을 미치는 요소들을 잘 규명할 수 있는 활동의 토대를 마련하는 것이 가장 중요한 일이라고 볼 수 있다.

또한 너무나 잦은 보직 이동이나 순환 배치는 가급적 줄일 수 있는 인적자원시스템 운영이 필요하다. 성과경영시스템을 제대로 구축하기 위해서는 실행 방법의 선택에 대한 권한뿐만 아니라 성과에 대한 책임이 전제가 되어야 한다. 조직이 수시로 바뀌는 경우는 말할 것도 없거니와 성과 영역을 관리해야 할 구성원들이 너무 자주 바뀌는 경우에도 부작용이 발생하여 성과경영시스템이 원활히 정착할 수 없다. 성과경영시스템 및 운영을 담당하는 구성원에 대해서는 어느 정도의 기간 동안 전문성과 일관성을 지속적으로 확보할 수 있도록 교체를 삼가는 것이 필요하다. 물론 성과경영시스템 자체를 임원들이나 실질적인 팀장들이 담당한다면 이러한 지엽적인 문제는 신경 쓰지 않아도 될 것이다.

④ 형식적 목표관리, '아마추어 실업리그형'

성과경영에 있어 가장 취약한 아마추어 실업리그형 기업들이 향후 하이퍼포먼스 기업으로 성장하기 위해 조직 측면에서 발전전략을 구상한다면, 중앙집권형 조직을 탈피해서 과감한 권한위임을 통해 의사결정의 스피드를 극대화할 수 있는 현장 중심의 자율책임경영 형태의 조직구조를 지향하는 것이 가장 절실하다. 성과 책임단위를 고객, 제품 단위로 잘게 나누고 분권화하여 사업부제나 팀제를 조기에 정착시키는 노력이 무엇보다 필요하다고 볼 수 있다.

아울러 아마추어 실업리그형 기업들의 경우는 특별히 성과경영시스템 구축과 관련한 전담조직을 향후 몇 년간 운영하도록 제안하는 바다. 단기실적주의에 미래에 대한 투자나 준비가 부족하고, 성과지표의 균형성도 없거니와 구성원들이 참여하고자 하는 의욕도 미흡한 상태이기 때문에 성과경영 전반을 책임지고 운영하는 담당 조직이 없으면 성공 여부를 장담할 수 없다. 굳이 조직화할 필요가 있느냐고 반문할 수도 있겠지만, 전사 성과지표와 부서별 성과지표의 연계, 월간 모니터링 및 평가 업무 등을 놓고 보면 결코 쉽지 않은 작업이다.

어느 한 부서가 움직이는 것이 아니라 전체 부서들이 모두 움직여야 하기 때문에 전사 성과를 창출하려고 움직이는 데 걸려 있는 이해관계자들의 의견대립이나 충돌도 수시로 조정해야 하는 중요한 일이 맡겨진다. 그런 만큼 성과경영 전담조직을 운영하는 것이 바람직하며 성과경영 전담조직은 인사, 예산 및 기획을 담당하는 부서들과 네트워크를 가지고 서로 정보를 교류하고 전사와 사업부 차원의 성과목표들을 함께 경영해나가는 역할에 충실하도록 해야 한다.

경영관리시스템의 경우에는 우선적으로 업무추진계획이 아닌 성과목표를 달성하기 위한 전략 위주로 경영시스템을 통합해 나가야 한다. 즉 열심히 하는 것을 강조하는 인풋 중심의 경영에서 우리가 애초에 달성해야 할 성과 중심의 경영을 제대로 지향해야 한다는 의미이다. 아울러 현재 관리하고 있는 성과지표의 신뢰성, 납득성, 타당성을 검토하고 평가기준을 정립하는 노력에 선택과 집중을 할 필요가 있다.

인적자원 경영 측면에서는 K리그형과 마찬가지로 현업을 잘 아는 숙련된 고참 직원들을 현장 고객 접점에 배치하여 성과 중심의 자율책임경영을 보다 확고히 해야 한다. 평가와 보상의 연계성을 강화시켜서 역량 있는 구성원들이 의욕을 가지고 신바람 나게 일할 수 있는 분위기를 우선적으로 조성해야 한다. 성과를 평가하는 것 자체도 의미가 있지만, 결과에 따라 조직과 개인들에게 적절한 보상과 벌칙을 부과함으로써 구성원들을 원하는 방향으로 움직이게 만들어야 의도한 성과를 거둘 수 있는 가장 큰 변화를 기대할 수 있다.

〈표 2-7〉 성과경영 유형별 바람직한 차별화 전략

	프리미어리그형	분데스리가형	K리그형	아마추어 실업리그형

조직	· 아메바형 조직
	(유연함, 수시로 변화 가능)
		· 의사결정 기능 조직
		· 프로세스 중심 조직
		· 현장 중심 지방분권 조직
			· 책임 단위별 분권화
			· 공식적 조직을 통한
			  의사결정 강화
			· 전략과 연계한 조직 설계
				· 책임 단위별 분권화,
				  구조 정립
				· 성과경영 전담조직 운영

경영관리시스템	· 지표 간 인과관계 규명에
	  초점(선행지표, 후행지표)
	· 개인중여 경영제도 활성화
		· 성과모니터링 회의 정례화
		· 성과분석 정교화 추구
		· 성과경영시스템 활용에 중점
			· 성과지표 기준 마련
			· 비재무적 지표 다양성 확보
			· 전략 연계성 높은 지표
			  집중 관리
			· 경영 효율성 강조
				· 성과모니터링 회의 정례화
				· 일하는 방법 혁신
				· 성과지표 기준 마련
				· 개인수준 목표 관리 강화
				· input ▲ output 중심

인사제도	· 철저한 자기성과 경영자로
	  육성
	· 창의적 인재 확보
		· 성과 평가결과의 인사 반영
		  강화
		· 합리적 퇴출 시스템 구축
		· 인재 육성 투자 확대
			· 현업을 잘 아는 인력 확보
			· 잦은 보직 이동 지양
			· 리더십 강화(역할 인식 제고)
				· 현업을 잘 아는 인력 확보
				· 성과 평가 결과의 인사 반영
				  (평가/보상 연계 강화)
				· 잦은 보직 이동 지양
				· 합리적 퇴출 시스템
				· 구성원 동기부여 방법 마련

Chapter 3

어떻게 하면 하이퍼포먼스 기업이 될 수 있는가?

성과창출의 실행주체는 현장 접점의 구성원들이며,
프로세스는 '업무진행' 중심이 아니라 '성과목표' 중심의 통제방식으로 진화해야 한다.

┃ 시장에서 지속적인 성과를 창출하고 싶다면, 기업들은 단기적인 재무성과와 더불어 중장기적인 미래의 성과지표들을 고려하고 구성원들이 적극적으로 동기부여할 수 있도록 하는 하이퍼포먼스 기업이 되어야 한다. 그래야만 고객들로부터 인정받고 시장에서 차별화된 포지셔닝을 할 수 있게 된다.

이러한 하이퍼포먼스 기업의 모습은 우리가 지금까지 앞에서 분석했던 프리미어리그형에 가장 가까우며 넓게는 분데스리가형도 여기에 근접하고 있다고 볼 수 있다.

우리는 궁극적으로 미래지향적인 동시에 구성원지향적인 프리미어리그형이 되어야 한다는 필요성에 대해서는 충분히 인식하고 있다. 그리고 우리 기업들은 하이퍼포먼스 기업으로 변화시키고자 하는 열정도 품고 있다. 다만 하이퍼포먼스 기업이 되기 위해 과도기적인 변화를 겪으면서 성공확률을 최대한 높이기 위해 현재의 조직 특성과 조직구성원이 보유하고 있는 역량수준을 고려하여 차별적으로 성과경영을 전개할 필요가 있다.

아래의 〈표 2-8〉에서 제시하고 있는 성과경영의 전개방향을 보면 궁극적으로는 프리미어리그형을 적용하되 개별 조직의 특성과 상황을 고려해야 함을 상기시켜줄 것이다.

성과경영 유형	성과경영 전개 방향
아마추어 실업리그형	조직지향 생산요소 중심의 경영
K리그형	가족주의경영 집단보너스, 상여금, 비전, 팀워크를 강조
분데스리가형	성과 및 전략 지향 시스템 지향, 구성원 동기부여 미흡, 투자 미비
프리미어리그형	참여경영 구성원 참여, 동기부여 시스템 지향 미래지향적 성과경영 개인참여경영 제도화 연봉제, 성과급제, 성과배분제

〈표 2-8〉 성과경영의 전개 방향

여전히 많은 우리나라 기업들은 최고경영자의 직관적이고 개인적인 과거 경험이나 주관에 의해 좌우되는 경영방식이 실행되고 있으며, 불확실한 미래에 대한 도전보다는 현재에 안주하는 경영방식을 취하고 있는 것이 현실이다. 이러한 아마추어 실업리그형 또는 K리그형 방식의 성과경영 형태를 유지한다면 미래에 대한 지속적인 성과를 장담하기는 어렵다. 하루 빨리 분데스리가형 또는 가장 모범적인 프리미어리그형의 성과경영 유형으로 전환할 수 있는 기반을 마련해야 한다.

'성과를 경영한다'는 것은 애초에 설정한 비전이나 성과목표에 대해 탁월한 성과를 창출할 수 있도록 전략적 과제를 선택과 집중의 원칙에 입각해 선정하고, 지속적으로 프로세스를 재설계함과 동시에 조직과 구성원들의 역량을 개발하고 투입될 자원을 전략적으로 배분하는 것을 의미한다. 그러나 성과경영을 한답시고 사업부제나 팀제, BSC, MBO, 연봉제, 성과급제, 인센티브제를 도입하여 시행하고는 있지만, 성과경영의 도입 목적이나 성과경영의 진정한 정신을 깊이 성찰하지 않고 무작정 형식만을 보고 껍데기만 추진하는 경우가 비일비재하다.

그토록 많은 경영진들이 열변을 토하고 있긴 하지만 정작 '성과 중심의 자율책임경영'을 하기 위한 하이퍼포먼스 경영 프로세스를 명확하게 알지 못했던 것이 가장 큰 이유다. 사업부제, 팀제 등 성과경영을 위한 실행 시스템을 도입한 많은 조직에서는 나름대로의 성과경영 프로세스를 갖추고 있다고 강변하지만, 그 프로세스는 개선해야 할 점이 많다. 이를테면 해당 조직이 왜 생겨났는지, 무엇을 위해 존재하는 지에 대한 제대로 된 비전이나 미션, 중장기 목표가 설정되어 있지 않음은 물론이고 성과경영 프로세스 측면에서도 팀 차원의 단순 업무에 대한 단기목표만 겨우 관리하고 있는 실정이다.

추진해야 할 업무가 생기면 이에 대한 정밀한 분석을 통해 성과목표를 설정하고 달성을 위한 타깃 공략 전략과 실행계획의 수립 없이 그저 일의 '순서'만 정해놓고 추진하는 경우가 허다하다. 게다가 업무의 성과목표에 대한 구체적인 달성전략과 그 전략을 바탕으로 성과목표를 실행하는 프로세스는 아예 생략되어 있는 경우도 많다. 한마디로 업무추진계획이지 업무추진을 통해 달성해야 할 성과목표를 제대로 추구하기 위한 전략과 계획은 미흡하다는 것이다.

그리고 성과목표를 실행하는 과정에서 진행사항을 일정한 간격(월간, 과제별, 프로젝트별)으로 점검하는 프로세스를 제대로 갖추지 못하고 있다는 것은 반드시 개선되어야 할 점이다. 성과를 제대로 경영할 만한 구체적인 프로세스도 마련하지 못하고 이를 주관해야 할 사업부장혹은 팀장들이 해야 할 정확한 역할과 미션에 대해 의미부여도 되어있지 않은 상황에서, 권한위임 경영과 성과 중심의 자율책임경영이 그저 구호만 남발될 뿐 제대로 이루어지지 않고 있는 것은 어쩌면 당연한 결과인지도 모른다.

이제는 '업무진행 과정 중심'의 업무 추진절차 통제방식에서 벗어나야 한다. 주어진 성과목표를 바탕으로 달성해야 할 목표와 목표 달성을 위한 실행전략에 대해 리더와 구성원들의 역할분담을 명확히 해야 한다. 달성되어야 할 '성과목표 중심'의 통제방식으로 진화되어야 한다는 의미다.

리더와 구성원의 역할관계를 기반으로 하되 성과를 만들어내는 데 있어 실행은 현장 접점의 구성원들이 중심적인 역할을 수행할 수 있는 하이퍼포먼스 경영 프로세스를 구축해야만 한다.

그리하여 필자는 앞에서 제시한 성과 중심의 자율책임경영 성공의 전제 조건들과 더불어 국내기업들이 하이퍼포먼스 기업이 되기 위해 현장에서 활용할 수 있는 실질적인 실행원칙을 제안하고자 한다.

- 경영상태와 전략실행 단계를 파악할 수 있는 BSC 대시보드를 구축해야 한다.
- 성과목표를 신뢰성 있고 납득성 있게 설정해야 한다.
- 성과목표를 달성하기 위한 전략을 각 단위 조직별로 타당성 있게 수립해야 한다.
- 성과목표 달성과정에 대해 월간 단위로 성과경영 모니터링 프로그램을 실행해야 한다.
- 성과에 대한 평가 및 보상과 육성 프로그램을 가치지향적으로 자연스럽게 연계하여 구축해야 한다.

〈표 2-9〉 하이퍼포먼스 기업이 되기 위한 다섯 가지 실행원칙

① 경영상태와 전략실행 단계를 파악할 수 있는
BSC 대시보드를 구축해야 한다.

기업의 비전을 제대로 달성하기 위해서는 그것이 어떤 전략을 통해 어느 정도 달성되고 있는지를 항상 모니터링(Monitoring) 해야 한다. 그리하여 기업은 현재의 경영상태와 전략실행 단계를 측정할 수 있는 지표들을 도출하고 이를 바탕으로 계획을 수립하며, 효율적으로 이행되고 있는지를 점검한다. 그것을 가능하게 해주는 것이 바로 BSC 대시보드(Dashboard)다.

BSC(Balanced Scorecard)에 대해서는 3부에서 자세하게 다루겠지만 간단하게 설명하자면, BSC란 지금까지의 업무 수행체계를 하는 일을 위주로 하는 투입 업무 중심에서 성과지표를 위주로 하는 업무 수행 결과 중심으로 전환시키는 방법론을 말한다. BSC 대시보드는 경영성과 수준에 대한 측정지표를 구조화해서 보여주기 때문에 최고경영층은 객관적인 관점으로 경영성과를 파악할 수 있고 구성원들은 보다 쉽게 조직의 목표를 공유할 수 있다.

또한 측정을 통해 나타난 현상의 원인을 분석하고 개선점을 도출해서 보완기준을 제시함으로써 경영 문제점을 조기에 파악하고 신속히 대처하는 것이 가능하게 하는 조기경보 기능을 수행하기 때문에, 기업들은 성과경영을 하는 데 꼭 필요한 BSC 대시보드를 구축하고 그것을 올바로 이해해야만 한다.

② 성과목표를 신뢰성 있고 납득성 있게 설정해야 한다.

기업들이 올바른 성과경영을 위해서 가장 먼저 해야 할 것은 미래에 달성해야 할 비전을 구체화하고 비전 달성에 필요한 핵심역량을 규명하여 보유 핵심역량을 바탕으로 하는 사업과 업무영역을 확정하는 일이다. 그런 다음 확정된 사업과 업무영역에서 달성해야 할 구체적인 중장기 성과목표, 지속적인 경쟁우위를 유지하기 위한 경쟁전략, 핵심역량 축적을 위한 조직 차원의 전략을 수립하고 장기적인 투자계획을 세우는 일을 해야 한다. 그리고 이를 단계별로 어떻게 실행해 나갈지를 연도별 사업계획에 구체적으로 반영하게 된다. 특히 연도별 사업계획에서 수익목표를 정할 때는 과거 실적을 기준으로 삼지 말고 미래에 달성해야 할 성과목표를 기준으로 삼아야 한다. 수익목표는 과거 실적이 얼마였으니 이번에는 얼마를 달성해야 한다는 식으로 정하는 것이 아니라, 기업의 상황과 회사의 비전에 비추어 '되고자 하는' 바람직한 미래상과 의지를 가지고 설정해야 하는 것이다.

납득성을 기준으로 놓고 본다면 기업들이 해야 할 일들이 더 있다. 전략 단위 조직인 '회사' 또는 '사업부'와 하위 실행책임 조직인 '팀'의 성과목표와 성과기준이 정해진 다음에는, 그것을 기준으로 각 개인들이 수행해야 할 성과목표를 보다 구체적으로 설정하게 도와주어야 한다는 것이다.

그런데 국내의 대다수 기업들을 살펴보면, 상위 성과책임 조직과 하위 실행책임 조직의 성과기준이 거의 동일하거나 중복되는 경우를 많이 볼 수 있다. 예를 들어 사업부장의 성과목표가 '신규상품 매출액 10% 증대'라고 한다면, 팀장들에게는 그 목표를 달성하기 위한 구체적인 세부실행과제가 성과목표로 부여되어야 하는데 대부분 팀장들에게도 사업부장의 성과목표처럼 단순히 달성해야 할 '매출액'만을 아무 방향성 없이 기계적으로 배분하고 있는 경우가 허다하다.

달성해야 할 목표수치만을 일정하게 나누어서 그것을 각 팀장들의 성과목표로 부여하는 것은 잘못된 방식이다. 이런 방법은 사업부장과 팀장들 사이의 성과책임을 모호하게 만드는 것이다. 상위 조직의 성과는 하위 조직들의 성과목표를 단순하게 합해서 얻는 것이 아니라, 하위 실행조직의 업무 수행성과와 상위 조직장의 리더십이 결합되어 나타나는 시너지로서 얻어지는 한 차원 높은 성질의 성과라고 보는 것이 바람직할 것이다.

따라서 실행책임을 담당할 하위 조직장과 상위 조직장이 수시로 머리를 맞대고 세부실행전략을 합의해서 상호간의 이해를 이끌어내야 한다. 이러한 과정이 제대로 이루어지지 않으면 과거에 성행했던 주먹구구식 통제와 감시 위주의 목표관리 방식이 재현될 수 있으므로 특히 유의해야 한다.

③ 성과목표를 달성하기 위한 전략을 각 단위 조직별로 타당성 있게 수립해야 한다.

기업의 중장기 목표와 단기목표(연도별 사업계획)가 수립되면 최고경영자는 각 성과목표별로 성과를 달성하는 데 필요한 구체적인 핵심실행과제(하위 조직의 핵심성공요인)와 세부추진과제를 실행주체인 각 단위 조직의 장들과 함께 수립해야 한다.

이때 유의해야 할 것은 일부 핵심 스태프 조직이 일방적으로 전체 조직의 전략을 수립하도록 해서는 안 된다는 점이다. 왜냐하면 실제 전략 수립의 실행 주체자인 각 사업조직이 배제된 상태에서 전체 전략이 수립되기 때문에, 실행력이 떨어지는 결과를 초래할 수 있다. 따라서 스태프 조직은 주로 고객 지표, 경쟁자 지표, 내부 프로세스 지표에 대한 충분한 자료를 제공하고, 추진 주체인 사업부가 실질적인 실행과제와 전략을 수립할 수 있도록 하는 것이 중요하다. 이 과정을 거치다 보면 사업부가 해야 할 일과 성과책임뿐만 아니라 하위 조직(팀)에게 위임해야 할 세부실행과제가 자연스럽게 구분된다.

다음으로 각 하위 조직(팀)은 상위 조직(사업부)으로부터 부여 받은 성과목표와 목표원가(주로 실행예산과 인원)를 바탕으로, 구성원들과 함께 성과목표 달성을 위한 핵심실행과제와 세부추진과제를 창의적으로 수립하는 역할을 담당하게 된다. 팀장의 경우 실행 책임이 요구되는 과제들을 각 담당자 별로 합리적으로 배분하고 목표수준, 핵심성과지표, 성과목표 달성을 위한 필요역량 등을 구성원들에게 제시한 다음, 구성원 각자가 직접 자기계발 계획을 세우고 계발 방안을 작성하도록 해야 한다.

간혹 주어진 목표원가 범위 내에서 핵심실행과제와 세부추진과제들을 실행하기 어려운 경우가 생기는데, 이럴 경우에는 각 구성원들이 성과목표 달성전략에 대한 타당성을 바탕으로 상위 조직장과 다시 한 번 목표원가를 조정하는 과정을 거치는 것이 바람직하다.

아울러, 상위 조직으로부터 성과목표를 부여 받은 하위 조직은 전략을 실행할 때 발생할 수 있는 예상장애요인과 그들이 필요로 하는 지원에 대해 구체적으로 제안해야 하며, 상위 조직장은 이를 코치하고 지원해야 한다. 이렇게 상위 성과책임조직(사업부)과 하위 실행조직(팀) 사이에 올바른 합의가 이루어지면 합리적인 성과목표가 설정되고 창의적인 지식이 생산된다.

④ 성과목표 달성과정에 대해 월간 단위로 성과경영 모니터링 프로그램을 실행해야 한다.

대부분의 기업에서 연초에 성과목표 수준을 정해놓고 나면 연말까지 중간 중간에 특별한 성과 분석이나 미달 부분에 대한 원인 분석 혹은 구체적인 대처방안 마련에 대해 철저하게 따지질 못하고 그냥 흐지부지 지나가는 경우가 비일비재하다. 연초에 각 단위 조직과 개인별로 성과목표와 달성전략이 수립되었다면, 매달 실행을 통해 실제로 전략을 실행하는 과정에 들어가게 된다.

이때 핵심적인 사항은 바로 주간·월간 성과목표 달성전략이나 분기·반기별 성과목표 대비 실적 점검활동을 통해 꼼꼼하게 실적을 모니터링 해야 한다는 점이다. 월간 혹은 분기별 성과목표 달성전략과 실적들은 모두 연간 성과목표 별로 누적시켜서 관리하도록 해야 하며, 이것에 따라서 계획을 추진해야 한다. 일일 성과목표 달성전략이나 주간 성과목표 달성전략도 연간 성과목표 달성과 연계되어 추진되어야 함은 두말할 나위도 없다.

이러한 과정을 통해 각 단위 조직(특히 팀)들은 성과목표 달성을 위한 실행과제를 수행할 때 소요되었던 원가(비용)를 누적시켜서 계속적으로 관리해 나가야 하고, 성과목표 달성을 위해 추진되었던 업무 수행 방법에 대해서는 데이터베이스화 하여 연초에 세웠던 성과목표와 목표원가의 진척도를 체크해봐야 한다.

우리는 성과목표를 달성하기 위한 창의적인 실행방법에 대해 고객만족 경영의 관점에서 항상 고민해야 한다. 그리고 또 명심해야 할 점은 이 모든 과정들에서 각 구성원들이 실시간으로 정보를 조회할 수 있고 파악할 수 있도록 공개적인 시스템으로 구축되어야 한다는 것이다. 특히 각 단위 조직의 장들은 성과지표에 나타난 전체 정보를 마치 비행기의 계기판을 읽듯이 한눈에 알아볼 수 있도록 해야 한다.

만약 성과목표 달성이 미진한 경우에는 그에 대한 원인을 타깃 중심으로 분석하고 구성원들과의 면담 및 워크숍을 통해 적절한 해결방안을 조언해주어야 하며, 장애요인을 해결해주고자 하는 적극적인 관심과 지원을 보여주어야 한다.

⑤ 성과에 대한 평가 및 보상과 육성 프로그램을 가치지향적으로 자연스럽게 연계하여 구축해야 한다.

올바른 성과경영을 위해서는 구성원들에게 예상 가능한 동기부여 프로그램을 사전에 제시해서 그들이 자발적으로 전체 성과경영에 참여하도록 하는 것이 중요하다. 성과경영의 기본 모토는 바로 성과목표 중심의 자율책임경영이기 때문에 팀이든 개인이든 자발적이고 자율적으로 참여하는 것이 핵심이다. 사전에 합의된 객관적인 평가기준에 맞추어 성과 평가와 역량 평가에 대한 합리적인 평가 결과를 구성원들과 투명하게 공유해야 한다.

이러한 평가 결과를 바탕으로 높은 성과를 달성한 구성원들이 받는 혜택이 구성원들에게 어떤 가치를 부여하게 되고 어느 정도의 범위에 이를 것인지에 대한 기준을 사전에 예측가능하게 해주는 것이 중요하다. 즉 성과에 따른 보상기준을 미리 제시하는 것이 중요하다는 것이다.

보상 범위와 규모는 기업과 목적에 따라 그 유형이 천차만별이지만, 여기서 중요한 것은 성과를 달성한 조직과 그 구성원이 자신에게 주어지는 보상의 수준에 수긍할 수 있어야 한다는 점이다.

과거에 주로 사용했던 연공서열에 의한 승진과 같은 보상은 지금과 같은 수평조직구조, 지방분권적 구조에서는 구성원들의 동기를 적극적으로 유발할 수 없는 것이 사실이다. 그래서 각 기업들은 현재 성과에 대한 차별화되고 파격적인 보상 프로그램을 도입하는 데 골몰하고 있다.

분명한 것은 창의적인 지식인의 열정으로 탁월한 성과를 창출한 고성과 창출 구성원들에게는 분명 그에 합당한 메시지를 꾸준히 보내줘야 한다는 점이다. 언제 보상을 제공할 것인가 하는 '타이밍(Timing)'과 어떤 기준과 연계하여 보상을 해주어야 구성원들의 동기가 극대화될 수 있느냐 하는 보상의 '의미(Meaning)' 모두 구성원들에게 인식시켜주어야 하는 핵심 메시지다. 그러한 청사진이 없을 때 구성원들은 자발적이고 의욕적으로 목표를 달성할 수 없다.

성과가 부진한 구성원들에게는 보완해야 할 육성목표를 유형별로 구체적으로 제시해주고, 그들이 다시금 탁월한 성과를 맺을 수 있도록 성과 및 역량 측면에서 정확하게 피드백하고 지원해주어야 한다. 이때 목표 달성을 위한 전략 수립 방법과 창의적으로 고객을 만족시키는 방법들은 구성원들의 직무특성과 기업이 처한 시장상황에 맞게 훈련돼야 한다.

국내기업들을 대상으로 실증연구를 해본 결과, 프리미어리그형과 분데스리가형에 속하는 기업들뿐만 아니라, 아마추어리그형과 K리그형에서도 물론 성과는 창출되고 있었다.

그러나 기업의 성과를 결정짓는 요소들 간에 있어서는 우리가 이 책에서 궁극적으로 원하는 하이퍼포먼스 기업(광의의 범위로 프리미어리그형과 분데스리가형에 속하는 기업)과 아마추어리그형과 K리그형 사이에는 분명한 차이가 있다.

아마추어리그형과 K리그형의 기업들이 성과를 창출할 수 있었던 원동력은 저렴한 제품 가격, 카리스마 리더십, 근면성실한 구성원, 연공서열 식의 인사관리, 최고경영자에 의한 중앙통제 조직구조 등이었다. 물론 이러한 원동력은 프리미어리그형 기업이나 분데스리가형 기업도 어느 정도는 공통적으로 가지고 있는 요소들이다.

그러나 이러한 요인들이 성과 창출에 기여하는 것이 지금까지는 가능했지만, 앞으로의 기업경영환경을 대입해봤을 때는 더 이상 그런 요인들로 성과 창출을 담보하기에는 어려움이 따른다. 치열한 경쟁에서 견뎌낼 수 있는 경쟁력이 취약하기 때문에, 이전의 시장환경에서처럼 더 이상 굵직한 성과를 기대할 수도 없다.

그렇기 때문에 하이퍼포먼스 기업이 될 수 있도록 성과 창출의 요인들을 리모델링 할 필요가 있다. 국내기업들 중에서 프리미어리그형과 분데스리가형에 위치한 기업들이 성과를 창출해낼 수 있었던 가장 주요한 요인들은 구성원들과 생생한 비전을 공유하고 이에 따라 중장기적이고 균형적인 관점에서 경영전략을 수립하는 BSC가 있었기 때문이었다.

또한 성과목표에 의해 단위 조직들과 구성원들이 자율적으로 경영하고 역량을 발휘할 수 있는 인적자원제도가 잘 구비되어 있었기에 성과를 창출하는 것이 가능했다. 하이퍼포먼스 기업들의 공통점은 미래를 위한 전략 수립에 철저하다는 점, 매번 현재 시점에 걸맞은 실행으로의 연계성이 높다는 점, 그리고 성과목표 실행에 참여하는 구성원들에 대한 동기부여 시스템이 탁월하다는 점이다. 이것이 이들 기업들로 하여금 지속가능한 성과경영을 가능하게 하는 것이다.

아마추어리그형과 K리그형, 그리고 분데스리가형에 속하는 국내기업들 역시 프리미어리그형처럼 지속적인 성과를 창출할 수 있는 방법은 없을까? 이어질 3부에서 필자는 이들 기업을 위해 하이퍼포먼스 기업들의 경영 프로세스의 세 가지 핵심 시스템을 통해 구체적인 실행원칙을 제안하고자 한다.

올바른 프로세스와 원칙에 따라 성과경영의 실행력을 강력하게 담보하는 하이퍼포먼스 기업의 구체적인 성과경영 시스템을 직접 적용해보기 바란다.

BSC 경영

1. 중장기 목표 설정
- 비전(Vision)
- 중장기 목표

▲

2. 전략(Strategy) 수립

회사 전략	전략과제
사업 경쟁전략 (사업부 차원)	전략과제
자원확보 전략 (HR/재무)	전략과제

▲

3. 전략과제 별 KPI/목표 설정

전략과제	KPI	목표
전략과제	KPI	목표
전략과제	KPI	목표

▲

4. BSC 대시보드

회사·사업부	재무	· 매출액 · EVA 등
	고객	· 고객만족도 · 시장점유율 등
	내부 프로세스	· 매출연기율 · 친절서비스지수 등
	학습과 성장	· 핵심인력 확보율 · 인력개발 투자비 등

┄┄▶ 연도 중점관리지표

MPO 경영

5. 연간 성과목표 설정

팀	전략목표	회사 혹은 상위 조직의 성과목표 달성과 연계
	본연목표	단위 조직의 자체전략과 연계
팀원	공헌목표	타 부서의 성과목표와 연계되어 제시된 업무

▲

6. 성과목표의 실행
- 성과목표의 실행
- 진행상태를 정기적으로 모니터링
  - 월별 KPI 모니터링
  - 월별 성과 품앗이 워크숍
  - 본부/팀 월별 성과목표 달성전략 수립

▲

7. 평가(반기)
- 성과 평가 : 목표 대비 성취도 평가
- 역량 평가 : 체크리스트를 이용하여 성과에 직접적인 영향을 미치는 선행전략 과제 실행 여부 평가

▲

8. 피드백
- 성과 피드백 : 차기 성과 목표 설정 시 반영
- 역량 피드백 : 인재 육성 (교육훈련, CDP 등)에 반영

〈표 2-10〉 하이퍼포먼스 경영 프로세스

하이퍼포먼스 기업의 SCM 모델을 경영하라

구호나 슬로건만으로는 구성원을 움직일 수 없다. 자신의 책임 하에 의사결정에서 성과보상까지 움직이고 결과를 낸 만큼 그들이 가져갈 수 있게 해야 한다. 지휘자가 없어도 멋진 하모니를 만들어내는 오케스트라처럼, 군사력의 열세를 뛰어넘어 10배 강한 적군을 물리친 한니발 장군처럼, 하이퍼포먼스 엔진을 장착한 기업은 미래지향적인 성과와 구성원 개개인의 자율성과 창의성, 최고의 핵심역량을 이끌어낸다.

Chapter 1

SCM 모델이란 무엇인가?

도전적인 목표를 계획하고 최소의 비용으로 최대한의 성과를 창출해내는
SCM 모델의 세 가지 핵심은 미래전략, 실행, 동기부여 시스템이다.

1부에서는 성과란 무엇이고 왜 필요한지 그리고 왜 성과 중심의 자율책임경영을 할 수밖에 없는지 그 당위성과 그동안 국내기업들의 성과경영이 실패할 수밖에 없었던 이유를 살펴봤다.

2부에서는 성과경영과 관련된 전반적인 역사적 연구와 함께 한국기업의 성과경영의 유형을 분석해보고 각 유형별로 차별화된 발전 방향을 제시해보았다.

3부에서는 국내기업들의 성과경영 유형 분석을 통해 프리미어리그와 분데스리가형 기업들이 지속적인 성과를 창출하도록 하는 공통분모를 찾아 디자인한 SCM(Strategy & Cruising & Motivation) 모델에 대해 구체적으로 알아보고자 한다.

SCM 모델은 세 가지의 핵심 시스템으로 이루어진다.

첫째, 미래에 기업이 도달해야 할 비전을 설정하고 달성전략을 선택하고 집중하여 과제화하고 달성과정을 모니터링 할 수 있도록 도와주는 '미래전략 시스템(Strategy System)'이다.

둘째, 비전 달성을 위한 중장기 전략과제를 연간 단위로 쪼개서 매년 연초에 연간 성과목표로 설정하고 구체적인 실행으로 이어지게 하여 연말에 원하는 목표로 실현시키는 마법의 '실행 시스템(Cruising System)'이다.

마지막으로 셋째, 비전과 목표를 설정하고 실행으로 이어지는 과정에서 구성원들의 적극적인 참여와 몰입을 유도하여 자발적으로 기분 좋게 헌신하도록 하는 '구성원 동기부여 시스템(Motivation System)'이다.

이러한 세 가지 핵심 시스템은 경영 프로세스와 연계되어 진행된다.

어떤 기업이든 투입(Input, 이하 인풋)이 있어야 산출물(Output, 이하 아웃풋)이 나온다. 다만 하이퍼포먼스 기업이 여타의 기업과 차별되는 이유는 도전적인 목표를 계획하고 최소의 비용을 인풋하여 최대한의 성과를 창출해내는 SCM 모델이 있기 때문이다.

하이퍼포먼스 기업은 외부로부터 미치는 환경의 영향과 기업의 상황을 분석하여 미래에 기업이 도달하고자 하는 비전과 전략을 계획하는 미래전략 시스템을 통해 기업의 거시적인 목표를 설정하는 인풋 과정을 거친다. 이렇게 인풋 과정에서 정해진 거시적인 목표를 향해 연간 단위로 목표를 구체화하고 실행하는 실행 시스템에 해당하는 프로

세스(Process)가 이어진다. 프로세스가 진행·반복되면서 기업의 경영
활동은 성과를 창출해내는 아웃풋 과정에 다다른다. 이때, 구성원들
의 적극적인 참여와 몰입을 유도하는 구성원 동기부여 시스템을 통해
실질적인 아웃풋을 극대화한다.

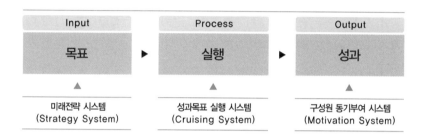

〈표 3-1〉 경영 프로세스와 연계된 하이퍼포먼스 기업의 SCM 모델

하이퍼포먼스 SCM 모델을 이루는 각 시스템의 세부 단계별 내용은
다음과 같다.

미래전략 시스템에서는 회사와 사업부 차원의 비전과 전략을 설정
하고 이를 바탕으로 균형성과표(BSC : Balanced ScoreCard)를 설계하여,
향후 기업의 미래 방향과 실행을 위한 기준을 마련하는 방법들에 대
한 내용을 다루고 있다 .

성과목표 실행 시스템에서는 미래비전을 달성하기 위한 전략과제를
제대로 실행하기 위해 전략과제의 중장기 목표를 연간 성과목표로 캐
스캐이딩(Cascading)하여 선택하고, 집중적으로 어떻게 실행할 것인지
에 대해 달성전략을 수립하고 실행계획을 세우는 성과목표에 의한 경

영(MPO : Management by Performance Objectives) 활동을 포함한다. 또한 연간 성과목표를 좀 더 일상적인 업무와 연계하여 실질적으로 실행되도록 하기 위하여 월간 단위로 캐스케이딩 하여 구체적으로 경영하는 월간 성과목표 경영(MPM : Monthly Performance Monitoring)에 대한 내용을 다루고 있다.

성과목표와 전략실행이 제대로 이루어져 가시적인 성과로 나타날 수 있으려면 구성원들의 참여와 헌신이 필수적이다. 구성원 동기부여 시스템에서는 구성원들이 자신의 성과경영에 대해 열정적으로 참여하고 신바람 나게 일할 수 있도록 하는 방법을 핵심적으로 다루고 있다. 이를 위해서 구성원들이 지속적으로 동기부여될 수 있도록 리더들의 올바른 역할을 제시하고 실질적인 동기부여형 인사제도를 소개하고자 한다. 이러한 리더들의 올바른 역할과 미션에 대해서는 '성과 중심의 리더십(PFL : Performance Focused Leadership)'을 이슈로 다루고, 제도적 뒷받침에 대해서는 '역량 중심의 인적자원 경영전략(CBHRM : Competency Based Human Resource Management)'이라는 테마로 다루게 된다.

SCM 모델은 고객 중심, 글로벌, 인터넷과 시스템 중심의 경영환경, 그리고 창의적인 핵심인재가 필요해지는 경영환경에 적합한 성과 중심의 자율책임경영 도구로서 구성원들의 역량 향상과 동기부여를 극대화시켜주는 데 탁월한 효과가 있다. 또한 이러한 구성원들의 극대화된 역량과 열정은 구성원들의 자발적인 창의성을 자극하여 고객 만족과 차별화된 경쟁력으로 이어지게 되고 궁극적으로는 기업의 지속

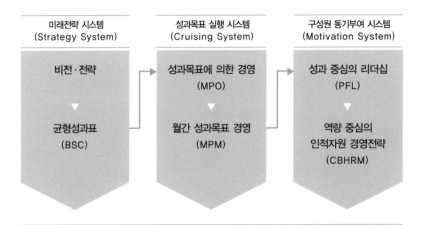

• BSC : Balanced ScoreCard
• MPO : Management by Performance Objectives
• MPM : Monthly Performance Monitoring
• PFL : Performance Focused Leadership
• CBHRM : Competency Based Human Resource Management

〈표 3-2〉 하이퍼포먼스 기업의 SCM 모델 체계도

적인 하이퍼포먼스로 연계될 것이다. 따라서 바람직한 하이퍼포먼스 기업에 근접한 이들 기업들의 공통분모를 뽑아 만든 SCM 모델을 바탕으로 국내 다른 기업들이 적용하여 실행에 옮긴다면, 많은 기업들이 머지않은 미래에 하이퍼포먼스 기업으로 거듭날 것임을 확신한다.

Chapter 2

미래전략 시스템(Strategy System)

불투명하고 애매모호하고 복잡할수록 분명한 기준이 필요한 법이다.
또한 내가 보기에 '열심히' 하는 것이 남들이 보기에는 최선의 방식이 아닐 수도 있다.

▌비전과 전략

① 비전과 미션이 왜 중요한가?

오늘날 기업을 둘러싸고 있는 주변 환경을 정확하게 예측할 수 있는 확률은 극히 낮아졌다. 그에 반해 과거에는 기업이 속해 있는 경영 환경이 안정적이어서 미래를 예상하는 것이 어느 정도 가능했다. 열심히 노력한 만큼 얼마든지 좋은 성과를 낼 수 있었으므로 기업에서는 무엇보다 생산(투입)과 프로세스를 중요시 여겼다. 한마디로 열심히 노력만 하면 어느 정도의 수익을 창출하는 것은 보장받을 수 있었던 것이다.

하지만 요즘과 같이 고객의 요구사항이 날로 까다로워지고 기업들 끼리의 경쟁의 강도는 심해지며, 언제 어떤 일이 닥칠지 모르는 상황에서는 '장래에 도달해야 할 목적지'가 분명하지 않다면 좋은 성과는 고사하고 어디로 가야 할지 몰라 헤매기 십상이다. 우리를 둘러싸고 있는 환경이 불확실하면 할수록 미래에 우리 기업이 가야 할 곳을 정확하게 겨냥해야 한다.

많은 경영자들이 "불투명한 환경 속에서 미래를 향한 비전이나 목표가 무슨 소용이 있느냐." 하며 볼멘 소리 하는 것을 종종 들을 수 있다. 그러나 원래 불투명하고 애매모호하고 복잡할수록 분명한 기준이 필요한 법이다. 상황이 명쾌하고 뚜렷하다면 누구나 조금만 열심히 해도 좋은 결과를 가져올 수도 있다. 그러나 지금처럼 모두들 열심히 하는데도 그만큼 결과가 나오지 않는 것은 다른 기업들도 모두들 열심히 하고 있기 때문이다. 또한 내가 보기에 '열심히' 하는 것이 남들이 보기에도 꼭 최선의 방식은 아닐 수도 있다. 즉 객관적인 기준을 잘 파악하고 나서 열심히 해야 한다는 뜻이다.

따라서 가슴에 열망과 희망을 품고 따라올 수 있는 분명한 기준이 되는 '비전'과 앞으로의 기업이 나아가는 '방향'을 제시하는 것이 무엇보다 중요한 일임을 자각해야 한다. 한 기업의 비전이나 미션이 제대로 설정되어 있느냐 없느냐는 구성원들을 한 방향으로 집결하는 힘에 있어서 하늘과 땅 만큼의 차이를 만들어낸다고 볼 수 있다.

명확한 비전과 사명감에 대한 공감대가 형성되어 있지 않으면 조그마한 외부 충격이나 파도에도 소스라치게 놀라고 어찌할 줄 몰라 호들갑을 떨기 십상이다. 당장 눈앞에 펼쳐진 이익에만 일희일비하면서, 적게는 몇 명 많게는 수만 명을 태우고 항해해야 할 배가 과연 제대로 순항을 할 수 있을까? 애초에 정한 시간에 맞춰 목적지에 제대로 도착할 수 있을까?

단기성과에만 너무 집착하게 되면 눈앞의 이익 때문에 서슴없이 구조조정이다 사업철수다 하면서, '나중에 더 힘들어지더라도 그것은 그때 가서 생각하고 지금 굶을 수는 없다'는 심정으로 쉽게 의사결정을 해버리고 만다. 그런 조치들은 커다란 덩치를 줄이는 효과는 있겠지만 기업에 반드시 필요한 장기성장의 동력을 잃어버리게 하고 구성원들의 사기를 저하시키는 신호탄이 될 수 있다. 이런 경영마인드로는 절대로 구성원들의 창의적인 발상과 도전정신을 이끌어낼 수 없으며 동기부여를 할 수도 없다.

기업은 자사의 존재목적을 정확하게 알아야 한다. 우리 기업이 시장에 존재하는 이유는 무엇일까? 어떠한 가치를 고객들에게 주기 위해서 다른 기업들과 차별화된 경쟁을 하고 있는가? 우리 기업이 타깃으로 생각하는 고객이 누구인가?

'우리 기업이 시장에서 고객들에게 제공하고자 하는 가치가 무엇인가?' 하는 실존적 질문, 존재목적에 대한 답이 바로 미션이다. 잘 정리된 미션은 목적지를 향한 나침반과도 같아서 항상 가까이에 두면 혹여 길을 잃고 헤매지 않을까 걱정할 필요가 없다.

기업의 미션이 달성되었을 때 이루고 싶은 구체적이고 생생한 청사진이 바로 비전이다. 비전은 기업의 존재이유를 실천하기 위해 일정 기간 내에 이루고자 하는 모습을 구체화한 것으로, 만약 회사가 비전을 세우지 않았다면 전략을 세울 수도 없고, 전략을 세우지 못한다면 당연히 전술도 없다.

비전이란 나와 내가 속한 조직의 미래에 대한 모습과 방향을 뚜렷이 제시해주고 목표 설정을 도와줄 수 있기 때문에 매우 중요한 가치가 있다. 세계적인 석학이자 미국의 경영학자인 짐 콜린스(Jim Collins)는 비전이 가진 힘에 대해 이렇게 강조했다.

"비전은 우리의 노력을 최대한으로 이끌어내고 전략과 전술적 결정을 내릴 수 있는 상황을 스스로 만들어나가게 해준다. 그리고 비전은 시간이 지날수록 개인을 성장하게 해주고 발전시키는 가장 중요한 원동력이다."

비전이 어떠한 원동력을 갖게 하는지 현재 국내외적으로 탁월한 성과를 창출하는 기업들의 비전 사례를 살펴보도록 하자.

소니	Total Entertainment(종합오락그룹)
NTT	세계적 시야의 생활과 문화 창조에 기여
벤츠	국제적 하이테크 회사
Citicorp	전 세계 곳곳에 위치하는 독특한 글로벌 은행
KT	The Value Networking Company(가치를 연계하는 기업)
삼성전자	디지털 컨버전스 혁명을 주도하는 초일류 기업 달성

〈표 3-3〉 탁월한 성과를 창출하는 기업들의 비전 사례

무엇보다도 비전이 중요한 이유는, 사례에서 보는 바와 같이 비전을 통해서만이 각 기업들이 '미래에 어떠한 위치를 선점하고자 하는가'가 분명히 나타나기 때문이다.

'고객을 만족시키는 기업', '세계 최고의 기업'처럼 애매모호하거나 막연한 비전이 아니라, 명확한 비전을 통해서만이 구성원들이 그 비전을 달성하고자 하는 절절한 열망을 가질 수 있다는 점에 주목해야 한다. 미래의 모습이 구체적인 그림으로 시각화되고 실현가능하다는 확신이 들게 될 때라야 비로소 구성원들에게는 자신이 가지고 있는 모든 역량을 쏟아 부을 수 있는 에너지와 잠재력이 생긴다. 달성해야 할 성과목표와 비전이 분명한 회사와 구성원들은 하루하루를 의미 있게 보내며, 해야 할 일이 명확하기 때문에 비전 달성을 위해 구체적이고 창의적이고 혁신적인 방법들을 늘 생각하게 된다.

하이퍼포먼스 기업으로 가고자 하는 기업들의 첫걸음은 회사의 존재목적을 명확하게 하고 미래에 궁극적으로 도착하고자 하는 비전을 제시하는 일임을 절대 잊어서는 안 된다.

지금 당장에 닥친 일들이야 어떻게 하든 헤쳐나갈 수 있다. 하지만 정말 중요한 것은 앞으로 계속 닥치게 될 험난한 상황들을 지혜롭게 극복하자면 미래에 대한 확실한 희망과 그 길을 비춰줄 등대가 있어야 한다는 것이다. 미래에 대한 확실한 희망봉 역할을 하는 것이 바로 비전이다. 그리고 비전을 통해 우리의 존재목적은 이어질 수 있다.

② 올바른 비전과 미션 수립을 위한 핵심성공요인

일반적으로 기업들이 비전을 수립할 때 겪는 난점들을 보면 추상적인 표현들로 인해 도전적이고 가슴 설레는 문장을 도출하지 못한다는 공통점이 있다. 반면 하이퍼포먼스 기업들은 비전을 수립할 때 경영이념을 구체화시켜 구성원들의 열정을 불러일으킨다. 이러한 하이퍼포먼스 기업에서 나타나는 비전과 미션 수립 시 공통적으로 나타나는 특징을 요약하면 아래와 같다.

첫째, 지나치게 세부적인 데 구애받지 않고 기업의 미래의 이미지를 나타내는 그림을 구상한다.

스포츠 경기에서 신기록을 세우는 선수들은 무작정 '빨리 달려야겠다', 혹은 '멀리, 높이 던져야겠다'는 다짐만을 가지고 경기에 임하는 것이 아니다. 그들에게는 특별함이 있다. 연습에 연습을 거듭하면서 올림픽에 출전해 금메달을 걸고 시상대 위에 선 모습, 넘을 수 없을 것이라 여겼던 한계를 뛰어넘어 세계기록을 세우는 모습을 끊임없이 영상으로 그려낸 사람들이다. 이렇게 5년 후, 10년 후, 20년 후, 30년 후 나의 모습을 그려서 비전을 세우며 하루하루를 보내는 사람은 설령 5년 후에 그 비전을 정확히 달성하지 못했다 하더라도 최소한 근사치에는 접근해 있게 된다.

기업도 구성원들이 비전을 통해 꿈을 꾸고 목표의식을 가질 수 있도록, 미래의 최종목적지를 보다 분명하고 명확하게 제시해주어야 한다. 이것은 약육강식의 치열한 경쟁 속에서 생존하기 위한 필수조건이기도 하다. 기업은 구성원 개개인들이 모여 이루어진 집단이므로 전체를 대표할 수 있는 미션이나 비전을 수립해야 한다. 기업의 사업내용이나 사업 추진구조에 어울리는 '조금은 높은 수준의' 이미지를 포함하는 구체적인 그림으로 나타내야 하는 것이다.

'전 세계 자동차 시장점유율 1위'라든가 '아시아 대표 외식서비스 기업으로 해외사업 비중 40%'와 같은 비전이 그 좋은 예로 볼 수 있겠다.

산업군	미션(Mission)	비전(Vision)
식품회사	창의적인 바이오/식품기술로 세계 인류의 건강/편익 시장을 선도한다.	Global Food&Bio No.1 Company
자동차회사	모든 가족들을 위해 가장 안전하고 가장 멋진 자동차생활을 창조한다.	세계 초일류 자동차 브랜드 (전 세계 자동차 시장점유율 1위)
생수회사	우리는 대한민국의 청정자원으로 가치를 창출하여 인류의 건강에 이바지한다.	대한민국 블루골드를 전파하는 건강문화 창조자
병원	한민족의 건강지킴이로서 최상의 진료, 연구, 교육을 통해 인류의 삶에 기여한다.	생명의 미래를 책임지는 인간 중심의 건강진료센터
외식업체	인간존중을 바탕으로 인류건강 증진에 기여하는 더 좋은 상품과 서비스로 신뢰받는 기업이 된다.	아시아 대표 외식서비스 기업 (해외사업 비중 40%)
리조트사업회사	모든 사람의 인생을 즐겁고 행복하게 하는 패러다이스를 창조한다.	고객가치를 존중하는 글로벌 레저서비스 리더

〈표 3-4〉 산업별 미션과 비전 예시

미션은 기업의 가치철학이다. 그래서 기업경영의 원동력이 되어주고 지치고 힘들고 주저앉고 싶을 때 든든한 버팀목이 되어준다. 수없이 많은 기업들이 시장에 나와 있는데 왜 우리 기업까지 이 시장에서 경영활동을 해야 하는지에 대한 답이 바로 미션이다.

개념상으로 미션은 비전보다 근원적이다. 비전은 중장기적인 성과의 달성 여부에 따라 얼마든지 변화할 수 있지만 미션은 한결같아야 한다. 미션은 사람으로 비유하자면 왜 살아가는지에 대한 답과 같다. 살아가는 이유와 철학이 명료하지 못하면, 누구나 방황하게 되고 삶에 대한 자신감을 잃어버리게 된다. 자신이 도달하고자 하는 '비전'이라는 목적지를 향해 흔들림 없이 꿋꿋하게 갈 수 있도록 북극성처럼 길잡이 역할을 해주는 것이 바로 미션이다. 개인과 마찬가지로 기업 입장에서도 비전과 미션을 가지고 살아가느냐 그렇지 않느냐는 그 차이가 엄청나다고 볼 수 있다. 미션과 비전이 명확한 기업은 불황기든 호황기든 경영활동도 망설임이 없다. 외부환경에 불안감을 느끼고 안절부절하지 못하는 기업들을 보면, 대부분 미션과 비전이 불투명하다.

둘째, 비전은 장기적인 미래모습을 먼저 형상화하고 중간 과정에 이루어져야 할 회사 모습을 구체화하며 그 시점을 반드시 명기한다.

대부분의 기업들은 중장기 성격의 비전보다는 단기적인 비전에 집착하는 편이다. 그렇고 보니 기업의 성과 또한 단기적인 것에 머물기 쉽다. 기업의 비전은 장기적인 미래모습을 미리 스케치하여 도전적이면서도 실현가능성이 높은 중장기적 관점에서 비전을 설정하는 것이 효과적이다.

중장기적인 관점에서의 미래모습을 그릴 때는 현재로부터 10년 후 정도 더 장기적인 기간을 두고 이루고 싶은 이미지를 먼저 그려놓고, 그것을 달성하기 위해 역순으로 5년, 3년, 1년 후에 이루어야 할 미래모습을 가시화하는 과정이 필요하다. 마치 집을 지을 때 골격이 들어서고 나면 공간별로 어디가 방이고 부엌인지 그 모습을 형상화하는 것과 비슷한 이치이다.

그러나 현재 국내의 많은 기업들이 비전을 설정할 때 단기적인 2~3년 이후의 모습만을 고려하는 경우가 많다. 환경변화가 빨라 미래를 예측하기가 힘들다는 이유에서다. 하지만 하이퍼포먼스를 지속적으로 창출하는 기업이 되기 위해서는, 현재로부터 10년 후의 장기적인 미래모습을 형상화하고 그 미래모습을 이루기 위해 현 시점에서 그보다 가까운 5년 후 정도의 모습을 그리는 단계를 밟는 것이 좋다. 잘 보낸 하루하루가 모여 우리가 원하는 미래를 이루는 것이 아니라, 미래모습을 통해 오늘 하루가 결정되기 때문이다.

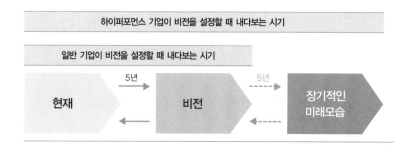

〈표 3-5〉 비전을 수립할 때 고려해야 할 시점

셋째, 비전 수립 과정은 CEO가 진두지휘해야 한다.

"나는 미국이 1960년대가 끝나기 전에 인간을 달에 착륙시키고 무사히 지구로 귀환시키는 목표를 달성하리라 믿어 의심치 않습니다."

미국의 대통령, 존 F. 케네디(J. F. Kennedy)의 연설 중 한 대목이다. 케네디의 이 유명한 연설은, '꿈을 공유하는 리더'의 모습을 보여주는 완벽한 사례라고 할 수 있다. 이 비전은 하나의 특정 집단이 아니라 국가 차원에서 추진되었다는 점에서 특히 주목할 필요가 있다.

한 기업에서 쌓아온 다년간의 경영 노하우와 통찰력을 통해 미래를 내다볼 수 있는 지혜를 가장 많이 가진 사람을 꼽으라면 당연히 최고경영자일 것이다. 따라서 기업의 미래비전과 달성해야 할 성과목표를 구성원들에게 제시하는 일은 최고경영자의 몫이고 역할이다. 비전 수립에 어려움을 겪거나 제대로 추진이 안 되는 경우를 보면 대부분, 최고경영자의 몰입이 저조하여 전체 구성원들의 참여가 제대로 이루어지지 못하는 경우다.

기업이 앞으로 나아갈 방향인 미션과 비전을 수립할 때, 가장 중요한 핵심조건은 최고경영자의 적극적인 참여와 몰입이다.

비전 수립이라는 과제의 주체는 임원들이나 기획실이 아니라 바로 최고경영자 자신이라는 것, 그 점에 대한 이해와 통감이 최우선이다. 비전을 제대로 수립하기 위해서는 최고경영자가 이러한 사실을 깊이 명심하고 어떤 방법으로 참여할지, 어떻게 구성원들의 몰입을 이끌어 낼 수 있는지 스태프들과 함께 토론하고 고민을 나누는 과정이 필요하다. 임원들이나 기획실 등 스태프들은 어디까지나 최고경영자의 전략적 의사결정을 도와주기 위해 존재하는 조직일 뿐이다. 운동경기에서 전략을 세우고 작전을 짜는데 감독이나 코치가 아닌 선수가 할 수는 없는 노릇이다.

또한 비전을 수립하는 것은 최고경영자가 추구하는 철학을 조직 내에 심고, 바람직한 혁신을 통해 이상적인 조직의 모습으로 바꿔갈 수 있는 절호의 기회임을 깨달아야 한다. 어느 경영진이나 본인이 재임하고 있을 때 이상적인 조직의 모습을 구현하고 싶은 열망이 있다. 마음속에 잠재되어 있는 변화의 욕구를 구성원들에게 보여줌으로써 함께 비전을 달성할 수 있는 힘을 모을 수 있다.

넷째, 올바른 비전이 되려면 공감과 설득의 힘을 담아야 한다.

아무리 훌륭한 비전이 있더라도 최고경영자 혼자서는 아무것도 할 수 없다. 비전과 성과목표를 달성하기 위해 전략을 수립하고 세부적인 실행계획을 짜고 행동으로 옮기기 위해서는 실행의 주체인 구성원들이 필요하다.

그들을 자연스럽게 비전의 방향으로 움직이게끔 만들어주는 것이 바로 공감과 설득의 힘이다.

CEO가 직접 비전 수립을 지휘하는 것도 이러한 힘을 얻어내기 위해서다. 그렇다면 공감과 설득을 높이기 위해서 반드시 필요한 일에는 무엇이 있을까?

첫째, 구성원들과 함께 워크숍을 떠나라.

앞에서 살펴봤듯이, 기업의 비전과 큰 방향은 최고경영자가 주축이 되어서 설정해야 하지만, 이러한 꿈을 이루기 위한 실천의 원동력은 구성원들로부터 나온다. 워크숍을 통해 구성원 스스로가 비전을 달성하기 위해 구체적인 실행방법을 도출할 수 있도록 유도해야 하며, 최고경영자도 구성원들과 같이 호흡하는 모습을 보여줘야 한다. 이런 과정을 통해 최고경영자도 신선하고 참신한 아이디어를 얻을 수 있으며 구성원들과의 깊이 있는 토론 과정을 거치는 가운데 그야말로 제대로 된 의사결정을 할 수 있다. 많은 기업에서 최고경영자들이 의사결정 과정은 직접 보지 않고 결과만 보고 받는 것을 흔히 볼 수 있는데, 이것은 정말 필요한 주요리는 먹지 않고 입맛을 돋우는 에피타이저로만 배를 채우는 격이다. 결정된 최종 결과만 보고 받지 말고 구성원들과의 워크숍에 직접 참여하기를 바란다.

둘째, 상호성의 법칙을 활용하라.

거래관계에 있어서 모든 것은 기브 앤드 테이크(Give & Take)가 기본 원칙이다. 국가 간의 통상정책에서도 상호호혜의 원칙에 입각하여 양국 간의 해외시장을 산업별로 개방하거나 관세를 책정한다.

이러한 상호성의 법칙에 의해 상호호혜는 공정한 방식의 타협을 통해서만 이루어질 수 있다는 점을 반드시 유념해야 한다. 이익의 중심이 어느 한 곳에 치우쳐 있다면 상호성의 법칙은 깨지고 만다. 이러한 상호성의 법칙에 따라 기업도 회사의 비전을 통해 구성원들이 받게 되는 '이익'에 대해 반드시 알려줄 필요성이 있다. 기업이 시장에서 어떤 대우를 받으며 구성원들의 연봉 수준은 어느 정도가 될 것인지, 인센티브는 어떻게 되는지, 구체적이고 현실감 있게 구성원들이 느낄 수 있도록 해줘야 한다. 많은 최고경영자들은 회사가 비전을 달성하면 구성원들에게 뭐든지 해주겠노라고 호언장담하지만, 구성원들은 '과연 그렇게 해줄까?' 하며 반신반의하게 된다. 그러므로 비전을 달성했을 때의 회사 모습뿐만 아니라 구성원들이 꿈꾸는 미래에 대한 기대치도 함께 공유해야 한다.

셋째, 사내의 모든 제도와 시스템을 비전과 연동시켜라.

아무리 최고급 사양을 가진 컴퓨터라도 본체의 부품들이 서로 연동되어 있지 않다면 그것은 가치가 없는 고철덩어리일 뿐이다.

최고경영자의 진두지휘 아래 구체적인 비전을 세우고 모든 구성원들이 공감을 했더라도 회사의 제도와 시스템이 비전과 연동되지 않는다면 그 비전은 물 위에 떠 있는 기름과 같다.

비전이 기업의 모든 체계와 연결되어 있다면 그 비전은 결국 실현가능성이 더욱 높아지며 불가능한 것도 현실화시킬 수 있는 강력한 에너지를 생성한다. 비전과 전략이 맞물려 돌아가면서 제도와 시스템에 잘 연동되었을 때 그 조직은 순풍에 돛 단 듯 나아갈 수 있다는 것이다.

가야 할 비전과 방향에 대해 공감했다면 구체적인 방법은 구성원들이 결정하게 하라. 현장은 그들이 전문가다. 그리고 그들이 실행한 성과에 대해 분명하고 확실하게 보상해주고 모든 것은 기준 중심으로 운영되도록 해줘라. 최고경영자라고 하는 사람이 경영하는 것이 아니라 최고경영자가 사전에 제시한 기준에 의해 시스템적으로 돌아간다는 것을 느끼게 해줘라. 비전은 머지않아 저절로 달성될 것이다. 아마 최고경영자가 당초에 생각했던 것보다 몇 배 더 커진 모습으로 말이다.

③ 핵심가치 및 행동원칙을 공유하는 것이 왜 중요한가?

미션과 비전이 올바르게 수립되었다면 그것이 제대로 실행되는지에 행동의 기준이 되는 '핵심가치(Core Value)'가 필요하다. 또한 회사에서 비전을 실현하기 위해 매년, 매분기, 매월 어떤 전략과제를 가지고 움직일 것인지 하는 바로미터가 되는 '행동원칙(Our Credo)'을 공유할 필요가 있다.

기업의 핵심가치란 "왜 그렇게 했는가?"에 대한 답이다. 이는 여러 구성원들이 생각하고 행동하는 가치관의 공통분모로서의 역할을 한다. 예를 들어서 '우리 회사에서 팀장이 되기 위해 이렇게 일처리를 하는 습관을 들이겠다', 혹은 '리더십을 기르기 위해 이러한 가치기준을 가지고 움직이겠다'고 하는 구체적인 규칙을 일컫는다. 우리가 일상적으로 볼 수 있는 좌우명이나 가훈, 그리고 팀훈, 사훈 같은 것이 바로 이런 내용을 담고 있다고 볼 수 있다. 이러한 핵심가치는 전체 조직 구성원이 조직의 존재목적을 향한 공동 참여의 분위기를 형성하는 데 중요한 역할을 한다.

행동원칙 역시 기업이 설정한 미션과 비전을 일상생활에서 어떻게 반복해서 행동하면 이룰 수 있는지를 알려주는 기준이다. 핵심가치와 다른 점은 행동지표가 매우 구체적이어서 반복적인 행동을 유도하고 습관화시킬 수 있는 형태라는 점이다.

조직의 미션과 비전을 추구하는 과정에서 구성원들은 결정이나 판단을 해야 하는 다양한 상황에 직면하게 된다. 그러나 어렵고 열악한 환경에서도 소신을 지킬 수 있도록 하기 위해서는 핵심가치 및 바람직한 행동원칙을 공유하는 것이 필요하다.

그런데 이렇게 구성원들의 정신적 지주 역할을 하고 절체절명의 순간에서도 조직을 위해 개인을 희생할 수 있을 정도의 강한 정신력을 키워줄 수 있는 '핵심가치'와 바람직한 '행동원칙'을 공유하는 일은 우리 기업들에게는 좀 생소한 것일 수도 있다.

그동안 우리 기업들은 제품이나 서비스와 관련된 생산이나 품질, 영업 등 소위 눈에 보이는 문제에만 신경 쓰다 보니 구성원들의 행동양식이나 가치관에 대해서는 상대적으로 관심을 덜 가져왔다. 금융회사의 직원이 고객들이 맡긴 예금을 개인적으로 횡령한 사건이나, 자사의 핵심기술에 관한 정보를 거액을 받고 외국에 파는 행동들처럼 잊혀질 만하면 한 번씩 신문이나 뉴스를 장식하는 사건들은 바로 핵심가치에 대한 개념이 약하기 때문에 생겨난다.

이제 우리 사회의 수준이나 고객들의 수준이 예전과는 다르고, 기업과 구성원들에 대해 가지는 고객들의 기대치도 높아졌다. 이제 기업들도 구성원들 하나하나가 고객에게 한 행동들이 모여서 형성되는

'사회적인 평판'에 의해서 기업 이미지가 좌우된다는 것을 인식하고 있다. 이를 증명하듯 최근에는 대기업을 중심으로 직무교육 중심에서 가치교육 중심으로 교육 커리큘럼이 전환되고 있는 것을 어렵지 않게 볼 수 있다. 모범사례로 꼽히고 있는 한화그룹은 예전에 비해서 부쩍 교육에 많은 투자를 하고 있고, 특히 미션이나 비전, 핵심가치 공유에 대한 교육이 주류를 이루고 있다.

기업이 어느 정도 수준까지 성장하는 데는 시장에 내놓는 제품과 서비스의 경쟁력, 최고경영층의 리더십이 결정적인 역할을 한다. 하지만 좀 더 높은 수준의 글로벌 경쟁력을 갖추고 지속가능한 성장을 하기 위해서는 필연적으로 무형적이고 정신적인 가치 함양이라는 숙제를 풀어야 할 것이다.

조직의 핵심가치와 행동원칙은 결국 기업이 원하는 성과에 이르기까지 필요한 전략, 역량, 능력, 열정의 가장 밑바탕이 되는 인프라이며, 구성원들을 실제로 움직이게 만드는 원천이다. 그렇기 때문에 많은 기업들이 회사가 지향하는 성과 창출을 위한 핵심가치와 행동원칙을 공유시키고, 조직활성화 및 사내 핵심가치 전파자 양성을 통해 현장에까지 체질화시키는 데 혼신의 힘을 기울이고 있는 것이다. 그렇기 때문에 한 조직의 여러 구성원들이 조직의 핵심가치와 행동원칙을 기준으로 공감대를 형성한다면, CEO와 임원, 팀장의 결재를 일일이 받지 않더라도 미션과 비전을 향해서 단일한 유기체와 같은 모습으로 업무를 추진할 수 있게 된다. 이것이 바로 구성원에게 공통된 판단기준 및 행동방향을 제시해주는 핵심가치 및 바람직한 행동원칙을 공유하는 큰 이유다.

그러므로 비전 및 미션 수립과 마찬가지로 핵심가치와 바람직한 행동원칙을 설정하는 경우에도 전체 조직구성원이 다함께 참여하는 것이 중요하다. 워크숍 등을 통해서 전체 조직구성원이 조직의 미션과 비전을 위해서 각자가 어떤 기준으로 판단하고 행동하여야 하는가를 논의하여 수립할 경우, 비전과 미션, 핵심가치 및 바람직한 행동원칙의 수용성과 전파력은 생각한 것보다 훨씬 더 강한 위력을 발휘할 수 있다.

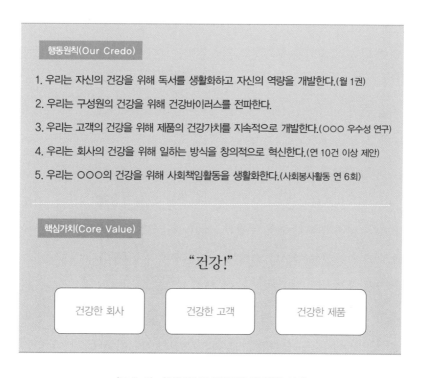

〈표 3-6〉 핵심가치 및 바람직한 행동원칙 사례

④ 전략구조 및 전략 간의 상호관계

성공적인 전략 수립을 위해서 우리는 어떠한 부분을 잘 알고 있어야 할까?

먼저 '전략구조'에 대한 이해가 필요하다. 전략구조는 통상적으로 세 가지 차원으로 구분해볼 수 있다. 회사 차원의 비전을 구현하기 위해 어떻게 경영자원, 핵심역량을 축적하고 배분할 것인가와 관련된 회사 전략이 있고, 동일 사업 내에서 어떠한 경쟁우위를 갖고 어떻게 중기 목표를 달성할 것인가와 관련된 사업부 차원의 사업 전략이 있다. 그리고 그것을 지원하는 데 필요한 자원확보 전략이다.

이러한 세 가지 전략구조 측면을 이해하고 이를 기반으로 자사의 환경에 맞는 차별화된 성과목표 달성전략을 수립할 수 있는 역량을 기르는 것이 무엇보다 중요하므로 본격적으로 전략구조에 대해 살펴보기로 하자.

첫째, 회사 차원의 전략은 사업구조 조정 전략이라고 볼 수 있다. 회사 차원의 전략의 핵심은 사업영역에 관한 의사결정에 있으며, 이는 기업의 다각화와 관련된 문제다. 특히 신규사업에 진입할 때 기존사업과의 관련성을 얼마나 고려할 것인가에 따라 관련 다각화와 비관련 다각화의 문제가 대두된다. 이와 함께 새로운 사업영역(제품시장)에 진출할 때 사업을 신설하여 진입할 것인가, 기존기업을 인수하여 진입할 것인가 하는 문제도 다루게 된다. 기업의 자원이 한정되어 있다는 점에서 볼 때, 사업 단위들 간에 투자의 우선순위를 결정하고, 이에 따라 최적 자원배분을 달성하는 문제는 기업 전략의 주요한 의사결정 문제다. 그 외에도 회사 전략은 다각화된 사업 포트폴리오를 관리함으로써 기업의 전체적인 성과를 제고하는 문제를 다룬다. 예를 들어 한 기업의 전략기획실의 경우 자금 지원을 통해 개별 사업단위의 생산능력을 확장하고 효율성을 증대시켰다. 또는 개별 사업단위가 부담할 수 없는 연구개발 투자를 통해 혁신기술이나 노하우를 제공해주기도 하고, 기존사업을 보완하는 신규사업을 인수하기도 한다.

둘째, 사업 전략은 현재 진출해 있는 정해진 사업 내에서 현재와 미래에 있어서 지속적인 경쟁우위를 어떻게 확보할 것인가가 핵심이다. 중장기적 성과목표를 어떻게 달성할 것인가, 현 사업에서 어떻게 차별화된 경쟁을 할 것인가 등을 고려하여 실제로 경쟁이 일어나는 사업영역을 대상으로 전략을 수립하는 것을 말한다. 이 경우 반드시 고객과 경쟁자를 고려한 전략을 수립하여야 하며, 차별화, 원가우위, 집중화 등을 통한 경쟁우위 전략이나 목표시장을 선정하고 목표를 설정하고 경쟁영역을 확정하는 전략을 수립해야 한다. 사업 전략의 핵심은 사업의 장기적 경쟁지위를 어떻게 구축하고 강화할 것인가 하는 데있다. 그런 측면에서 본다면, 경쟁우위의 원천이 되는 자원이나 능력을 개발하고 축적하기 위해 노력하는 것이 중요하다.

일반적으로 하이퍼포먼스 기업의 성공적인 사업 전략은 전략의 성공에 필수적인 기업의 핵심활동(원료 조달, 생산, 마케팅 등)을 핵심역량으로 구축하고 이를 활용함으로써 경쟁우위를 확보한다는 점이다. 대개 핵심역량은 경쟁기업이 현재 보유하고 있지 않거나 쉽게 모방할 수 없는 것이기 때문에 경쟁우위의 원천이 될 수 있다.

마지막으로 자원확보 전략은 현재와 미래에 있어서 전략실행을 위한 경영자원을 어떻게 효율적으로 확보할 것인지, 사업 전략과의 전략적 일관성을 어떻게 확보할지에 대한 것이다. 확보해야 할 경영자원을 구체화하고 경영자원의 우선순위 조정, 통합 및 평가가 이루어진다. 자원확보 전략을 통해 우리는 인적자원(Human Resource), 재무, 지식 등 각 지원의 단계별 확보 전략을 수립할 수 있다. 예전에는 기능별 전략이라고 해서 인사, 재무, 전산, 생산, 마케팅, 연구개발 등 기능적인 측면에서의 전략을 수립했다. 그러나 조직구조가 사업부제로 바뀌고 나서부터 프로세스 조직, 자기완결형 조직구조로 진화하면서 기능별 전략은 그 의미가 없어져버렸다. 해당 사업 주체들이 사업전략을 수립하면서 이미 기능적인 측면들을 고려하고 있는 것이다. 그래서 회사 차원의 전략과 사업부 차원의 경쟁 전략이 잘 실행될 수 있도록 자원을 어떻게 확보해줄 것인가 하는 문제는 회사 차원에서 훨씬 중요한 문제가 되는 것이다.

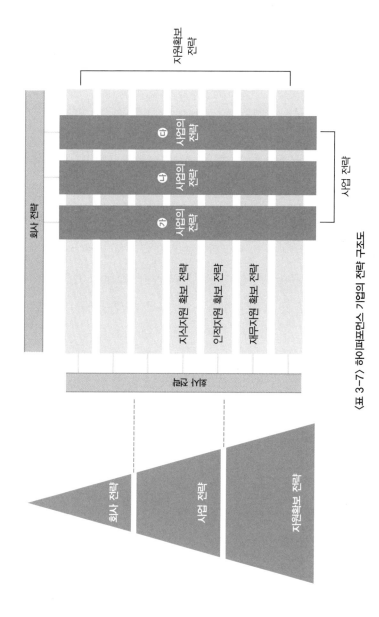

〈표 3-7〉 하이퍼포먼스 기업의 전략 구조도

덧붙여 중요한 전략적 방향을 결정하는 데 있어서 고려해야 할 점으로는 글로벌(Global) 전략과 로컬(Local) 전략의 적절한 조화를 들 수 있겠다.

한 다국적 기업의 사례를 살펴보자.

필자가 아는 어떤 분은 패션, 화장품, 식품 분야의 거대 계열사를 거느린, 이름만 대면 알 만한 프랑스계 모 그룹의 한국 지사장을 맡게 되었다. 이 분이 그 간 몇 개 회사를 거치면서 한국시장의 마케팅 쪽에서 탁월한 안목을 가지고 괄목할 만한 영업실적과 마케팅 역량을 보여줬던 점을 본사에서 높게 평가하여 지사장으로 스카우트한 것이다. 그렇다고 이분이 탁월한 학력을 가졌거나 화려한 과거 지사장 이력을 가지고 있던 것은 아니다. 그런데 왜 이 다국적 회사는 한국인을 지사장으로 발탁하여 경영을 맡기려고 했던 것일까?

대개 다국적 기업들은 본사나 주요 거점지역의 경우에는 모(母)그룹의 정책이나 문화와 경영에 능한 자국의 사람을 경영진에 앉혀서, 세계로 뻗어나가기 위한 글로벌 전략 측면에서 전체적인 전략을 주관하게 한다. 하지만 해외 각국의 지사들의 경우에는 대개 현지사정에 밝고 고객들과 돈독한 유대관계를 가진 현지인을 경영인으로 발탁하여 활용하는 전략을 구사하는 경우가 대부분이다. 한국 지사의 경우도 예외가 아니다. 해당 지역의 문화를 잘 알고 고객들의 성향과 요구사항을 잘 꿰뚫고 있는 현지 전문가들이 순간순간의 필요한 의사결정에 탁월하다는 판단에서 한국인을 발탁한 것이다. 마치 산악지형에서는 산악 전투를 해본 사람이, 늪지대에서는 늪지대 전투라는 실전을 경험해본 사람이 보다 훌륭한 성과를 창출할 가능성이 높다고 판단하는 것과 비슷한 이치다. 고객들의 니즈와 원츠를 잘 만족시켰던 경험을 가지고 있고, 특히나 현지 문화나 타깃고객들에 대한 통찰력을 가지고 있는 현지인들에게 최대한의 기회를 주고 역량을 발휘하게 한 것이다.

⑤ 올바른 전략 수립의 핵심성공요인

한 조직의 미래의 간절한 염원인 비전을 제대로 달성하기 위해서는 비전 달성에 결정적인 영향을 미치는 핵심성공요인(CSF : Critical Success Factor)과 핵심장애요인(CBF : Critical Barrier Factor)을 사전에 찾아내야 한다. 핵심성공요인에 대해서는 구체적인 실행방법을 수립해야 하고, 비전 달성에 부정적인 영향을 미칠 것으로 예상되는 핵심장애요인에 대해서는 대책 마련을 위한 마스터플랜을 수립해야 한다.

이와 같이 목표 달성에 결정적인 영향을 미칠 수 있는 요인들에 대해 선택과 집중의 논리를 적용해 잘 정리해놓은 것을 소위 '전략'이라고 한다. '전략'이 있어야 우리가 가고자 하는 목적지에 도달하기 위해서 비행기를 탈 것인가 배를 탈 것인가 아니면 걸어갈 것인가 하는 각종 수단과 방법을 머뭇거리지 않고, 결정할 수 있다.

그동안 기업들은 늘 그래 왔듯이 전략을 수립해왔다. 그러나 비전을 제대로 달성하고 성과를 창출하기 위해서는 지금까지 기업들이 일상적으로 수립해왔던 전략 수립 방법에 대한 과감한 혁신이 필요하다.

첫째, 전략을 수립할 때 기준이 되는 것은 미래관점이다.

과거의 성공경험이나 실패사례가 미래의 비전을 구동시킬 수 없다. 물론 과거의 경영실적이나 경험들을 참고할 수는 있겠지만 미래의 비전을 달성하기 위한 기준이 되어서는 안 된다. 철저하게 미래의 비전과 목표 달성에 영향을 미칠 수 있는 요인들을 미래관점으로 생각해야 한다. 과거의 성공에 대한 미련이나 실패로 인한 두려움은 없애고 미래를 달성하고자 하는 추진력과 도전의식이 그 어느 때보다 필요하다고 할 수 있겠다.

둘째, 전략 수립의 주체는 최고경영자와 임원이라는 것을 명심해야 한다.

대부분의 기업에서는 일선의 직원들이 세운 전략을 팀장이 결재하고 임원과 최고경영자에게 보고하는 식이다. 그러나 이것은 바람직하지 않은 전략 수립 방법이다. 비전 달성을 위한 전략을 선택하고 수립하는 역할은 회사 내에서 경륜과 직관력, 통찰력이 가장 뛰어난 최고경영층 또는 임원들이 맡아야 한다. 그리고 설정된 전략을 구체적으로 현장에서 수행할 실행계획의 주체는 팀장과 팀원이 되어야 한다. 이것이 전략을 제대로 수립하는 비결이다.

셋째, 전략 수립의 기준은 성과목표 중심이어야 한다.

올바르게 수립된 전략은 전략을 위한 전략이 아니라 성과목표 달성을 위한 전략이 되어야 한다. 우리가 속한 시장의 고객이 누구인지 우리 회사의 상품이 어떠한 차별성이 있는가를 분석해보아야 한다. 그런 다음 핵심장애요인을 도출함으로써 목표 달성에 영향을 미칠 구체적인 가상타깃(Target) 중심으로 계획을 도출해낼 수 있어야 한다.

넷째, 재무지표와 비재무지표의 균형성을 유지해야 한다.

여태껏 우리 기업의 전략 수립 기준은 대부분 업무실적 중심이었다. 전략을 수립할 때 고려하는 지표들은 단기적인 성과에 해당하는 재무지표가 거의 대부분인 것만 봐도 알 수 있다. 물론 재무성과지표는 과거의 실적에 대한 결과의 의미는 갖지만, 앞으로의 미래성과를 예측하기에는 한계가 따른다. 그러므로 미래의 재무성과를 가능하게 하는 선행요인인 고객이나 업무 프로세스, 조직의 역량에 해당하는 비재무지표도 함께 관리하여 재무지표와의 균형성을 유지해야 한다.

다섯째, 고객 중심으로 전략을 수립해야 한다.

시장의 주도권을 쥐고 있는 고객을 만족시키기 위해서는 내부적인 시각에서 만들어진 상품과 영업 전략으로는 경쟁력이 부족하다. '현지에선 철저히 그 지역에 맞게 변신하라'는 네슬레 사의 현지화 전략처럼 고객과 시장의 변화 요구사항에 잘 맞아 떨어지는 전략이 되려면 무엇보다도 시장관점인 고객 중심으로 설계되어야 한다. 구글이 'Google'이라는 고유명사화된 영어이름을 포기하고 '구거'라는 이름으로 중국에 진출한 것처럼 말이다.

올바른 전략을 수립하기 위해 지켜야 할 다섯 가지 핵심성공요인에 대해 알아보고 나니 그동안 우리가 수립했던 전략은 '전략'이라고 말할 수 없다는 것을 알게 되었을 것이다. 여태껏 우리가 전략이라고 불러온 것은 사실 업무추진계획이었다. 전략은 목표를 달성하기 위한 어떤 대상을 공략할 것인가에 대한 것이고 계획은 전략에 대한 구체적인 실행방법으로 일종의 전술인 셈이다. 공략할 타깃이 명확하게 설정되지 않은 막연한 의지의 표현이나 당연히 해야 할 업무추진계획으로는 더 이상 우리의 목표를 달성하지 못한다. 예전에는 열심히 업무를 추진하기만 해도 어느 정도는 실적이 보장되었다. 그러나 지금은 그런 옛날이 아니라는 것을 냉정하게 인정하고, 공략대상을 명확하게 선정한 마케팅 전략이 아니고서는 좋은 성과를 내기 어렵다는 것을 기억하자.

	업무추진 중심 계획	비전 중심 전략
관점	과거 중심	미래 중심
주체자	직원 중심	최고경영자/임원 중심
전략 수립 기준	업무실적 중심	성과목표 중심
지표 특징	재무지표 중심	재무지표와 비재무지표의 균형성
사고의 기준	생산 중심	고객 중심

〈표 3-8〉 업무추진 중심 계획 vs. 비전 중심 전략

비전 중심 전략은 중기적 관점에서 기업이 어떻게 목표를 달성할 것인가, 무엇을 경쟁우위로 선택할 것인가를 파악하여, 한정된 자원을 최적으로 배분하고 선택과 집중의 의사결정을 하기 위한 것이라고 말할 수 있다.

⑥ 전략 수립의 메커니즘

전략구조를 이해했고 전략 수립의 핵심성공요인에 대해 알아보았다면, 다음으로 짚고 넘어가야 할 것은 전략 수립의 기본 메커니즘을 체질화시키는 방법이다.

첫째로 알아야 할 전략 수립의 기본 메커니즘은 성과목표 달성전략을 수립할 때는 성과목표를 달성하는 데 가장 결정적인 영향을 미치는 핵심성공요인과 예상되는 핵심장애요인들을 철저하게 탐색해야 한다는 것이다. 이것은 객관적으로 증명된 자료들을 바탕으로 인적자원, 비용, 기술, 조직 등의 측면을 통해 이루어진다. 이러한 분석 방법은 중장기 전략, 연간 성과목표 달성전략, 월간 성과목표 달성전략 수립을 할 때도 공통적으로 적용되는 원칙이기도 하다.

둘째로 알아두어야 할 메커니즘은 영업계획이 아닌 마케팅 전략을 세워야 한다는 점이다. 성과목표를 달성하기 위한 전략을 수립하는 과정은 마치 우리가 고객의 심리와 구매행동 패턴을 파악하고 여기에 맞춰 마케팅 전략을 수립하는 과정과 비슷하게 진행된다. 마케팅 전략

〈표 3-9〉 핵심성공요인 및 핵심장애요인 분석

에서 중요한 점은 누구에게, 무엇을, 어떤 방법으로 접근할 것이냐다. 단기적인 시각에 급급해, 과정이야 어떻게 되었든 수단과 방법을 가리지 않고 끌어 모으면 된다는 식의 공급자 중심의 영업계획을 세워서는 희망이 없다.

마케팅의 3단계 핵심 프로세스를 응용하여 마케팅 전략을 수립하는 방법을 한 번 살펴보자. 목표 달성에 결정적인 영향을 미칠 타깃고객이나 과제(Task)를 세분화하고, 고객과 과제를 생생히 묘사하며, 타깃 고객의 구매결정 과정이나 과제 실행의 프로세스를 면밀히 분석한다. 이러한 원칙을 적용함으로써 철저한 공략 대상, 즉 타깃 중심의 마케팅 전략을 수립할 수 있다.

- 타깃고객을 세분화하라.
- 타깃고객을 생생히 묘사하라.
- 타깃고객의 구매결정 과정(Buying Process)을 분석하라.

〈표 3-10〉 성과목표 달성전략을 수립할 때 반드시 지켜야 할 원칙

성과목표 달성전략을 수립할 때 지켜야 할 첫 번째 원칙은 타깃고객(타깃과제)을 세분화하는 일이다. 공략해야 될 대상을 최대한 구체적으로 정해야 한다. 만약 성과목표 달성에 결정적인 영향을 미칠 변수가 고객이라면, 막연하게 고객을 정의할 것이 아니라 가지고 있는 데이터를 중심으로 공략해야 할 대상고객을 세분화한다. 연령, 지역, 성별, 구매 패턴, 상품 구매를 통해 얻고자 하는 기대가치 등으로 잘게 쪼개어 대상을 선정하는 것이 가장 중요하다.

자동차를 사려는 고객을 단지 '우리 차를 사려는 모든 고객들'이라는 식으로 불특정다수로 막연하게 정의하기보다는, 자동차를 사려는 고객의 연령대, 직업, 경제력 및 취향, 자동차를 구매하고자 하는 목

적 등 세부정보를 고려하여 구체적인 대상을 선정해야 한다.

"이번 신차는 40대 화이트칼라의 남성이 주타깃입니다. 이들에게는 주로 차의 경제성과 안전성을 강조하십시오. 또한 2차 타깃은 20대 여성 직장인입니다. 이들에게는 주로 디자인의 우수성에 대해 강조해주십시오."

이렇게 명확한 타깃 전략이 수립되어야 성과를 공략하는 것이 가능해진다.

국내 H카드 사가 카드를 사용하는 대상자들의 특성에 주목하여 자

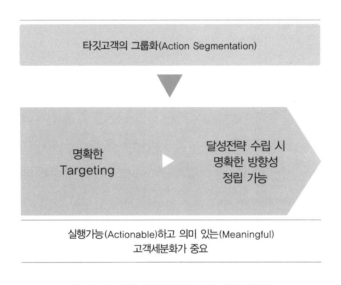

〈표 3-11〉 전략 수립에 있어서 타깃고객의 세분화

동차 구매자, 우체국 예금자, 백화점 고객, 대학생 등을 대상으로 따로따로 특화된 카드를 출시하여 대성공을 거두고 있는 사례를 보더라

도, 실행가능하고 의미 있는 소비자 세분화는 무엇보다 중요하다.

성과목표 달성전략을 수립할 때 지켜야 할 두 번째 원칙은 구체적으로 설정된 공략 대상을 '무엇을(what)', '누구에게(who)', '얼마만큼(how much)'의 관점에서 생생하게 묘사하는 것이다.

예를 들어, A카드 사의 신상품 공략 대상으로 30대 중산층의 연봉 7,000만~8,000만 원의 남성을 선택했다면, 이들을 아래와 같이 아주 꼼꼼하게 묘사해보는 것이 필요하다.

"우리의 공략 대상은 아이가 둘 있고, 한 달에 한두 번씩 백화점에서 쇼핑을 한다. 출퇴근 시에는 대중교통을 이용하며, SUV차량에 관심이 많아서 조만간 구매를 할 의사가 있다. 신용카드 한 달 결제금액은 110만 원 정도다. 주로 쓰는 카드는 두 종류다. 가끔 백화점에서

타깃고객군(郡)의 초상화(Customer Portrait)

A카드 사의 신상품 타깃: 30대 중산층(연봉 7,000만~8,000만 원) 남성

영상화

누가(who) 무엇을(what) 얼마나(how much)

〈표 3-12〉 전략 수립 시 타깃고객을 생생하게 구체화하는 과정

쇼핑할 때는 무이자할부 서비스를 받기 위해 별도로 백화점 카드를 쓴다. 포인트 적립이나 영화 할인 같은 것보다 특정 부문에서 확실한 혜택을 안겨주는 것을 좋아한다. 또 텔레마케터보다는 팩스나 이메일로 정보를 받는 것을 좋아한다."

이렇게 생생한 묘사를 통해 구성원들이 달성전략을 공유할 경우 고객에 대한 공감도와 성과목표를 달성하고자 하는 당위성에 대한 이해도가 보다 높아질 수 있다.

성과목표 달성전략을 수립할 때 지켜야 할 마지막 세 번째 원칙은 대상 고객의 구매행동과 프로세스를 꼼꼼하게 관찰해야 한다는 점이다. 무엇보다 성과목표를 달성하기까지 결정적인 영향을 미치는 요소들이 무엇인가를 잘 살펴보고, 핵심성공요인 및 예상 핵심장애요인들까지도 고려해보는 것이 중요하다.

유럽의 한 맥주회사는 중국시장을 공략할 때, 기존 유럽시장과 같은 마케팅 패턴으로 중국의 톱스타를 광고에 활용하고 멋진 상품 패키지를 출시하였지만 고전을 면치 못하였다. 왜냐하면 중국 소비자들이 맥주를 구매할 때는 술집이나 광고에서 본 브랜드 맥주를 선호하기보다는 술집에서 맥주를 판매하는 프로모션 걸(Promotion Girl, 각 맥주회사별로 프로모션 걸을 파견하여 맥주를 판매)의 추천에 의해 구매결정을 주로 한다는 사실을 몰랐던 것이다.

필자가 컨설팅 프로젝트를 수행하거나 조직 내부의 워크숍에 가보면 대부분 성과목표 달성전략 수립을 가장 어려워한다는 사실을 발견하곤 한다. 성과목표를 달성하기 위해서는, 달성해야 할 성과목표를 먼저 설정하고 목표 달성에 영향을 미치는 요인을 도출하여 실행과 제거 방안을 수립해나가는 '목표 설정형 문제해결 프로세스'로 접근해야 한다. 그러나 대부분의 구성원들은 문제점을 도출한 후 원인을 분석하여 실행 추진계획을 수립해나가는 '발생형 문제해결 프로세스'에 익숙해져 있다. 그렇기 때문에 과거 업무 수행에서 문제를 일으켰던 원인만 분석하여 제거하면 앞으로는 같은 문제가 발생하지 않을 것이라고 쉽게 생각한다. 실험실 환경이나 경영환경이 복잡하지 않고 고도성장하던 환경에서는 발생형 문제해결 방법만으로도 충분히 가능했다. 그러나 지금과 같은 반복되지 않는 일회성 환경, 불투명한 환경에

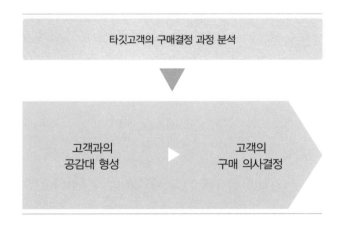

〈표 3-13〉 타깃고객의 구매결정 과정 분석

서 이 방식은 그리 도움이 되지 않는다. 과거 경험적 사고를 바탕으로 의사결정을 하는 사고구조를 지니면, 목표 달성에 영향을 미치는 핵심성공요인이나 예상장애요인을 도출할 때 주로 업무 수행상의 장애요인이나 애로사항을 나열하는 경우가 발생한다.

우리 회사의 제품과 서비스로 공략할 고객을 찾아내고 그들을 생생히 묘사한 이후, 타깃고객의 구매결정 과정을 분석한다는 것은 고객과의 공감대를 형성한다고 할 수 있다. 또한 고객의 구매 의사결정 과정에 긍정적인 영향을 미치는 것을 성과목표 달성전략으로 수립할 수 있다.

전략적 미래성과 경영(BSC)

① 진정한 의미의 BSC란 무엇인가?

균형성과표(BSC : Balanced ScoreCard)는 전통적으로 기업의 성과지표로 사용된 매출이나 이익 등의 '재무적 성과지표'에 '고객', '내부 프로세스', '학습과 성장' 등의 미래성과를 위한 전략적인 비재무적 성과지표를 고려하도록 카플란(Robert Kaplan)과 노턴(David Norton)에 의해 고안되었다.

기존에는 단기실적 중심의 성과관리 측면이 강했지만, 균형성과표로 인해서 다양한 비재무적 성과지표를 활용할 수 있게 되었다. 덕분에 장·단기 성과관리를 동시에 할 수 있으며, 기업의 성과를 창출하는 인과관계도 파악할 수 있게 되었다. 이처럼 BSC는 단기 위주를 장·단기로, 결과 위주를 결과·원인으로, 그리고 재무관점 위주를 재무·비재무적 관점까지 포함한 균형(Balance)을 이루는 방식으로 전환한 것으로 많은 기업들이 성과관리의 중요한 기준으로 삼고 있다 (Kaplan and Norton, 1998 ; Hoque and James, 2000).

현재 〈포춘(Fortune)〉지가 선정한 1,000대 기업 중 약 40% 이상이 이러한 균형성과표를 사용하고 있거나 수용과정에 있을 만큼 그 유효성을 인정받고 있는 도구(tool)이기도 하다.

기업의 성과경영을 위해서 도입되는 BSC에서는 상위 조직에서 제시한 성과목표를 하위 조직과 협의하고 중점적으로 책임져야 할 성과

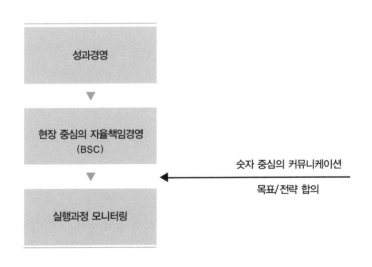

〈표 3-14〉 균형 잡힌 성과경영, BSC 경영의 취지

목표를 확정한다. 하위 조직에서는 성과목표를 달성하기 위한 실행전략과 계획을 창의적으로 수립하고 이를 상위 조직과 합의하고 나면 실행권한을 현장의 실무진에게 과감하게 위임할 수 있도록 해준다. 이때, 반드시 합리적이고 서로 납득할 수 있는 기준이 있어야 한다. 이를 위해 객관적인 숫자를 중심으로 상·하위 조직이 커뮤니케이션을 해야 할 필요가 있다. 그리고 목표와 전략을 서로 공감할 수 있어야 한다.

이후에는 사전에 서로 협의된 목표가 어느 정도의 성과를 나타내고 있는지, 그리고 향후 달성 가능 여부를 추적할 수 있도록 지속적으로 모니터링 하는 과정이 수반되어야 한다. 결국 BSC 경영의 취지는 진정한 성과경영의 의미인 고객만족경영, 성과 중심의 자율책임경영을 하자는 의미로 해석할 수 있다.

회사가 성과를 경영함에 있어서 BSC는 반드시 필요할 만큼 상당히 의미 있는 강점이 있다. 이를 보다 쉽게 이해하기 위해 다음의 그림을 참고해보도록 하자.

〈표 3-15〉의 그림 A는 비행기의 계기판이고 그림 B는 자동차의 계기판이다.

기업을 경영함에 있어서 어떠한 계기판을 선택하는 것이 옳을까?

기업을 제대로 경영하기 위해서는 우리가 원하는 목적지에 안전하게 도착하기 위해 고려해야 할 다양한 외부환경과 내부역량에 대한 객관적인 정보가 엄청나게 많이 필요하다. 당장 눈앞에 보이는 몇몇 지

A. 비행기 계기판	B. 자동차 계기판

vs.

〈표 3-15〉 BSC 경영의 궁극적인 목적

표들만으로 기업을 제대로 경영하기란 불가능하다.

인생을 마라톤에 비유하듯 기업을 경영한다는 것은 마치 비행기를 운행하는 것과 비슷하다. 기업과 관련된 여러 이해관계자들과 고객들은 목적지까지 함께 안전하게 가기를 바라는 소중한 승객이다. 비행기가 정확한 시간 내에 목적지까지 도착하기 위해서는 외부환경에 관한 자세한 정보들과 기체 상태에 관한 정확한 정보들이 제공되는 비행기를 운행시켜야 한다.

예전과 같이 그리 복잡하지 않은 경영환경 아래에서는 직관력과 통찰력을 갖춘 탁월한 경영자가 자동차 계기판처럼 소수의 지표만 가지고서도 충분히 경영을 하는 게 가능했다. 이를테면 경영자에 의한 '주관식 경영'이 가능했다는 얘기이다. 그러나 하루가 다르게 변하는 지금과 같은 경영환경 하에서는 경영자의 주관적이고 직관적인 의사결정은 잘못된 항로로 비행기를 몰고 갈 가능성이 많다. 그래서 현재 기업의 경영상태를 정확하게 알려주는 비행기의 계기판과 같은 경영성과에 대한 자세한 대시보드가 필요한 것이다.

비행기에 비유해서 보았듯이 BSC를 도입한다는 것은 한마디로 미래를 대비한 프로세스 중심의 계기판 경영을 하자는 의미이며, 아울러 조기경보 시스템 체계를 갖추어 우리가 원하는 목적지까지 보다 확실하고 안전하게 가고자 하는 의지가 담겨 있다고 할 수 있다.

BSC 대시보드가 기업과 사업부 조직에서 갖는 의미는 시장으로부터, 그리고 고객으로부터 성과를 창출할 수 있도록 하는 의미 있는 정보의 다양한 지표를 반영하고 있는 집합체라는 점이다. 이러한 다양한 지표는 기업이 미래에 도달하고자 하는 전략적 목표를 향해 반드시 이행되어야 할 의미 있는 전략과제들이 제대로 움직이고 있는가를 모니터링하고 측정할 수 있도록 〈표 3-16〉에서 보는 바와 같이 재무, 내부 프로세스, 고객, 학습과 성장이라는 네 가지 관점으로 분류해볼 수 있다.

우선 재무적 관점이란 주주들에게 제공하는 최종가치를 재무적 측정 지표들을 이용해서 정량화된 수치로 나타내는 결과지표를 말한다. 투자수익률, 매출액, EVA, 수익성 등이 이에 속한다.

고객 관점이란 고객이 원하는 상품과 서비스 제공에 관계된 지표로서, 시장점유율, 고객확보율, 고객유지율, 고객만족도, 순추천 고객지수(Net Promoter Score) 등이 그 예에 속하며 재무적인 성과에 직접적인 영향을 끼치는 선행요인이 된다.

내부 프로세스 관점이란 기업의 가치사슬상에서 현재 고객과 주주의 기대를 달성하는 데 큰 영향을 미치는 지표를 말한다. 이것은 고객만족을 달성하기 위해 선행돼야 하는 내부 프로세스에 그 초점이 맞

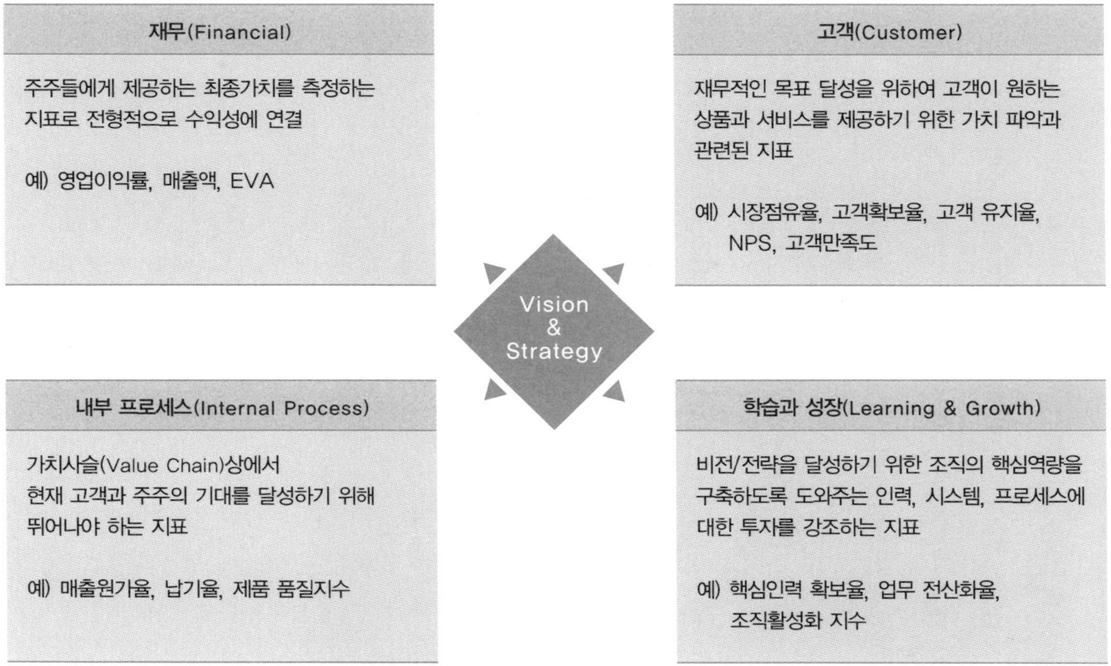

고객(Customer)

재무적인 목표 달성을 위하여 고객이 원하는 상품과 서비스를 제공하기 위한 가치 파악과 관련된 지표

예) 시장점유율, 고객확보율, 고객 유지율, NPS, 고객만족도

학습과 성장(Learning & Growth)

비전/전략을 달성하기 위한 조직의 핵심역량을 구축하도록 도와주는 인력, 시스템, 프로세스에 대한 투자를 강조하는 지표

예) 핵심인력 확보율, 업무 전산화율, 조직활성화 지수

Vision
&
Strategy

재무(Financial)

주주들에게 제공하는 최종가치를 측정하는 지표로 전향적으로 수익성에 연결

예) 영업이익률, 매출액, EVA

내부 프로세스(Internal Process)

가치사슬(Value Chain)상에서 현재 고객과 주주의 기대를 달성하기 위해 뛰어나야 하는 지표

예) 매출원가율, 납기율, 제품 품질지수

〈표 3-16〉 BSC의 네 가지 관점

쳐져 있다. 사이클 타임, 생산성, 원가, 품질, 납기, 서비스, 신제품 개발 등을 그 예로 들 수 있다.

마지막으로 학습과 성장 관점은 조직 발전 및 성장역량을 측정하는 지표로서 조직문화 혁신, 지속적 학습, 지적 자산, 구성원 역량수준 등이 그 예가 될 수 있다. 학습과 성장은 시기적으로 재무, 고객, 내부 프로세스 상에서 성과를 올리기 위한 가장 선행적인 관점이 된다고 볼 수 있다.

이러한 BSC의 4대 관점은 회사의 과거, 현재, 그리고 미래성과를 살펴보고 전사적 성과 개선을 도모하기 위한 전략적 도구로서 종합적이고 균형적으로 회사의 성과를 측정하는 평가 시스템 및 경영 관리 도구라 하겠다.

회사 차원의 BSC 대시보드(Dashboard)

핵심성과지표(KPI)	관리주기	관리주체	목표 중기(3년 후)	목표 당해	전년도 실적	상태
재무						
EVA 성장률	분기	경영지원	50%	15%	10%	▶
매출액	월	마케팅	5,000억	3,600억	3,050억	◀
신제품 매출액	월	마케팅	1,000억	540억	300억	▶
고객						
시장점유율	분기	마케팅	50%	44%	40%	■
대리점 매출성장률	분기	기획 마케팅	20%	15%	12%	▶
브랜드 인지도	분기	기획 마케팅	75	73	72	▶
내부 프로세스						
원가절감률	월	전사	15%	10%	7%	▶
VE건수	분기	연구개발, 품질경영	5	4	3	●
공헌이익률	분기	전사	70%	65%	60%	■
학습과 성장						
1인당 교육훈련 시간	월	전사	48	40	40	■
인재확보율	월	경영지원	90%	85%	83%	◀
내부고객 만족도	분기	경영지원	84	79	77	■

• 상태표시
▲ (성향): 목표 대비 5%(에서) 이상 초과 달성   ▶ (하향): 목표 대비 90% 이상~100% 미만 달성   ●(주의): 목표 대비 70% 미만 달성
■ (유지): 목표~목표 5% 미만 초과 달성   ◀ (약화): 목표 대비 70% 이상~90% 미만 달성

〈표 3-17〉 BSC 4대 관점으로 표현된 회사 차원의 BSC 대시보드

이러한 BSC는 기업의 성과경영에 있어서 크게 두 가지 의미로 해석할 수 있다. 하나는 균형성(Balanced)의 의미이고, 또 다른 하나는 스코어카드(ScoreCard)로서의 의미다.

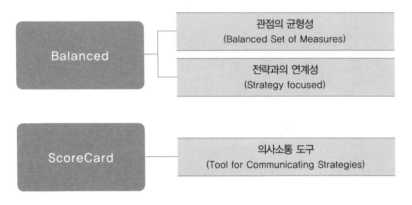

<표 3-18> 기업 성과경영에 있어서 BSC의 의미

여기서 말하는 '균형성'이란 관점의 균형성과 전략적 연계성 측면을 포함하고 있다.

우선, 관점의 균형성이란 여러 이해관계자를 고려하고, 재무적 관점과 비재무적 관점의 균형성을 고려하며, 성과지표들 간의 원인과 결과의 균형을 유지하는 것을 의미한다. 아울러 정량적 · 정성적 성과지표들의 균형, 효율성과 효과성의 성과지표 균형, 마지막으로 단기적 성과와 장기적 성과의 균형을 이루어내기 위한 개념이라고 말할 수 있다.

그리고 BSC는 원인과 결과 간의 균형성을 확보함으로써 기업의 특정 기능이 개별적으로 수행되고 각각의 결과를 만들어내는 것이 아니라, 기업의 전체적인 성과를 달성할 수 있도록 해준다. 그것을 통해 각 기능과 부문들이 서로 어떻게 연관되어 있는지를 확인하고 기업 전체적인 관점에서 최적화와 균형성을 확보해주는 역할을 한다. 초기의 BSC는 관점의 균형성에서 출발하고 있으나, 이후의 연구들에서는 점차 전략적 연계성에 관한 관심들이 높아지면서 전략실행을 도와주는 도구로 간주되기 시작한다는 특징을 가지고 있다.

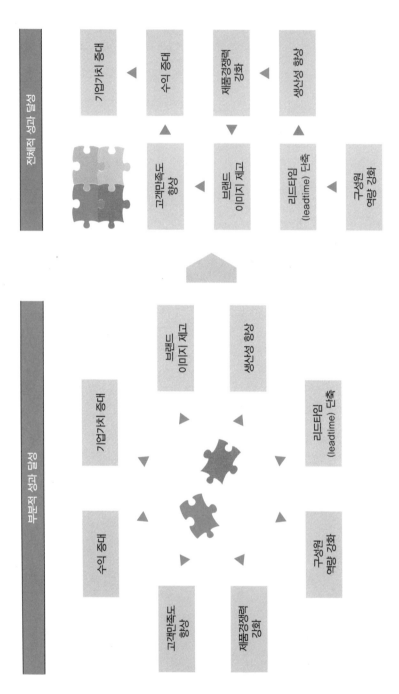

부분적 성과 달성

전체적 성과 달성

기업가치 증대
수익 증대
제품경쟁력 강화
생산성 향상

브랜드 이미지 제고
생산성 향상
리드타임 (leadtime) 단축
구성원 역량 강화

고객만족도 향상
브랜드 이미지 제고
리드타임 (leadtime) 단축
구성원 역량 강화

수익 증대
고객만족도 향상
제품경쟁력 강화

〈표 3-19〉 부분 최적화에서 전체 최적화로

우리가 성과경영의 대상과제를 지표화해서 관리해야 하는 이유는, 전략과제의 수행이 어느 정도 진행되고 있는지를 가늠할 수 있는 바로미터가 필요하기 때문이다. 그것이 바로 '핵심성과지표(KPI: Key Performance Indicator)'이며 핵심성과지표란 전략과제를 측정할 수 있는 여러 지표들 중에서 전략과제가 추구하는 목표에 근거한 의도대로 성과를 창출하였는지 측정하는 가장 타당하고 핵심적인 지표를 의미한다.

우리가 추구하고자 하는 비전 및 전략의 달성은 바로 이러한 핵심성과지표가 잘 관리될 때 가능하다고 볼 수 있다. 이러한 핵심성과지표는 경영성과 수준을 측정하는 지표를 구조화해서, 최고경영자들이 좀 더 객관적인 관점으로 경영성과를 분석하고 파악할 수 있게 도와주는 역할을 한다. 또한 구성원들이 조직의 목표를 공유하는 것을 촉진시키고 그들이 목표에 대해 관심을 집중하도록 만든다.

결국 BSC를 통해 기업의 전략과 목표를 대내외적으로 공시하고 공표함으로써, 구성원들과 기업의 현재 상황을 의사소통의 도구로 활용할 수 있다.

특히 핵심성과지표의 가장 큰 효과가 현상에 대한 원인분석과 개선을 가능하게 하고 더 나아가 문제점을 보완하는 기준까지 제시해준다는 점에서 우리가 BSC를 활용해야 하는 시사점이 있다. 더불어 핵심성과지표가 담겨져 있는 BSC 대시보드는 문제점을 조기에 파악하고 신속하게 대처하도록 해주는 조기경보 기능을 수행한다는 의미가 있다.

"얼마나 잘 수행하고 있는가?"

비전	우리의 장기목표는 무엇인가?
▼	
전략	우리의 사업 목표를 실현하기 위해서는 어떻게 해야 하는가?
▼	
핵심성공요인(CSF)	우리의 전략을 달성하기 위해서는 어떠한 요인들이 중요한가?
▼	
핵심성과지표(KPI)	어떤 성과지표가 우리의 전략 달성에 영향을 미치고 성공 여부를 판단하는가?

"전략 달성을 위해 나는 무엇을 해야 하는가?"

〈표 3-20〉 비전 및 전략의 달성과 핵심성과지표

또한 구성원들에게는 현재 자신의 업무와 책임 그리고 달성해야 할 성과가 기업 차원과는 어떻게 연관되어 있으며, 자신의 목표 달성이 기업에 어떻게 기여하는가를 일목요연하게 보여준다. 이러한 과정은 구성원에게 동기부여를 해주고 책임감을 갖도록 하는 효과를 준다.

BSC는 전략과 연계되지 않는 재무적 측정지표 위주의 기존 성과측정 시스템이 가지고 있는 한계를 극복하고, 경영자로 하여금 장기적인 관점에서 지속적인 경쟁우위 수립에 중요한 네 가지 시각에 대한 새로운 지침을 제공하였다는 데 큰 의의를 가진다. 또한 경영자가 통합적인 경영시스템을 구축하기 위하여 어떻게 재무적 측정지표와 비

재무적 측정지표 간의 균형을 맞추고 통합할 수 있는가에 대한 해답
도 제공해주고 있다는 데서 그 활용 의의를 찾을 수 있다.

② 왜 BSC를 활용해야 하는가?

국내기업들이 주요 경영상의 의사결정을 위해 작성하는 경영 문서
를 살펴보면 주로 소수의 핵심 재무지표와 내부 프로세스 지표를 바
탕으로 하되, 나머지 사항에 대해서는 업무나 과제 추진계획 중심의
추상적이고 의지표현 중심의 정성적인 문자서술 형태를 보인다. 자원
이 투입되어서 성과로 나오기까지의 중간 과정은 마치 블랙박스와도
같아서, 결과물이나 성과로 변모하는 과정이 안개 속에 가려져 있는
듯한 느낌이 많았던 것이 사실이다.

그렇기 때문에 우리가 원하고자 하는 목적지인 성과 중심의 경영보다
는 투입된 시간, 자원, 노력 등을 중요시하는 인풋 중심의 경영으로, 그
다지 바람직하지 못한 경영의 관점이었다고 비판을 받을 수밖에 없다.

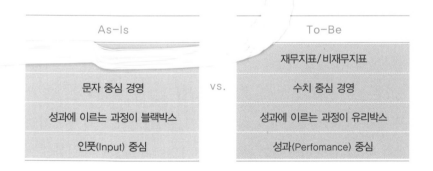

〈표 3-21〉 과거 한국기업들의 BSC 경영상의 문제점

진정으로 하이퍼포먼스 기업이 되고 싶다면, 이러한 경영상의 구태를 탈피하여 수치 중심의 경영, 투명경영, 중장기적 관점의 미래성과와 연동된 자율책임 경영시스템으로 변화시켜야 한다.

이때 회사의 전체적인 경영 측면에서 변화를 도와줄 도구가 바로 BSC라고 할 수 있다. 우리가 하이퍼포먼스 기업이 되기 위해 BSC를 반드시 정착시켜야만 하는 이유에 대해 크게 네 가지 차원으로 나눠 볼 수 있다.

첫째, 과거에 얽매인 사후조치 경영이 아니라 장기적인 관점에서 시장을 내다보는 미래경영을 하자는 취지다.

기업들은 과거 실적을 기반으로 미래의 목표나 해야 할 일을 결정할 것이 아니라 3~5년 후의 미래 중장기 성과목표를 근거로 삼아야 한다. 그래야만 성과목표에 결정적인 영향을 줄 수 있는 지표를 선택하고 집중하여 치열한 경쟁에서 생존할 수 있다.

예를 들어 생각해보자.

A기업의 경우는, 당해년도 수익이 10억을 기록하고 있으나, 경영방식의 변화와 미래성과에 대한 투자 없이 현재의 추세대로 계속 지속된다면 몇 년 뒤에 이르러서는 -20억의 순손실이 예상된다. B기업의 경우는 당해년도에는 비록 -1억의 손실이 났지만, 당장의 손실에 너무 개의치 않고 중장기적인 고객, 내부 프로세스, 학습과 성장의 관점에서 지속적인 투자를 하고 치밀한 성과 모니터링을 통한 혁신적인 프로세스 개선을 시도했다. 그 결과 몇 년 뒤에는 20억의 순이익을 기록

A. 단기성과 중심주의

연도	당해년도	1년 후	2년 후	3년 후	4년 후
당기순이익	10억	2억	-5억	-10억	-20억

vs.

B. 미래 중장기성과 중심주의

연도	당해년도	1년 후	2년 후	3년 후	4년 후
당기순이익	-1억	9억	19억	25억	40억

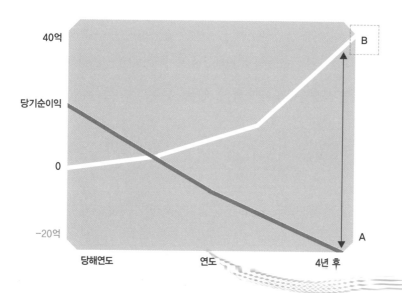

〈표 3-22〉 단기성과 중심주의 vs. 미래 중장기성과 중심주의

하는 경영성과를 올릴 것이라고 예측된다면, 과연 어느 쪽이 바람직한 하이퍼포먼스 기업의 모습일까?

A기업의 경우는 스스로 일어날 수 있는 역량이나 꾸준한 체질개선이 동반되고 있지 않은 상태에서는 얼마 안 가서 맥없이 주저앉고 말 것이 명약관화하다.

B기업처럼 지금 당장은 눈에 보이는 실적이 좋지 않더라도, 미래에 좋아질 수 있다는 희망을 가지고 중장기적인 관점에서 재무성과에 영향을 미치는 선행적인 고객, 내부 프로세스, 구성원들의 역량 강화에 지속적인 혁신과 투자를 감행하는 용기가 필요하다.

당장의 단기적인 성과 창출도 중요하지만 BSC 경영은 동시에 미래에 수익을 내는 데 중요한 영향을 미치는 요소들에 대한 꾸준한 관심과 투자를 병행하도록 함으로써, 치열한 경쟁 환경 속에서 살아남아 중장기적인 성장동력을 확보할 수 있는 지름길이라 할 수 있다.

둘째, 무엇보다도 기업의 최종 아웃풋인 재무성과에 영향을 미치는 선행요인들을 알아내고, 이들 간의 인과관계를 밝힐 수 있는 핵심성과지표(KPI)와 가치사슬(Value Chain)을 찾아내는 데 BSC가 매우 유용하다.

BSC 경영은 기업의 지속가능한 생존과 경영을 위해 최종적인 재무성과에 영향을 주는 선행변수에 지속적인 투자를 할 수 있도록 해준다. 특히나 구성원들에게 아낌없는 투자를 할 수 있는 미래중심의 경영을 가능하게 해준다는 점에서 BSC 경영을 해야 하는 이유는 충분하다. BSC 4대 관점의 지표들은 상호 선행지표, 후행지표라는 인과관계를 갖는다. 선행지표란 결과를 주도하거나 산출하게 만드는 지표를 말하는데, 이것은 후행지표보다 항상 앞선다. 선행지표 없이 후행지표만 존재한다면 기업은 무엇 때문에 어떻게 성과목표가 달성되었는지 그 연결고리를 알 수 없다.

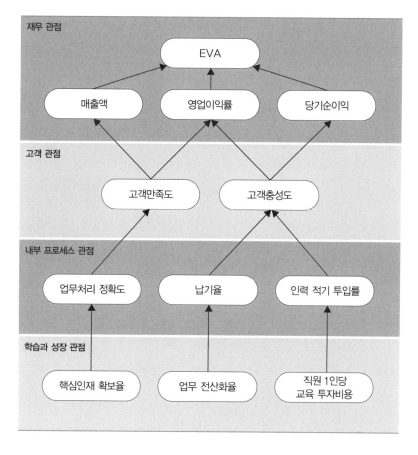

〈표 3-23〉 선행지표와 후행지표의 예시

후행지표란 이전에 행해진 전략행동(선행지표)에 대한 결과를 나타내주는 것으로, 이것 역시 홀로 존재할 때는 기업이 도전해야 할 과제를 제시해줄 수 없다. 179페이지에 나오는 〈표 3-23〉은 선행지표와 후행지표의 관계를 자세하게 보여준다.

이 도표에서 화살표를 받는 지표는 후행지표이고 반대로 화살표가 시작되는 지표는 선행지표다. 예를 들어, 도표에 있는 고객 관점의 '고객만족도'는 내부 프로세스 관점인 '업무처리 정확도'의 후행지표인 동시에 재무 관점인 '매출액', '영업이익률'의 선행지표가 된다. 선행과 후행지표의 인과관계를 잘 설정해놓으면 향후 성과지표를 관리할 때 아주 유용하다. 비전 및 전략의 달성은 이러한 핵심성과지표가 유기적으로 잘 관리될 때라야 비로소 가능한 것이다.

셋째, 선택과 집중을 통한 과학적인 경영, 합리적인 경영을 하기 위해서는 반드시 BSC 경영이 필요하다.

기업들은 BSC를 통해 중요한 것부터 먼저 실행에 옮기고 성과를 낼수 있는 선택과 집중의 전략을 펴야 한다. 이것은 전략과제 실행을 통해 미래의 비전과 중장기 목표 달성을 위한 '전략경영'을 할 수 있는 중요한 계기를 만들어준다. 마치 과거 집안형편이 어려운 대가족 집안에서 집안을 일으키기 위해 많은 형제들 중에 머리가 좋고 대학을 갈 수 있을 정도의 실력을 가진 형제를 선택하여 집중 투자하는 것과 같은 이치라고 볼 수 있을 것이다. 한 번쯤은 재미있게 봤음직한 영화

〈주유소 습격사건〉에서 한 배우가 읊조리던 대로 "무조건 한 놈만 팬다."는 전략이기도 하다. 인생에서도 선택과 집중이라는 전략은 일상적일 만큼 일반화되어 있다. 더더군다나 고려해야 할 변수가 너무 많은 최근 기업환경에서 '선택과 집중'이라는 전략적 의사결정은 성과를 창출하는 데 아주 중요한 몫을 차지하고 있다.

특히나 기업들은 한정된 자원, 즉 사람, 시간, 노력 등을 가장 전략적으로 배분하고 투입하여 최고의 성과(예를 들어 주가, EVA 등)를 올려야만 하는데, 요즘에는 인풋에서 아웃풋에 이르는 과정이 마치 블랙박스처럼 얼기설기 얽혀 있어 성과 창출의 과정에 우리가 예측하지 못했던 변수들이 늘 끼어들 가능성이 있다.

그러므로 현재 우리가 목적지까지 가기 위해서 관리하고 있는 성과지표들의 상태가 좋은지 나쁜지 모니터링 과정을 통해 수시로 점검하고 확인해야 하며, 성과 창출의 과정이 늘 투명해야 '선택과 집중'이라는 명제에 대해 고찰할 수 있음을 자각해야 한다.

넷째, 시장과 고객 중심의 자율책임경영을 위해 BSC를 기반으로 한 경영시스템을 꼭 활용해야 한다.

기존의 재무지표 위주의 경영에서는 눈앞의 단기실적에만 급급하여, 당장 달성해야 할 실적에 대한 수치만 강조하고 이를 달성하기 위해 각 단위 조직에서 필요한 역할이나 구성원들이 하는 활동들이 어떻게 재무적인 결과에 영향을 미치는지 잘 모르고 지나가는 경우가 많았다.

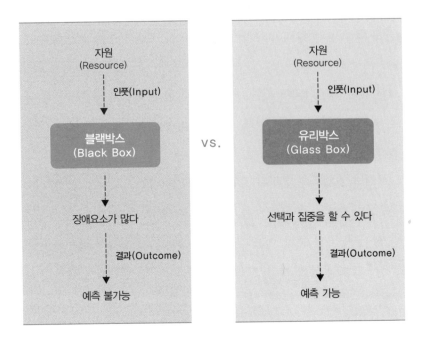

〈표 3-24〉 선택과 집중의 의사결정 지원역할의 BSC

하이퍼포먼스 기업에서는 구성원들이 스스로 목표를 설정하고 해야
할 일을 찾아 자율적으로 성과를 창출할 수 있고 이를 위해 창의적이
고 혁신적인 방법을 찾는 분위기가 일상적이다. 이러한 구성원 중심
의 자율적인 경영 분위기가 가능한 것은 바로 경영층과 구성원, 리더
와 구성원들의 원활한 의사소통을 가능하게 해주는 BSC가 있기 때문
이다. 따라서 무엇보다 BSC를 활용함으로써 조직 내부 중심의 사고
에서 벗어나 시장과 고객 위주의 관점으로 사고의 방향을 전환해야 한
다. 특히 회사 차원 혹은 사업부와 같은 전략 단위 조직에서 외부 시
장 혹은 해당 산업에서 우리가 얼마나 튼실하고 고객 위주의 경영을

하고 있는지에 대해 꾸준히 모니터링 하고 고객의 동향을 파악하는 여유를 가지는 것이 중요하다.

이러한 일련의 활동은 경영진 및 임원들이 자율책임경영을 할 수 있게 도와주는 역할을 지원하며, 이는 바로 우리가 BSC 경영을 해야만 하는 당위성을 잘 설명해주고 있다고 볼 수 있다.

③ BSC를 도입했을 때 실패하는 이유와 문제점은 무엇인가?

일부 앞서나가는 기업들은 2000년대 이후에 BSC를 도입하여 나름대로 소기의 성과를 거둔 것으로 소개가 되고 있다. 비교적 성공한 기업들의 몇몇 사례(자료의 출처는 BSC연구회의 '한국형 BSC 성공사례 11'이다.)를 요약해서 보기로 하자.

a. LG디스플레이 사례

LG디스플레이는 2001년부터 합작과 성장에 따른 여러 가지 문제를 BSC라는 경영혁신 도구를 통해 해결함으로써 고성장을 거듭하고 있는 회사이며, 특히 BSC를 전략 커뮤니케이션의 도구로 활용하고 있다는 점이 두드러지는 특징이다.

세계 2위의 LCD업체인 이 회사는 LCD 산업 호황으로 2001년부터 2007년까지 연평균 42%의 폭발적 성장을 기록했다. 2001년 2조 4,000억 원이던 매출은 2007년 10조 원을 돌파했다. 1999년 설립 당시 1,900명에 불과하던 직원 수도 6년간 10배가 늘어 2만 명을 넘어섰다. 그런데 조직 규모가 커지고 복잡해지다 보니 조직 내 커뮤니케이션에서 이상신호가 발생하기 시작했다. 최고경영진에서 새 사업전략을 발표해도 직원들에게까지 제대로 전달되지 않는 경우가 많았던 것이다.

필립스와 합작하면서 상황은 더 악화됐다. 새로 만든 비전과 전략을 일선 부서에선 인지하지 못했다. 조직이 방대하다 보니 말로 하는 설명에는 한계가 있었다. 심각성을 인식한 회사 측은 2004년 BSC 시스템 고도화 작업을 추진했다. 경영진과 직원들 간의 커뮤니케이션 간격을 줄이기 위해 '전략체계도(Strategy Map)'가 그려진 스티커를 개인용 다이어리에 부착하게 했으며, 각종 성과지표에서 나타난 전략실행 수준을 온·오프라인 채널을 통해 정기적으로 알렸다. 이 같은 노력을 통해 공장의 생산직 근로자들까지도 회사 전략을 숙지하는 단계에 도달했다.

BSC 고도화 과정에서 정교한 성과지표를 통해 변화운동에 가속도를 붙이자 직원들은 BSC를 '블러드 스코어카드(Blood ScoreCard, 피의 점수표)'라고 부르며 반발하는 난관에 부딪치기도 했다. 하지만 성과가 높아지고 BSC 시스템이 안착되면서 직원들의 태도도 긍정적으로 변해갔다.

2004년에는 전략 집중형 조직을 위한 출발 단계로 BSC를 자사에 맞춰 전략적 성과경영 시스템 SPMS(Strategic Performance Management System)의 형태로 바꿨다. 2006년에는 기업 위기경영 시스템 ERM(Enterprise Risk Management)과 통합, 전략실행 상의 리스크 관리와 성과 달성에 대한 조기경보 체계까지 가동했다. 경영기획을 담당한 어느 부장은 "BSC를 커뮤니케이션의 핵심도구로 운영해 현장 중심의 전략적 성과관리 체계를 구축했다."며 "전략적 성과를 전 조직구성원이 공유하면서 성과집중형으로 조직체계가 잡혀가고 있다."고 말했다.

b. 한국타이어 사례

국내 타이어 시장점유율 1위인 한국타이어주식회사는 1990년대까지는 연평균 12.1%의 매출액 성장률과 연평균 8.94%의 영업이익률을 달성했다. 그러나 1999년에 들어서면서 매출은 감소하기 시작했고 세계 메이저 업체들은 서로 간의 합병 및 제휴를 통해 국내시장을 압박해왔는데, 이는 한국타이어에 중대한 위협으로 다가왔다. 따라서 한국타이어는 기존에 추진해오던 'Global Big 5'라는 성장전략에서 '수익성에 기반을 둔 성장'으로 전략의 방향을 바꾸고, 이를 집행하기 위한 수단으로 2000년에 BSC를 도입했다. BSC를 도입한 이후 지금 한국타이어의 BSC는 지속적으로 개선되어 BSC와 보상의 연계, 경영계획 수립에 활용하는 수준까지 발전되었다.

BSC를 도입하기 전에 한국타이어에는 조직을 평가하는 시스템이 있었다. 1980년 이후 도입한 방침관리 시스템인데, 이는 과정 관리의 성격이 강했으며 비계량적인 목표가 많았고 목표가 계획 대비 실적의 형태로 완료되는 경우가 잦았다. 그래서 성과를 측정하기가 힘들었으며 각 조직의 성과에도 사후 측정 시에 고려해야 할 사항이 다수 존재하여 계량화하기가 힘들었다.

이러한 문제들은 조직에 문제가 발생했을 때 재빨리 문제에 대한 신호를 제공해주지 못했고 그에 대한 해결책을 찾는데 많은 시간과 노력이 필요했다. 그러나 BSC 도입을 통해 이러한 과정(KPI 설정 및 목표설정)이 사전에 합의되어 객관적으로 측정되고 즉각적으로 공개됨으로써 평가 시에 발생되는 이슈들이 최소화되었다. 그렇게 됨으로써 구성원들은 자신의 업무와 관련된 문제를 조기에 파악하고 그에 대한 조치를 올바르게 취할 수 있었다.

또한 조직 구성원들은 조직의 성과 자체를 높이려는 노력에 매진할수 있었고 성과 측정의 결과에 대한 수용도를 최대화할 수 있었다.

c. 기타 사례

2001년 한국전력공사에서 분리될 당시 열악한 재무구조를 갖고 있었던 한국남부발전도 BSC 성과지표와 혁신과제를 연계하면서 화력발전 회사 중 최고의 시장점유율(13%)을 달성했다. 각종 경영혁신 시스템을 BSC 시스템에 효과적으로 연계시켰다는 점도 눈여겨볼 만한 대목이다.

관세청의 경우 통합정보시스템(CDW : Customs Data Warehouse)을 통해 기관 단위의 계량지표 비율을 71%로 높였으며, 건설사업관리 (CM : Construction Management) 전문기업인 한미파슨스는 BSC를 인사관리 시스템과 통합해 평가를 보상·경력 개발과 연계시켰다. 한미파슨스는 특히 부서 단위는 물론 전 직원의 개인 성과지표까지 만들어 성공적으로 BSC를 운영하고 있다는 평가를 받고 있다.

행정안전부(구 행정자치부)의 경우 고객관계관리(CRM : Customer Relationship Management) 시스템과 BSC를 연계한 통합행정혁신 시스템을 구축, 민간기업에서도 찾아보기 힘들 정도로 능률적이라는 찬사를 받았다.

위의 사례에서 보듯이 이렇게 나름대로 성공한 기업들이 있는가 하면, 그럼에도 불구하고 대다수의 국내기업들이 BSC를 도입하는 과정에서 많은 시행착오와 실패를 거듭하고 있는 것이 현실이다.

여러 가지 이유가 있겠지만 가장 핵심적인 사항을 몇 가지만 들어보자면 다음과 같이 정리할 수 있을 것이다.

첫째, 대다수 실패한 기업들의 경우, 기업의 비전 및 중장기 목표가 없거나 불명확하여 BSC 경영에 실패를 할 수밖에 없었다.

둘째, 비전이나 중장기 목표가 불분명하여 목적지가 명확하지 못하였기 때문에 목적지에 도달하기 위한 전략을 제대로 수립할 수가 없었고, 기업 내부 경영활동의 결과를 수치화해놓지 않은 상태로 단지 일부 재무지표에만 의존하는 상황이었기 때문에 실질적인 효과를 거두기가 힘들었을 것이다.

셋째, BSC를 운영하는 데 있어서 실제로 책임 있게 주관해야 할 경영진들이나 팀장들이 손을 놓고, 대신 현장의 실무자들이 운영을 담당했기 때문에 실패할 수밖에 없었다. 마치 야구나 축구와 같은 스포츠 종목의 감독이나 코치들이 경기를 앞두고 상대편을 분석하고 작전을 짜고 선수들을 작전에 맞춰 훈련을 시켜야 하는데, 선수들이 자신들이 뛸 경기에 대해 분석하고 작전을 짜고 자신들이 짠 작전을 가지고 경기에 임하고 결과에 대해 품평회를 하는 격이다.

④ BSC의 성공적인 정착을 위한 핵심성공요인

앞에서 언급한 대표적인 기업들처럼 BSC를 활용할 때 실패요인들을 극복하고 실질적으로 현업에서 성공적으로 잘 활용할 수 있는 BSC 경영을 정착시키기 위해 염두에 두어야 할 핵심성공요인은 무엇일까?

첫째, BSC의 적용범위를 명확하게 정해야 한다.

BSC 대시보드는 팀과 같은 실행조직보다는 회사 전체 또는 사업부 단위와 같은 전략 단위 조직에서 활용하는 것이 바람직하다. 더불어 실행조직인 팀 단위에서는 당해년도 달성해야 할 핵심적인 전략목표에 집중하여 성과목표에 의한 경영(MPO : Management by Performance Objectives)을 주로 활용하는 것이 효과적이다. 그리고 전략 단위인 회사 혹은 사업부에서는 당해년도에 달성해야 할 주요 성과지표의 목표 이외에도 우리 회사 혹은 사업부가 중장기적으로 달성해야 할 바람직한 모습을 위해 고객, 내부 프로세스, 학습과 성장의 관점에서 보다 넓게 관리해야 할 지표를 펼쳐서 보는 것이 좋다.

왜냐하면 적어도 회사나 사업부 단위에서는 나무보다는 숲을 본다는 관점으로 경쟁자들의 동향과 고객들의 반응, 그리고 내부 구성원들의 역량 축적 상황을 미래지향적인 시각에서 살피는 것이 지속적인 경영성과 창출을 위해 바람직하기 때문이다.

둘째, BSC 대시보드는 반드시 최고경영자 혹은 임원이 직접 만들게 한다.

매년 사업계획을 수립할 때 최고경영자와 임원들이 해야 할 가장 중요한 일은 연간 성과목표를 확정하고 성과목표를 달성하기 위한 전략과제를 선택하는 것이다. 또한 경영의 계기판이라고 할 수 있는 BSC 대시보드를 업데이트 하고 모니터링 하는 데 집중해야 한다. 앞에서도 언급했듯이 감독은 작전을 열심히 짜고 이를 선수들이 잘 실행할 수 있도록 명확하게 제시할 때 성과목표 중심의 자율책임경영이 현실성을 가지게 된다. 최고경영자나 임원들은 '비전 및 중장기 성과 창출'이라는 전쟁에서 승리하기 위해, 연간 사업목표와 전략을 어떻게 가져가야 할 것인지를 고민하는 것이 본연의 임무임을 절대로 잊어서는 안 된다. 전략조직을 담당하는 최고경영자나 임원들은 올해의 사업에 대해서는 실행조직인 팀장과 구성원들에게 성과목표와 전략이라는 수단을 통해 권한을 위임해주고, 정작 자신들은 2~3년 이후 조직의 성장동력이나 신수종 사업들과 같은 중장기 관점에서 고민을 해야 하는 것이다.

전쟁터에서 총 들고 전투하는 사람은 팀장과 구성원들이다. 때문에 병사들이 전투를 좀 못한다고 최고경영자나 임원들이 전장으로 직접 뛰어들어서는 안 되며, 전투를 하는 도중에 생기는 애로사항이나 지원사항을 파악해서 챙겨보고 코칭 해주면 되는 것이다.

다시 한 번 강조하지만, 최고경영자나 임원들은 그라운드보다는 넓은 창공 위에서 마치 헬리콥터를 타고 전체를 조망하듯이 작년 성과지표 중에 상태가 안 좋은 지표 혹은 미래 재무성과에 결정적 영향을 미치는 요인들을 집중적으로 관리할 수 있도록, 다른 사람이 아닌 자신이 직접 BSC 대시보드를 설계하고 미래지향적인 성과지표를 정립해 나가는 데 솔선수범해야만 한다.

셋째, 매년 BSC 대시보드를 경영환경에 비추어 업데이트 한다.

통상 BSC 대시보드를 만들기 전에 전략 수립을 위한 내부역량과 외부환경을 분석하여 강점, 약점, 기회요인, 위협요인을 통한 스왓 (SWOT : Strength Weakness Opportunities Threats) 분석을 하게 된다. 이 스왓 분석을 통해 매년 변화하는 외부환경 및 내부역량에 대해 정확하게 진단을 하고, 이를 기초로 하여 우리가 가야 할 방향에 대해 논의하고

높은 곳에서 경영의 전체를 내려다 보자!

• 작년 성과지표 중에 상태가 안 좋은 지표 집중 관리

• 미래 재무성과에 결정적 영향을 미치는 요인에 집중적 투자

〈표 3-25〉 BSC 대시보드 수립과 리더의 역할

매년 BSC 대시보드 상의 성과지표를 업그레이드 하는 활동을 지속해야만 한다.

하이퍼포먼스 기업은 스왓 분석을 통해 내부역량의 강점과 약점, 외부환경의 기회와 위협요인을 파악하여 전략의 방향성을 제시하고 전략과제를 도출하는 프로세스를 매우 유용하게 활용한다.

이렇듯 전략과제가 도출되면 전략과제의 성과가 바로 경쟁전략을 통한 중장기 성과 달성과 연결되게 하는 것이 필요하다. 따라서 BSC의 네 가지 관점에 따라 균형 있게 전략과제를 수립하는 것이 필요하다.

내부역량	Strength (강점)	Weakness (약점)
	1. 브랜드파워 2. 연구개발 역량 3. 직원들의 혁신, 열정, 자율문화 4. 시장점유율 1위 5. 경영투명성과 건전한 기업문화 6. 제품디자인 및 기술의 탁월성과 창의성 7. 제품에 대한 애정과 끊임없는 개선	1. 중장기전략 미흡 2. 성과부진-시장지배력 및 수익성 약화 3. 경쟁력(품질과 원가) 미비 4. 고객 중심의 마케팅/영업대응력 부족 5. 단위 조직 간 커뮤니케이션 부재 6. 신속성 및 실행력 부족(리더십, 조직구조) 7. 고정비 증대로 인당 생산성 저하 8. 성과 및 책임주의 미흡 9. 기술의 표준화 및 호환성 미흡
외부환경		
기회요인(Opportunity) 가. 디지털 융복합화 (컨버전스) 대중화 시대 도래 나. 시장규모 확대에 따라 연평균 시장성장률 20% 다. 보안에 대한 소비자인식 및 고급화 선호 (무인경비) 시장 및 AccessControl 시장 성장) 라. 홈네트워크 기능을 갖춘 주택의 고급화 경향 마. 고객 중심의 소비문화(브랜드 및 정보 중시)	공격적 전략(Aggressive strategy) ·신상품개발(2, 6, 7+가, 다, 라, 마) ·해외시장 개척(1, 4, 6+가, 나) ·브랜드 홍보 강화(1+마) ·윤리경영 강화(5+마)	방향전환 전략(Turnaround-oriented strategy) ·관리/비전관련 사업다각화(2, 3+나) ·전략적 제휴 및 인수/합병(2, 7+가, 라) ·목표고객 대상별 전략 수립(4+다, 마) ·건설사와의 제휴 강화(1, 2+라)
위협요인(Threat) 가. 원가구조 개선보다 앞선 가격경쟁 심화로 이익구조 축소 나. 신규업체 지속 증가로 기술/품질보다는 낮은 가격(저가) 중심의 시장 형성 다. 제품 개발 패러다임의 정체 라. 향후 단기간 내에 시장의 저성장 가능성 높음	다각화 전략(Diversification strategy) ·사업위험 관리(1, 3, 4+가, 다, 라) ·원가경쟁력 확보(2+가) ·품질경쟁력 확보(6, 7+나, 다) ·판매루트 다양화(4+가, 나)	역량강화 전략(Defensive strategy) ·중장기전략 및 목표 명확화(1+라) ·핵심역량 개발 촉진(2, 4+가, 나) ·기술솔루션 투자(3, 9+다) ·조직&프로세스 개선(5, 6+가, 나) ·책임경영 및 성과주의 체제 도입(8+가, 나) ·리더십 개발과 육성(6+가, 나)

〈표 3-26〉 SWOT 분석에 의한 전략과제 도출 예시

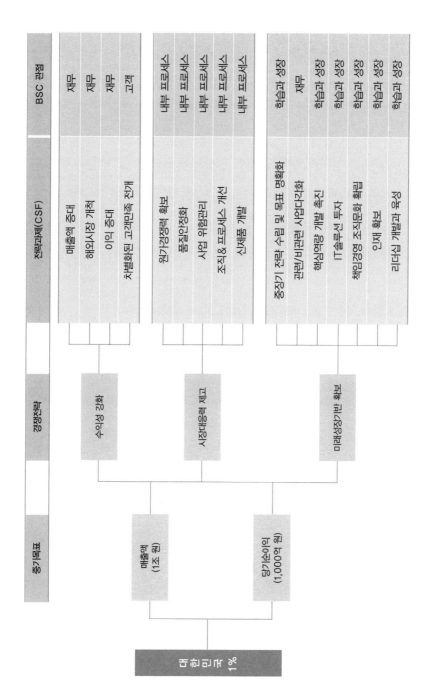

중기목표

경영목표 1%

매출액 (1조 원)

당기순이익 (1,000억 원)

경쟁전략

수익성 강화

시장대응력 제고

미래성장기반 확보

전략과제(CSF)

전략과제(CSF)	BSC 관점
매출액 증대	재무
해외시장 개척	재무
이익 증대	재무
차별화된 고객만족 전개	고객
원가경쟁력 확보	내부 프로세스
품질안정화	내부 프로세스
사업 위험관리	내부 프로세스
조직&프로세스 개선	내부 프로세스
신제품 개발	내부 프로세스
중장기 전략 수립 및 목표 명확화	학습과 성장
권한/비전련 사업다각화	재무
핵심역량 개발 촉진	학습과 성장
IT솔루션 투자	학습과 성장
책임경영 조직문화 확립	학습과 성장
인재 확보	학습과 성장
리더십 개발과 육성	학습과 성장

〈표 3–27〉 전략과제 도출 예시

이러한 전략과제에는 기존 전략과 관련된 일상과제, 그리고 새롭게 도출된 전략과제가 모두 포함되는 것이 가장 바람직하다. 여기서 일상과제와 전략과제는 모두 당해에 수행해야 할 일들인데 다음 해가 되면 이 과제들은 모두 그 해의 일상과제로 바뀌게 된다. 즉 일상과제와 전략과제가 합쳐져서 다음 해의 일상과제가 되고, 그 일상과제는 또 그 해의 전략과제와 합쳐져 다시 그 다음 해의 일상과제가 된다.

우리가 이런 방식으로 전략과제를 계속해서 업그레이드 하는 것과 같이, BSC 대시보드 상에서도 매년 성과지표를 업데이트 하는 것이 필요하다. 이를 도식화하면 다음 도표와 같다.

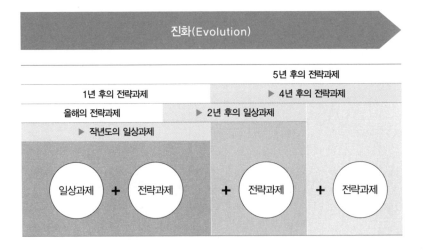

〈표 3-28〉 전략과제의 진화 단계

특히 우리가 주목해야 할 것은 바로 핵심성과지표인데 이는 핵심 성과지표가 성과목표의 달성 정도를 보여주고 수립된 전략과제가 비전을 달성하기 위한 방향으로 진행되고 있는지를 알려주는 역할을 BSC 대시보드 상에서 하기 때문이다. 이러한 핵심성과지표는 성과경영에서 매우 중요한 위치를 차지하고 있으나 그것을 개발하는 일은 결코 쉽지 않은 것이 사실이다. 목표 달성을 위한 전략과제에 대한 목적지, 등대, 향도 역할을 하는 것이 바로 핵심성과지표다. 그 만큼 방향과 목적지를 정하는 일이 어렵기 때문에 최고경영자 혹은 임원들이 직접 나서야만 겨우 성공할 수 있는 것이다.

넷째, 최고경영자 및 임원들은 반드시 근거를 가지고, 하위 조직에 성과목표를 내려주어야 한다.

특히 BSC를 통해서 전사 혹은 사업부 단위에서 달성해야 할 단기 성과목표를 하위 조직인 사업부 혹은 팀 단위로 내려줄 때는, 회사 차원 혹은 사업부 차원에서 책임져야 할 성과목표를 달성하기 위한 전략과제와 목표수준을 상위 조직의 리더와 하위 실행조직의 리더가 모여서 치열한 토론을 통해 부여하는 것이 바람직하다. 전사나 사업부의 성과는 각 팀의 성과를 단순히 합한 것 이상의 질적인 변환 성과가 되어야 진정으로 시너지가 발휘된 형태라고 볼 수 있다. 전사 혹은 사업부의 성과목표를 달성하기 위한 전략이 없는 상태에서 단순하게 팀 또는 개인별로 수치목표를 배분해서는 안 된다. 전사 혹은 사업부 단위에서 성과목표를 달성하기 위해 함께 수립한 달성전략을 근거로 인

수 분해하여 하위 실행조직에 전략적으로 내려주어야 궁극적으로 성과 중심의 자율책임경영을 성공시킬 수 있다.

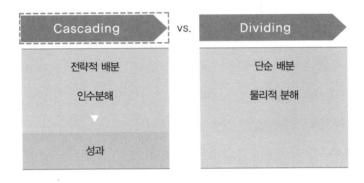

〈표 3-29〉 성과목표의 배분 원칙

다섯째, BSC를 회사의 커뮤니케이션 도구로 공식화하여 활용해야 한다.

많은 대한민국 기업들이 BSC를 도입하고서도 그 결과에 대해 의문점을 표현할 수밖에 없는 가장 큰 이유가 여기 있다. BSC를 단순히 전략 단위 조직을 평가하거나 문책하기 위한 시스템으로 활용하려고 해서는 절대 성공할 수 없다. 무엇보다 회사 경영진부터 사원에 이르기까지 우리 회사가 현재 어떤 상태에 놓여 있으며 원하는 방향대로 가고 있는지에 대한 정보를 공유할 수 있는 의사소통 채널로 활용해야 그 가치가 있다. 전쟁에서 승리하기 위해서는 국지전은 물론이요, 대규모의 굵직한 전투에서도 승리해야 한다. 그러한 크고 작은 전투의 승리를 좌지우지 할 수 있는 전략적 요인들의 현황에 대해 모든 구성원들이 한눈에 공유할 수 있게 일목요연한 정리가 필요하다.

BSC를 의사소통의 공식화된 툴로 활용하지 못할 경우에는, 수행과제에 대한 책임이 여러 단위 조직에 걸쳐 발생해서 책임소재가 일부 누락되는 현상이 발생하게 되고, 전략 단위 조직의 성과 책임소재가 불분명해질 가능성이 있다. 지원조직의 경우 권한은 있으나 전사 경영에 대한 책임범위가 불분명해질 수 있으며, 일부 부서에서는 아예 목표 달성 자체에 대해 소극적으로 나오는 경우도 생길 수 있다. 무엇보다 BSC를 통해 회사의 비전과 전략에 대해 공유하려고 했던 애초의 취지가 무색해지는 결과를 낳게 될 수 있음을 명심해야 한다. 전략의 방향성에 대해 경영진과 구성원들 간에 인식의 괴리가 발생하게 되면, 조직이 한 방향으로 나아가는 데 큰 어려움을 겪을 수밖에 없다.

지금까지 우리는 지속적인 하이퍼포먼스를 창출하기 위해 회사 혹은 사업부와 같은 전략 단위에서 회사의 미래방향과 성과목표를 설정하는 BSC에 대해 살펴봤다. 아무리 훌륭한 전략을 수립해놓았더라도 실행으로 이어져 성과가 창출되지 않으면 아무런 의미가 없다. 이제부터 중요한 것은 회사의 미래비전을 실현시킬 수 있도록 설정해놓은 중장기 성과목표가 팀 또는 개인과 같은 실행조직의 성과목표나 일상적인 업무의 목표와 연관될 수 있도록 실행력을 높이는 것이다.

Chapter 3

성과목표 실행 시스템

(Cruising System)

'성과목표에 의한 경영(MPO)'은 기존의 목표관리(MBO)에서 주로 사용되었던
'실행목표'가 아닌 도전적이고 목적지향적인 '성과목표'에 초점을 맞춘다

▌성과목표에 의한 경영(MPO)

① 성과목표에 의한 경영(MPO)이란?

회사와 사업부 차원에서는 미래의 비전과 중장기 목표를 설정하고 이를 달성하기 위한 전략과제와 핵심성과지표를 도출하여 세부목표를 정하고 이를 BSC 관점에서 계기판(Dashboard)화하여 수시로 모니터링을 하게 된다.

기업은 매년 사업계획을 수립하면서 해마다 사업이 처해 있는 외부환경과 내부역량을 바탕으로 도출한 핵심성과지표 중에 올해 반드시 선택해서 집중해야 할 성과목표를 선정하고 이를 바탕으로 실행조직

인 팀과 개인들에게 임무를 부여하게 된다.

사업부가 중장기 성과를 책임지는 전략단위라면 팀과 개인은 이들 전략을 실행을 통해 미래의 방향을 현실로 실현시켜야 하는 실행조직이라 할 수 있다.

'성과목표에 의한 자율책임경영(MPO : Management by Performance Objectives, 이하 성과목표경영)'은 회사와 사업부의 중장기 목표를 달성할 수 있도록 선행적으로 팀 단위에서 단기성과를 이루는 데 적합한 경영방법을 의미한다고 이해하면 쉬울 것이다.

상위 조직인 사업부나 회사 차원에서 중장기적으로 달성해야 할 여러 가지 핵심성과지표를 분석하고 팀 차원에서 올해에 집중할 성과목표를 제대로 달성하기 위해서는 팀원들의 창의력과 실행력을 극대화시켜줄 필요가 있다. 그래서 달성해야 할 연간 성과목표와 전략에 대해 연초에 합의하고 구체적인 실행방법에 대해서는 팀장과 팀원들에게 권한위임하는 자율책임경영방법을 사용해야 하는 것이다. 성과목표경영은 구성원들의 동기부여를 극대화시켜서 그들의 역량을 한껏 발휘하여 성과목표를 초과달성하는 데 초점을 맞추고 있다.

성과목표에 의한 자율책임경영을 설명하기에 앞서 먼저 '목표관리 (MBO : Management By Objectives)'에 대한 개념부터 정립해보도록 하자.

목표관리는 참여의 과정을 통해 생산활동의 목표를 명확하고 체계 있게 설정함으로써 관리의 효율화를 기하려는 관리방식 또는 관리체계다. 미국의 피터 드러커, D. 맥그리거 등에 의해 주창된 개념으로,

1954년 피터 드러커는 기업의 계획행태를 개선하는 데 역점을 두고 MBO를 관리계획의 접근방법으로 소개하였다. 그 뒤에 D. 맥그리거는 이것을 업적평가의 한 기법으로 정착시켰다.

목표관리의 기본적 과정을 살펴보면 다음과 같다.

첫 번째는 목표 설정 단계다. 목표 설정은 활동의 영역과 구체적인 성취의 수준을 밝히는 것이며 일정기간 내에 달성해야 할 일에 관해 리더와 구성원의 기대를 문서화하는 것이라고도 말할 수 있다. 목표 설정은 구성원의 업적을 평가·환류시키는 기준이 될 뿐만 아니라 개인 및 조직 단위별 활동을 조직 전반의 계획에 통합시킬 때의 기준이 된다.

두 번째 단계로 평가 과정이 있다. 평가 과정은 측정하고 평가하고 피드백하는 과정 모두를 포함하는데, 이러한 활동을 포괄하는 평가 과정은 크게 중간평가와 최종평가로 나누어볼 수 있다.

마지막으로, 평가 면담을 할 때는 평가 과정의 장애가 발생하지 않도록 해야 한다. 평가 과정에서 문제되는 것은 의사전달의 장애, 지각의 왜곡, 부정적이거나 방어적인 태도 등이므로 이러한 문제가 감지되었다면 이를 극복할 수 있도록 각별히 주의해야 한다.

목표관리는 계획과 업적 평가 프로세스를 개선하고 생산 활동과 조직의 효율성을 제고하는 데 강점이 있는 반면, 성과목표에 의한 자율 책임경영은 CEO와 소수 임원에 의해 모든 의사결정이 이루어지기보다는 단위 조직별 리더로 하여금 업무계획을 세우도록 하기 때문에 참여와 몰입을 제고하여 직무의 안정감을 향상시킨다고 볼 수 있다.

그만큼 분권화와 참여경영을 촉진함으로써 관료화된 조직, 특히 정부 관료제에 나타나는 경직성, 집권적, 권위적 행태 등 전통적 특성을 타파하는 데 기여할 수 있다는 강점도 있다. 아울러 인적자원 활용능력을 높이고 개인의 역량을 고려한 목표를 설정함으로써, 구성원의 역할 모호성과 역할 간의 갈등을 감소시키며, 업적평가의 객관적 기준을 제공해준다. 더욱이 직무 중심적 관리방식과 인간 중심적 관리방식을 적절히 통합시킬 수 있기 때문에 일과 사람을 조화시킬 수 있다.

그러나 목표관리가 생산활동과 조직의 효율성 측면에서 갖는 장점에도 불구하고 목표와 성과를 측정하는 일이 항상 용이하거나 가능한 것은 아니다. 목표관리는 측정 가능한 목표에 치중하고 질보다는 양을 중요시하는 경향을 조장하게 만들기도 한다. 또한, 목표관리를 도입하고 운영하는 데는 많은 시간이 걸리고, 관리자들은 과중한 서류작업에 시달리게 될 수도 있다. 목표 설정과 성과 보고는 부담스러운 서류작업을 수반하기 때문에 관리상황이 유동적인 곳에서는 목표관리가 기대한 성과를 거두기는 다소 어렵다.

이를 보완하기 위해서는 최고경영층이 목표관리의 실시를 지지하고 솔선수범해야 하며, 조직의 구조와 과정이 목표관리를 수용할 수 있도록 기반을 다져놔야 한다. 목표관리와 예산 배정, 인력 배치, 기획, 심사분석, 교육훈련, 임금관리, 인사 평가, 조사연구 활동 등의 관리 기능이 상호 통합되어 있어야 하며, 조직 내에 원활한 의사전달과 환류의 과정이 형성될 필요가 있다.

기존 목표관리 방식에서 주로 사용되었던 실행목표가 아닌 보다 도전적이고 목적지향적인 MPO, 즉 성과목표에 의한 경영은 성과목표를 중심으로 경영한다는 점에서 기존 목표관리와 개념적인 차별점이 있다고 볼 수 있다.

목표관리가 구성원들이 스스로 목표를 설정하게 하는 바텀업(Bottom-Up) 방식을 기본으로 하고 과거의 실적이나 추진계획을 중요시하며 실행목표 중심의 목표관리의 수준이라면, 성과목표에 의한 경영은 미들업다운(Middle-Up-Down)의 형태로 성과목표가 배분되며 성과목표를 달성하기 위한 전략이 중심이 된다는 측면에서 한층 더 진화한 개념이라고 볼 수 있다

MBO		MPO
바텀업(Bottom-Up) 방식		미들업다운(Middle-Up-Down) 방식
과거 실적 및 추진계획 중심	VS.	미래비전 및 전략 중심
실행목표 중심		성과목표 중심

〈표 3-30〉 목표관리(MBO) vs. 성과목표에 의한 경영(MPO)

② 왜 성과목표에 의한 경영을 해야만 하는가?

우리가 성과목표에 의한 경영을 해야만 하는 이유는 세 가지 정도를 들 수 있다.

첫째, 무엇보다도 선택과 집중을 통해 성과를 창출할 수 있는 의사결정구조를 갖추기 위함이다.

성과목표에 의한 경영은 자율책임경영이며 고객만족경영이라 할 수 있다. BSC 경영을 논할 때 누차 강조하였지만 우리가 가지고 있는 자원은 한정되어 있기 때문에 변화하는 환경과 의사결정의 타이밍을 고려하여야 한다. 성과를 달성하는 데 가장 큰 영향을 미치는 결정적인 요소들에 대해 한정된 자원을 집중적으로 쏟아부어야만, 당초 계획했던 성과를 창출할 수 있는 것이 현실이다. 그래서 달성해야 할 성과목표는 반드시 명확하고 구체적으로 잡아야 하며, 목표 달성을 위한 구체적인 타깃을 선택적으로 결정하고 타깃을 어떻게 구체적으로 공략할 것인가를 실행 가능하도록 설정해야 한다.

둘째, 목표와 전략에 대한 사전 합의와 전략 실행방법의 선택에 대한 권한위임을 통한 현장 중심의 자율책임경영을 위해서는 성과목표에 의한 경영이 꼭 필요하다.

기대했던 성과목표보다 초과달성하기 위해서는 무엇보다도 성과를 창출하고자 하는 의지가 리더와 구성원 사이에 강력히 공유되어야만 한다. 자신들에게 부여된 목표가 자신의 것(Ownership)이라는 생각이 중요한데 이를 위해서는 실행방법에 대한 지시나 간섭보다는 스스로 알아서 하는 자율책임경영이 필수적인 전제조건이라 할 수 있다.

진정한 자율책임경영은 '어떤 실행방법을 통해 목표를 달성할 것인가?' 하는 실행에 대한 선택권한을 목표 달성 책임이 있는 사람에게 주어야 가능하다. 그러나 우리가 오해하지 말아야 할 것이 있다. 일부 경영자들은 업무 수행 방법부터 처리까지 모든 것을 구성원에게 맡겨 놓고 간섭하지 않는 것을 믿고 맡겼다고 생각하는데, 그것은 진정한 권한위임이 아니라 일종의 방임이라는 것이다.

권한위임을 바탕으로 하는 자율책임경영이 방임과 다른 점은 목표와 전략 그리고 전략실행 방향에 대해서 반드시 사전에 합의가 이뤄진다는 점이다. 기간과 목표 중심으로 사전에 팀장이나 리더들이 구성원들에게 과제를 부여한 후에 구성원들이 구체적인 달성전략을 수립해오면 리더의 판단 하에 전략 실행방법을 위임하는 메커니즘이기 때문이다.

셋째, 구성원들의 역량을 강화시켜 성과를 내고자 하는 조직 및 개인을 위해서 성과목표에 의한 경영은 아주 훌륭한 스승 역할을 할 수 있다.

과거에는 상사가 사소한 업무 연락 하나 보내는 것까지도 사사건건 통제했기 때문에 실무자들의 역량이 발전할 수 있는 기회가 드물었다. 하지만 요즘같이 시시각각 변하는 기업 환경에서는 실무자들이 열정과 창의성을 가지고 상위 조직에서 세운 전략들을 충실히 이행할 수 있는가가 바로 그 기업의 성공과 실패를 가늠할 수 있는 잣대다. 그만큼 인적자원의 질과 역량의 중요성은 높아졌다.

예전에는 구성원들에게 능력 중심의 업무 수행과 성실성을 강조하고 주로 교육을 통한 육성과 관리자 중심의 온정주의가 주요 관리 메커니즘이었다. 그러나 앞으로는 기업들이 고객의 가치 창출과 업의 본질을 통한 성장동력 발굴에 온 힘을 쏟아야 살아남을 수 있기 때문에 구성원들에게 자율성과 창의성이 그 어느 때보다도 많이 요구된다. 학력이나 경력보다는 전략을 행동으로 실행할 수 있는 역량이 강조되고, 더불어 백화점식의 '교육을 위한 교육'보다는 일을 통한 육성이 일상화되어야 한다. 그리고 관리자가 일을 시키는 개념보다는 구성원들과 사전에 업무 수행의 기준과 전략에 대해 합의하고 실행과정을 믿고 맡기는 실무자 중심의 성과주의가 주요 경영 메커니즘이 될 것이다.

성과목표에 의한 경영을 하게 되면 리더가 내려준 목표를 달성하기 위한 전략을 수립하기 위해 구성원들이 경쟁사를 벤치마킹 한다거나 액션 러닝을 통해 생생한 문제해결 방법의 현장을 체험할 수 있다. 구성원들은 놀라운 자기성장의 체험을 통해 기본적인 능력은 물론이요, 원하는 성과를 달성할 수 있는 반복적인 행동특성인 역량을 체질화하게 된다.

결국 구성원들은 돈으로도 살 수 없는 귀중한 경험을 할 수 있기 때문에 성과목표에 의한 경영은 곧 구성원들의 역량 강화를 위한 최고의 스승이라고 할 수 있다.

③ 성과목표에 의한 경영을 도입해서 실패하는 원인은 무엇인가?

대다수 기업들이 성과목표에 의한 경영을 도입하고 운영하는 데 있어 실패의 길을 걸어온 이유는 공통적으로 다섯 가지 정도를 꼽을 수 있다.

첫째, 출발 전 성과목표에 대한 사전합의가 부족했기 때문이다.

리더가 성과목표를 내려주고 이를 달성하기 위한 구성원들의 전략과 실행방법에 대해 사전합의나 공감대가 형성되지 않은 상태에서는 구성원들의 목표수준에 대한 이해도와 실행에 대한 도전의식이 떨어질 수밖에 없다. 사전에 약속한 리더와 구성원 사이에 목표수준과 달성전략, 즉 기준에 대한 합의와 공감이 형식적이었기 때문에 실행방법에 대해 구성원들에게 제대로 권한위임이 안 되었고 그로 인해 성과목표에 의한 경영 자체도 제대로 운영되지 못하는 결과를 낳게 된 것이다.

둘째, 성과목표 달성을 위한 목표원가에 대한 사전합의가 잘 안되었기 때문에 실패할 수밖에 없었다.

성과목표에 대한 합의도 중요하지만 성과에 대한 책임을 제대로 묻기 위해서는 목표 달성전략과 밀접한 관계가 있는 예산 및 필요인력에 대한 목표원가의 사전합의가 아주 중요하다.

목표원가는 성과목표 달성전략 선택에 직접적인 영향을 미친다. 대부분 기업들이 전년 실적이나 업무를 기준으로 사업 추진을 위한 실행예산을 배정했었다. 사업계획 자체도 업무 중심으로 수립되었을 뿐만 아니라 이에 따른 업무추진계획에 의거해 실행예산을 배정한다. 그렇기 때문에 사업예산 수립 근거 자체가 경영 성과목표를 달성하기 위한 앞으로의 전략 실행방법이 아니라 전년도 업무 수행실적이 되는 과거의 실행전략과 방법에 대한 소요예산에 해당한다. 이는 과거의 실적과 경험이 미래의 목표를 견인하는 아주 이상한 일들이 계속 반복되는 결과를 초래했다. 그래서 실행과 평가가 공정하고 올바르게 이루어지지 않았고 결국 성과목표에 의한 경영 자체도 삐거덕거리게 되는 원인을 제공하였다고 볼 수 있다.

팀원들 수준까지는 아니더라도 최소한 팀, 영업소, 지점, 대리점 등 단위 조직 차원까지는 반드시 성과목표와 더불어 목표원가를 사전에 확정해주고 이러한 목표원가를 감안한 목표 달성전략이 수립되어야 제대로 된 전략이 되는 것이다. 물론 목표 달성을 위한 목표원가의 한계 때문에 때로는 상위 조직과 하위 실행조직이 목표 조정이나 목표원가 조정이 불가피한 경우가 많을 것이다. 그러나 이러한 과정은 반드시 거쳐야 한다. 성과목표를 과도하게 부여해놓고 소위 '맨땅에 헤딩하라'는 식으로 주문하는 관행은 이제 사라져야 할 것이다.

셋째, 성과목표 달성을 위한 실행방법의 선택권한이 실무자들에게 없었다.

조직에서 성과목표를 달성하기 위해 창의적으로 아이디어를 내고 실행을 해야 할 사람들은 고객 접점에 있는 현장의 구성원이다. 그럼에도 불구하고 그들의 의견에 귀를 기울이지 않는 것은 그동안 우리의 경영관리 시스템이 중앙집권적 조직구조에 의해 운영되어왔기 때문이다. 최고경영층이나 중간관리자층 이상에 대부분의 의사결정권이 집중되는 한, 현장에서 고객들에게 신속한 의사결정과 문제해결을 주도적으로 하자는 것은 무리이며 실무자 역시 업무에서의 의욕이 상실되는 경우가 많다.

실무자들이 실행방법에 대한 아이디어를 도출할 수 있도록 결정권이 반영되어야 성과목표에 의한 자율책임경영이 될 수 있다.

만약, 연초에 예상 못했던 특별한 이슈나 프로젝트가 생긴다면 그때그때 합의하고 결재를 받으면 된다. 그리고 연초 합의하여 계획했던 것은 예정대로 진행하여 결과를 평가하면 된다.

목표를 달성하기 위한 실행방법을 강요받거나 본인의 창의적인 의지와 실행방법을 행사할 수 있는 자율성을 침해받은 구성원들은 행여 운이 좋아서 아무리 실적이 좋게 나타나더라도 본인이 그 성과에 대해 수긍하는 경우가 드물며, 상사의 평가에 대해서도 긍정적으로 수용하기보다는 부정적으로 반발할 가능성이 매우 높다고 할 수 있다.

넷째, 성과목표에 의한 경영이 실패한 이유로는 구성원들의 실행역량이 부족하기 때문이다.

아무리 목표수준과 달성전략이 멋지게 세워져 있다 하더라도, 이를 실행에 옮기는 구성원의 역량이 미진하면 그림의 떡일 수밖에 없다.

프로야구 경기에서 중요한 시기에 감독이 번트를 지시했는데 타자의 역량이 부족해서 병살타를 친다면 아무리 그 의도나 전략이 좋았다고 하더라도 무용지물이 되는 것과 마찬가지다.

구성원들의 역량을 꾸준하게 향상시키기 위해서는 구성원들에게 과제나 성과목표는 연간 성과목표를 바탕으로 최소 월간 단위, 과제 단위로 부여하고 목표 달성전략과 전략에 대한 세부 실행계획을 스스로 수립하게끔 하는 반복적인 훈련이 절대적으로 필요하다. 가능하다면 주간 단위로까지 시행해보는 것도 좋은 방법이다. 앞으로 미래기업들의 경쟁력을 판단하는 기준은 고객지향성, 기업가 정신과 같은 무형의 가치이다. 구성원들의 역량 브랜드 가치가 경쟁기업보다 얼마나 탁월한지 여부가 큰 관건이 되기 때문에, 성과목표에 의한 경영을 정착시키기 위한 구성원들의 역량 강화에 끊임없는 투자를 해야 한다.

마지막으로, 회사와 구성원들의 상호관계에 대한 고정관념이 성과경영의 정착을 가로막았다.

그동안 회사와 구성원들은 서로의 관계를 고용주, 피고용인처럼 종속적 거래관계로 인식하고 있는 것이 사실이다. 원론적으로야 파트너, 동반자, 가족관계라고 하지만 실상을 들춰보면 그렇지 않다는 것을 알 수 있을 것이다. 신뢰를 바탕으로 한 상호 고객관계라는 인식이 부족한 상태에서 종속적인 수직관계로 조직을 운영했기 때문에 구성원들은 '종업원'으로 대우받아왔다. 그래서 자신에게 주어진 대우에 대한 반대급부로 '회사에서 시키는 일을 한다'는 생각이 강하기 때문에 진심을 담은 업무 처리를 기대하기는 어렵다. 구성원에게 정작 필요한 주인의식과 창의성은 찾아보기 어렵고 스스로가 만족스럽지 않다 보니까 구성원들이 상대하는 외부 고객의 마음속 깊은 곳의 니즈와 원츠를 충족시켜주지 못하는 결과를 가져왔다. 조직 내부에서는 성과목표와 달성전략에 대한 원활한 협의가 어려웠으며, 결국 성과목표에 의한 경영이 잘 정착되지 못하는 결과를 가져온 것이다.

④ 성과목표에 의한 경영의 핵심성공요인

성과목표에 의한 경영을 도입하여 운영하다가 겪은 실패요인과 애로사항을 잘 극복하고 성과목표에 의한 자율책임경영 시스템을 잘 정착시키기 위한 핵심성공요인은 무엇일까?

첫째, 팀장들은 '해야 할 일' 중심의 업무분장 대신 책임져야 할 목표 중심의 성과 대시보드(Performance Dashboard)를 만들어야 한다.

회사 및 단위 조직들은 매년 실적을 검토하고 필요한 역량이 어느 정도 확보되었는지 항상 확인하며 다가올 미래환경을 예측해서 민첩하게 대응해야 한다. 실적 분석, 역량 분석 및 환경 예측 분석을 통해 중장기 목표의 적합성을 검토하고, 목표를 수정해서 전략 및 전략과제를 그에 맞게 재설정하는 작업이 수반될 필요가 있다. 따라서 팀원들에게 단순한 업무분장을 해주던 팀장 대신에, 성과지표의 상태를 확인해서 실적이 좋은 성과지표와 그렇지 못한 성과지표를 구분해주는 팀장이 요구된다.

그리고 실적이 좋지 않은 성과지표들에 대한 문제점을 분석하고 취합하는 작업, 즉 성과 피드백을 통해 통보된 성과지표에 대해 성과를 달성할 수 없었던 원인과 성과 달성에 장애가 되었던 요소들을 파악하여 해결과제와 그것을 관리하는 주체를 설정해야 한다.

이러한 작업을 제대로 하기 위해서는 우선 단위 조직의 업무분장 접근방법부터 과감한 혁신을 감행해야 한다. 해야 할 일 중심의 '업무분장' 대신, 성취해야 할 목적지 중심의 '성과분장'이라고 호칭부터 바꿔야 할 때다. 투입 위주의 업무분장은 단순히 반복적인 일일 뿐 이제는 도전적이고 구체적인 성과지표 중심으로 성과책임 형태의 분장을 해야 할 시기인 것이다.

특히 팀 단위로 명확한 성과책임을 중심으로 성과분장을 해주어야 하며 바로 이러한 일련의 작업을 통해 팀장들이 성과 대시보드를 팀원들과 공유함으로써 미래의 위험을 미리미리 대처할 준비를 할 수 있는 것이다.

둘째, 성과목표를 미들업다운 방식으로 설정해야 한다.

성과목표를 설정할 때는 유의해야 할 세 가지가 있다.

우선 성과목표의 기준이 주관적이어서는 안 된다.

성과목표는 향후에 성과 평가의 기준이 되는 만큼 신뢰성(Reliability)을 확보하기 위해 측정 가능하고 객관적인 수치로 표현되어야 한다. 신뢰성이 갖춰진 성과목표는 구성원들에게 성과기준의 측정 방법과 범위를 미리 투명하게 공개하기 때문에 객관적으로 성과를 인정할 수 있고 자신의 성과목표 달성 가능여부를 예측할 수 있다.

그리고 성과목표 기준은 상위 조직과 하위 조직이 서로 전략적으로 연계되어야 한다.

대다수 기업들이 하위 조직에서 목표를 설정하고 상위 조직으로 취합해서 최종적인 목표를 설정하는 데 이런 방식으로는 구성원들이 책임져야 할 성과목표를 모호하게 만든다. 상위 조직의 성과목표를 달성하기 위해서 결정적인 핵심요인이 되는 전략과제들을 하위 조직의 성과목표로 부여함으로써 성과목표의 책임을 각 단위 조직별로 정확하게 구분해주어야 자신의 성과목표 달성이 상위 조직의 성과목표 달성과 어떻게 연계되어 있는지 알 수 있어서 타당성(Validity)을 높일 수 있는 것이다.

마지막으로 성과목표 기준의 납득성(Acceptability)이 전제되어야만 한다.
성과목표 기준을 설정하는 과정에서 구성원들이 성과목표를 진심으로 이해하고 주인의식을 가지고 받아들이는가를 공유할 필요가 있다.
또한 구성원들에게 부여된 성과목표가 최선의 노력을 하면 실현가능한 목표가 되어야 한다. 납득성이 고려된 성과목표기준은 목표 달성의 현실성을 높이고 구성원들의 참여를 더욱 강화함으로써 동기부여를 일으키는 중요한 요소이다.

성과목표의 기준이 갖춰야 할 세 가지 기준 중에서 모두 중요하지만 특히 타당성을 주의 깊게 살펴볼 필요가 있다. 신뢰성이 아무리 높다고 하더라도 설정된 성과목표 자체가 상위 조직의 성과목표 달성을 위한 전략방향에 위배된다면, 구성원 누구도 명분 있는 타당한 목표의식을 가질 수가 없을 것이다.

앞서 타당성에 대해 간략히 설명했듯이, 현재까지 많은 기업들이 팀원이나 팀에서 작성해온 목표를 취합하여 합산한 값을 최종목표로 설정하는 바텀업(Bottom-up)방식을 사용하고 있다. 말 그대로 아래에서 위로 올라가는 방식이라고 해서 붙여진 이름이다. 이런 방법은 최종적인 예상 매출목표를 설정하는 방식으로는 적정해도, 각 단위 조직이나 구성원들이 구체적으로 자신들이 책임져야 할 성과목표를 도전적이고 타당성 있게 설명해주지는 못한다.

성과목표가 타당성 있게 설정되려면 우선 성과목표가 상위 조직에서 하위 조직으로 내려오는 탑다운(Top-down) 방식으로 전개되어야 한다. 이때 중요한 점은 상위의 성과 책임조직과 하위의 성과 실행조직 사이에서 성과목표를 부여하고 받아들일 때 목표 달성전략을 바탕으로 한 합의과정이 진행된다는 것이다. 그리고 상위 조직은 목표에 대한 타당한 근거를 가지고 하위 실행조직에게 목표수준을 부여하고, 하위 실행조직도 목표에 대해 이의사항이 있을 때 객관적인 자료를 바탕으로 상위 조직에 설득력 있게 설명하는 과정이 전개된다.

성과목표에 의한 경영(MPO)을 성공적으로 운영하려면 탑다운과 바텀업이 결합된 미들업다운 방식이 갖추어야 한다.

상위 성과 책임조직과 하위 실행 책임조직의 성과목표 설정에 대한 미들업다운 프로세스는 성과목표에 의한 자율책임경영에서 대단히 중요하다. 성과경영의 궁극적인 목적은 모든 단위 조직이 자신의 성과목표를 분명히 인식하고 성과 달성을 위한 실행방법의 선택권한을 행사함으로써 그 결과에 대한 책임을 지는 철저한 성과 중심의 사업부제로 가는 것이기 때문에, 상위 조직이 하위 조직의 성과 달성을 위한 실행방법을 권한위임하는 것이 절대적인 핵심성공요인이다.

　다음의 도표에서 보듯이 미들업다운 방식으로 성과목표를 부여하는 단계를 거쳐야 성공적으로 성과목표를 캐스캐이딩 할 수 있다. 파이를 나눠먹는 물리적 분배는 한계가 있다. 목표를 달성하기 위한 본질적인 세부과제를 도출하고 하위 조직에게 부여해야 서로간의 타당성과 납득성을 확보하게 된다. 사업부장은 팀장들에게 '왜 우리 사업부가 이러한 성과목표를 회사로부터 부여받았는지' 설명할 수 있고, 팀장들은 팀원들에게 '팀의 목표에 대한 당위성과 팀원들의 성과목표에 대한 타당성'을 설명해줄 수 있다.

　셋째, 단위 조직에는 성과목표와 더불어 목표원가를 동시에 배정해야 한다.
　기존의 연간 사업계획 수립방식(과거+현재)은 과거 실적을 창출했던 업무추진계획을 바탕으로 미래목표(익년도 목표)와 달성계획을 수립하는 방식이었다. 그렇기 때문에 비전이나 중장기 목표, 전략과의 연계성보다는 과거 실적에 근거하여 자원을 절약하고 최선을 다해 열심히만 하면 좋은 결과가 올 것이라고 하는 '열심히 사업계획'의 성격이 짙었다. 재무목표를 세워놓았더라도 해야 할 일 중심의 업무추진계획 중심이고, 사업규모를 향상시키는 매출 중심으로 이루어졌다. 이러한

BSC 대시보드
(CEO+임원)

달성전략 수립
(임원+팀장)

(전략목표
성과목표
본연목표)

성과목표

달성전략 수립
(팀장+팀원)

(전략목표
성과목표
본연목표)

역량평가 지표
(반드시 해야 되는 실행과제)

사업부 목표

팀 목표

팀원 목표

= 사업부 목표 = 팀 목표 = 팀원 목표

* 미들업다운(Middle-Up-Down) 방식

사업부 목표

팀 목표

팀원 목표

* 바텀업(Bottom-Up) 방식
* 탑다운(Top-Down) 방식

〈표 3-31〉 성공적인 캐스케이딩(인수분해, Cascading) 과정

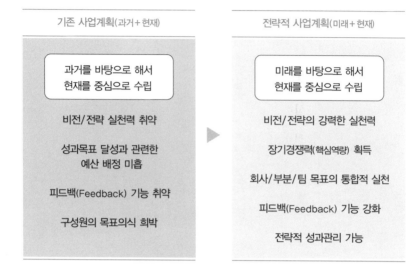

기존 사업계획(과거+현재)	전략적 사업계획(미래+현재)
과거를 바탕으로 해서 현재를 중심으로 수립	미래를 바탕으로 해서 현재를 중심으로 수립
비전/전략 실천력 취약	비전/전략의 강력한 실천력
성과목표 달성과 관련한 예산 배정 미흡	장기경쟁력(핵심역량) 획득
피드백(Feedback) 기능 취약	회사/부문/팀 목표의 통합적 실천
구성원의 목표의식 희박	피드백(Feedback) 기능 강화
	전략적 성과관리 가능

〈표 3-32〉 기존 사업계획과 전략적 사업계획

과정에서 비전이나 중장기 전략을 구체적으로 실행하는 실천력은 취약해질 수밖에 없었다. 구성원이 주체적으로 실행하는 것이 아니라 지시와 통제에 의해 실행된다는 생각을 심어주게 되어 주인의식이 희박해지는 결과를 가져온다.

성과목표를 제대로 실행하기 위해서는 사업계획 시 성과목표를 추진하기 위한 목표원가(주로 예산이나 인력규모)를 사전에 미리 부여함으로써 스스로 목표의식을 갖고 경영할 수 있도록 해주는 것이 바람직하다.

전략적 사업계획(미래+현재)은 미래의 비전과 중장기 목표를 바탕으로 해서 한 해의 사업목표와 전략을 수립한 것이기 때문에 중장기적인 시점과 단기적인 시점 간의 연계성이 강하다. 그리고 재무, 고객, 내부 프로세스, 학습과 성장 관점에서 올해 달성해야 할 성과목표를 설정하고 목표원가를 사전에 배정함으로써 성과목표 실행력이 현실성을 갖기 때문에 균형적이다.

아울러 회사, 본부, 팀, 개인 차원의 성과목표가 전략적으로 연결되고 실질적인 전략실행과 피드백 기능이 강화됨에 따라 전략적 성과경영이 가능해지는 선순환 구조를 갖출 수가 있다.

이제부터는 성과경영 프로세스에 맞추어 전략적 사업계획 프로세스 안에서 목표원가를 배정하는 단계를 살펴보도록 하자.

상위 조직에서는 성과목표와 이를 달성함에 있어서 허용할 수 있는 목표원가인 예산을 하위 조직에 내려주고, 하위 조직에서는 성과목표와 목표예산을 기준으로 성과목표 달성전략을 수립해야 한다. 예산 수립을 성과목표 중심으로 계획한다는 전제가 있어야 올바른 성과경영이 가능해진다.

〈표 3-33〉에서 보는 바와 같이 회사 차원에서 성과목표를 설정하고 성과목표 달성에 허용 가능한 예산을 배정한다. 배정된 목표 달성 예산을 바탕으로 성과목표 달성을 위한 전략과제를 수립하게 되는데 이는 사업본부 차원의 전략목표 수립에 반영되어 사업부의 성과목표가 된다. 사업본부 차원에서는 설정된 성과목표를 바탕으로 목표원가인 예산이 배정되고, 목표 달성 예산을 근거로 하여 목표 달성을 위한 전략과제가 수립된다. 동일한 과정을 거쳐 팀 차원에서도 성과목표에 대한 달성 예산이 배정되고 그에 대한 목표 달성 전략과제가 수립되며, 이를 각 팀원의 성과목표로 내려주고 달성 예산을 배정하여 팀의 각 구성원의 성과목표 달성 전략과제가 최종적으로 설정되는 것이다.

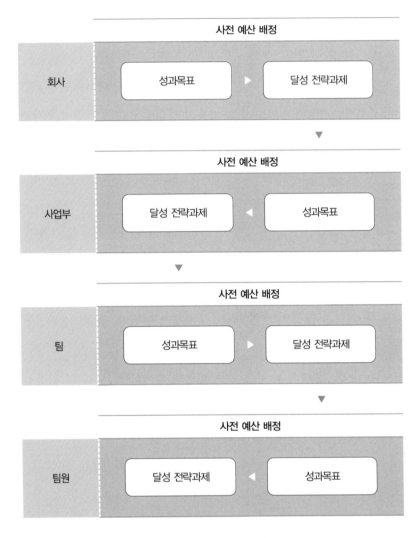

<표 3-33> 목표원가 배정 프로세스

넷째, 공략대상(Target) 중심의 목표 달성전략 수립 워크숍을 팀장과 팀원이 함께 모여 심도 있게 해야 한다.

운동경기를 앞두고 작전계획을 수립할 때, 과연 누가 그 계획을 세울까?

기업이나 기관에서는 1년에 한 번 '연간 사업계획'이라는 작전계획을 수립하고, 반기나 분기, 월별로 아주 구체적인 작전계획을 수립한다. 그렇다면 과연 누가 그 계획을 세울까?

흔히 기업에서 구성원들은 삼중고에 시달린다고 아우성이다.

성과목표나 달성전략도 선수들인 자신들이 짜야 하고, 직접 수립한 전략도 자신들이 실행해야 하고, 실행한 결과에 대한 평가나 분석까지 선수들인 자신들이 직접 하고 나니 하루가 고달프다고 난리다. 운동경기에서 상대팀과의 경기에 대비하여 감독과 코치가 어떠한 전략으로 상대팀에 맞설 것인가를 계획하고 방법을 모색하는 등 작전을 수립하는 것처럼, 리더들은 본인 스스로 주체가 되어 앞서 설정된 성과목표를 구체적이고 현실적으로 달성할 수 있도록 성과목표 별로 팀원들 각각에게 성과목표를 부여하고 실행전략을 같이 수립해야만 한다. 이러한 과정은 조직이 나아가고자 하는 방향을 좀 더 세부적인 과제와 행동방법으로 표현하기 때문에 비전이나 목표를 세우는 과정보다는 아주 구체적이라고 할 수 있다.

성과목표 달성전략은 이미 발생할 문제를 해결하기 위해 과거 지향적인 사고로 접근하는 발생형 문제해결 프로세스와는 다르다. 객관적인 데이터를 바탕으로 핵심성공요인과 예상장애요인을 파악함으로써 해결방안을 도출하기 때문에 미래의 목표 달성을 위해 나아가고자 하는 방향과 목표에 따라 발생할 문제를 예측하고 해결하는 미래지향적 사고를 심어줄 수 있다.

그런 의미에서 미래환경의 불확실성에 대해 미래의 비전과 목표를 중심으로 해결방안을 모색하는 목표 설정형 문제해결 프로세스를 활용한 워크숍을 활성화시켜야 한다.

제대로 된 성과목표 달성전략을 수립하기 위해서 리더와 구성원들은 첫째, 과거의 실적에서 드러난 특징을 분석하고 현재 환경을 고려했을 때 예상되는 결과를 분석하는 데 집중해야 한다. 과거 매출액을 토대로 지역별, 연령별, 월별 소비를 분석하고(실적 분석), 현재의 시장환경을 분석해서 소비가 증대될 것 같은 고객층을 예측하는 식(예측 분석)이다.

둘째, 고객 접점(현장상황)에 대한 정보를 분석하는 것도 필요하다. 이것은 고객이나 실무자로부터 고객 관련 정보를 수집하여 그들의 니즈를 파악하고 분석하는 작업이다. 불만요인이나 달라진 요구사항이나 목표 달성에 영향을 미칠 수 있는 내용을 파악하는 것이다.

셋째, 동종 타사나 이종 타사 등 관련 기업을 벤치마킹을 하거나 관련 자료 및 문헌을 분석하는 부분도 잊어서는 안 된다. 이 부분은 성과목표 달성에 필요한 자료를 수집하여 시장의 동향을 파악하거나 목표 달성에 도움이 되는 정보를 획득하여 분석하는 것을 말한다.

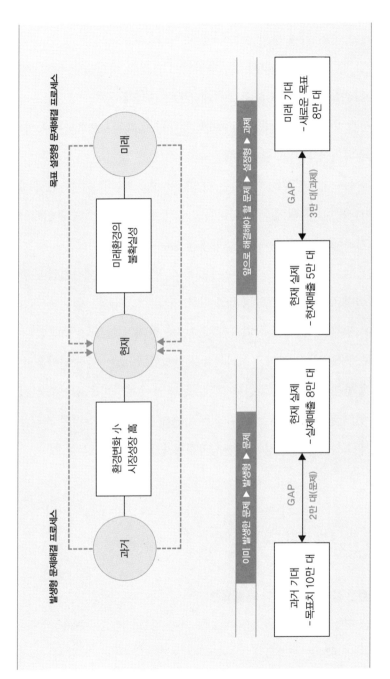

발생형 문제해결 프로세스

목표 설정형 문제해결 프로세스

| 과거 | ── 환경변화 小
시장성장 高 ── | 현재 | ── 미래환경의
불확실성 ── | 미래 |

이미 발생한 문제 ▲ 발생형 ▲ 문제

| 과거 기대
- 목표치 10만 대 | ⇅ GAP
2만 대(문제) | 현재 실제
- 실제매출 8만 대 |

앞으로 해결해야 할 문제 ▲ 설정형 ▲ 과제

| 현재 실제
- 현재매출 5만 대 | ⇅ GAP
3만 대(과제) | 미래 기대
- 새로운 목표
8만 대 |

〈표 3-34〉 목표 설정형 문제해결 프로세스

이러한 여러 가지 분석 작업을 통해 성과목표를 달성하는 데 영향을 미칠 수 있는 예상 문제점을 파악하고 그것의 핵심성공요인과 예상장애요인을 도출하여 하위 조직의 전략실행과제(CSF)와 핵심성과지표(KPI)를 도출하는 과정을 거쳐야만, 누구나가 객관적으로 인정할 만한 차별화된 성과목표 달성전략을 만들 수 있는 것이다.

성과목표 달성전략을 수립하는 과정에서 성과책임의 주체들인 구성원들이 자신이 속해 있는 조직이나 맡고 있는 직무에 대해 주인의식을 가지고 몰입할 때 보다 나은 미래가 보장된다. 주인의식은 '내 것'이라는 생각이 들어야만 일어나는 것이며 창의성 역시 의사결정 권한이 있어야 발현된다. 실행방법에 대한 의사결정 권한도 없는데 주인의식이 생길 리 없으며 창의적인 사고에도 한계가 있을 수밖에 없다.

결국 구성원들로 하여금 성과목표를 달성할 수 있는 멋진 전략을 수립하게 하려면, 그들에게 실행 주체자로서의 주인의식을 심어줘야 하고 주인의식이 자랄 수 있는 환경을 마련해줘야 한다. 그러한 과정을 통해서 구성원들을 진정한 자기성과경영자로 탈바꿈시킬 수 있다.

▌월간 성과목표 경영(MPM)

① 월간 성과목표 경영이 왜 필요한가?

지금까지 BSC 경영과 성과목표에 의한 경영(MPO)을 통해, 실제로 연간 사업계획을 성과목표와 목표예산, 전략 중심으로 수립하는 과정까지 살펴봤다. 우리는 이러한 일련의 과정을 통해 단위 조직이나 구성원들이 자발적으로 사업 실행에 동참하고 성과에 대해 스스로 책임을 질 수 있는 성과 중심의 자율책임경영의 밑그림을 어느 정도 그려 보았다.

우리는 이제 성과경영의 밑그림이 실행을 거쳐 최종적인 성과로 나타나게 하기 위해서는 연간 사업계획을 일상적인 업무 수행에 어떻게 전략적으로 연결시킬 것인가에 대해 논의해야 한다. 아무리 잘 만들어진 계획이나 전략이라 하더라도 정작 구성원들에 의해 실행이 되지 않으면 아무 소용이 없으며, 아무리 실행을 잘했다 하여도 애초에 우리가 의도했던 성과가 나타나지 않는다면 성과경영을 제대로 하지 못한 것이다.

많은 기업들의 성과경영 주요 이슈를 보면, 연간 성과목표와 월간 목표의 연계성이 취약하고, 공급자 중심의 업무처리로 전사 차원이나 미래에 기준을 둔 의사결정이 이루어지지 않는 경우를 컨설팅 현장에서 종종 볼 수 있었다. 다시 말해 회사의 비전을 달성하기 위한 연간 성과목표의 달성전략과 일상적인 업무 수행이 서로 밀접하게 연동되지 못하여 실제로 일상적인 업무 수행은 열심히 수행했음에도 불구하고 연간 성과목표를 달성하지 못한 경우를 볼 수 있다. 또한 담당자 혹은 단위 조직 위주의 업무 처리에만 집중할 뿐 전사 차원에서 미래 기준의 성과목표를 달성하는 것에는 무관심한 경우도 많았다.

실제로 우리 주위의 많은 조직과 개인들이 연초에 거창한 목표를 설정해놓지만, 막상 시간이 좀 지나면서 흐지부지되고 무엇을 어떻게 해야 할지 모르는 막막한 경우가 많이 발생하곤 한다. 그렇기 때문에 성과목표를 달성하기 위해서는 목표 실행과정을 주기적으로 관리하는 일상적인 활용도구가 절실히 필요하다. 대개의 기업들이 연간 성과목표를 수립하고 있으나 그것을 일상업무와 연계해 월 단위나 주 단위로 구체화해서 적용하는 기업은 많지 않기 때문에 더욱 더 그 필요성이 가중된다.

월간 업무추진계획		월간 성과목표 달성전략
업무/과제 중심	vs.	성과목표 중심
진행순서 중심		전략 중심
내부 중심		시장 중심

〈표 3-35〉 월간 업무추진계획 vs. 월간 성과목표 달성전략

대부분의 기업에서 사용하고 있는 월간 업무추진계획은 정해진 양식에 한달 동안 각 팀원들이 해야 할 업무나 과제를 진행순서 중심으로 마감 시한, 담당자 등을 적어 운영하고 있다.

이러한 월간 업무추진계획은 해야 할 업무와 과제만 명시되어 있을 뿐, 팀이 달성해야 하는 성과목표 및 전략에 대해서는 나타나 있지 않으며, 연간 성과목표와는 어떻게 연계되어 있는 것인지 불분명하다.

말 그대로 내부 구성원들의 공유, 혹은 상위 보고용으로 내부 관점에서 월 단위의 실행계획만 기술해놓은 것에 불과하다. 따라서 이러한 월간 업무추진계획은 월 단위의 진정한 성과경영이라 할 수 없다.

제대로 된 성과모니터링과 월간 단위의 성과경영을 하기 위해서는 그 달에 우리 팀에서 달성해야 할 과제와 목표수준을 정하고 이를 어떻게 달성할 것인가 하는 창의적인 달성전략에 대한 논의가 있어야 한다.

② 월간 성과목표 경영이란 무엇인가?

연간 성과목표의 모니터링과 월 단위의 성과경영을 위하여 월간 성과목표 경영(MPM : Monthly Performance Monitoring)을 활용할 수 있다. 월간 성과경영은 월간 성과목표를 실행하는 과정 중 핵심성공요인과 예상장애요인을 예측해보고 성과목표를 부여한 팀장과 팀원 간에 성과목표 실행에 대한 의사소통을 가능하게 한다. 팀원들은 연간목표 달성을 위해 월별 목표수준과 달성전략에 대해 진지하게 생각함으로써, 목표 달성에 집중하여 선택한 주요 과제들을 집중적으로 실행하는 전략적 실행력도 키울 수 있다.

월간 성과목표 경영은 경영진이 하위 조직에게 내려준 연간 책임지표를 토대로, 이를 부여받은 하위 조직의 장들이 월 단위로 목표를 쪼개고 달성 전략을 수립하는 것을 말한다. 이 과정을 거치면 한 달 동안 해야 할 일들에 대해 서로가 사전에 합의함으로써 권한위임과 자율책임경영이 가능해진다. 이 과정 속에서 CEO와 임원은 중장기 성

과에 대해서 책임을 지고, 팀장은 연간 성과목표, 팀원 및 구성원은
월간 성과목표에 대해 책임을 지게 된다. 결국 이러한 월간 성과목표
경영은 마치 한 달 동안 사전에 합의하고 집중 근무제를 실시하는 것
과 같은 원리다.

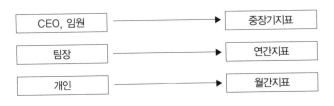

〈표 3-36〉 직책별 성과책임지표

특히, 월간 성과목표 경영은 제도와 시스템에만 국한된 성과경영과
는 달리 구성원의 참여와 전략적 실행력을 제고시킨다는 것이 매우 다
르다.

즉, 대표적인 변화와 혁신을 위한 미팅인 GE의 워크아웃(Work-out)
이나 액션플랜 수립이 핵심인 캐논의 KI(Knowledge Intensive Staff
Innovation)와는 달리 월간 성과목표경영(MPM)은 연간 성과목표 달성
을 위하여 실행 중심의 월간 성과목표를 구체적으로 설정하고 이를 달
성하기 위한 전략을 수립하여 상하좌우 조직이 공통의 성과목표를 향
해 지속적이고 반복적으로 운영되는 성과 중심의 커뮤니케이션 시스
템이다. 이러한 월간 성과목표 경영을 통해서 우리는 다음과 같은 세
가지 기대효과를 얻을 수 있다.

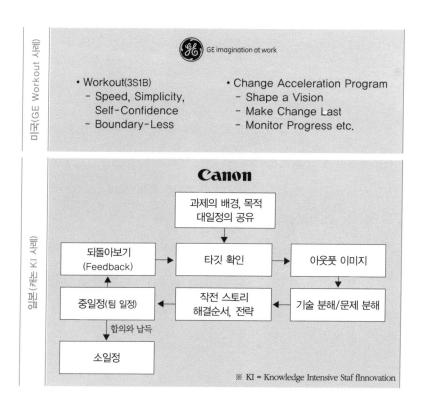

GE imagination at work

- Workout(3S1B)
  - Speed, Simplicity, Self-Confidence
  - Boundary-Less
- Change Acceleration Program
  - Shape a Vision
  - Make Change Last
  - Monitor Progress etc.

Canon

과제의 배경, 목적
대일정의 공유

되돌아보기
(Feedback)

타깃 확인

아웃풋 이미지

중일정(팀 일정)

작전 스토리
해결순서, 전략

기술 분해/문제 분해

합의와 납득

소일정

※ KI = Knowledge Intensive Staf fInnovation

〈표 3-37〉 대표적인 변화·혁신을 위한 미팅 사례 비교

먼저, 월간 성과목표 경영을 이용하면 성과지표들이 애초의 성과목표 기대수준대로 달성되고 있는지 또한 성과목표를 달성하기 위해 전략적으로 설정한 전략과제들이 제대로 실행되고 있는지 평소에 관리가 가능하다.

예를 들어, 매출액 지표를 책임지고 있는 사업부가 월간 성과목표 경영을 사용한다면 월별로 매출이 어느 정도 누적되어 달성되고 있는지, 그리고 매출액을 목표수준만큼 달성하기 위한 성과목표 달성전략

및 방법이 월별로, 주별로 구체화돼 제대로 실행되고 있는지 관리할 수 있다.

둘째, 월간 성과목표 경영을 사용하면 현재 실적과 목표에 대한 차이를 분석한 결과를 바탕으로 애초에 계획했던 것을 수정, 그것을 다시 익월의 성과목표 달성전략이나 몇 개월 후의 성과목표 달성 실행전략에 반영할 수 있다.

크루즈 미사일이 스스로 지형지물의 상황에 따라 방향을 수정하면서 최종 목표물을 향해 나아가듯이, 월간 성과목표 경영은 기업이 연초 설정한 성과목표 수준을 향해 나아갈 수 있도록 성과과제를 실행 과정의 환경에 따라 조정한다.

셋째, 월간 성과목표 경영을 사용하면 각 단위 조직별로 성과지표를 모니터링 해서 성과목표의 진척도를 확인할 수 있다.

만약 상태가 양호하지 않은 성과지표가 있다면 원인 분석을 통해 그에 대한 대응방안을 강구할 수도 있다. 경우에 따라서는 문제의 원인을 찾고 해결하기 위해서 목표가 수정되기도 한다.

말로만 주인의식을 가지고 창의적으로 일을 하라고 해봐야 아무 소용이 없다. 뭔가 구체적인 방법을 알려주어야 하는데, 연간 성과목표를 월간 성과목표로 구체적으로 세분화해보고 달성전략에 대해 상호 합의하여 실행권한을 구성원들에게 위임해주면, 제대로 된 사내기업가를 배출할 수 있는 월간 자율책임경영 프로그램을 정착시킬 수가 있다.

③ 월간 성과목표 경영의 핵심성공요인은 무엇인가?

월간 성과목표 경영은 제한된 경영자원으로 성과목표를 달성하기 위해서 팀원과 팀장 간 소요자원에 대한 합의를 통해 최적의 성과목표 달성전략을 수립하여 운영하는 것을 전제로 한 미팅이다. 이 점을 감안하여 월간 성과목표 경영을 성공적으로 실행하기 위해서는 다음과 같이 세 가지 사항이 전제되어야 한다.

첫째, 월간 추진계획은 성과목표 달성전략의 실행계획으로 바꾸어야 한다.

앞서 말한 바와 같이 대부분의 조직에서는 월간 업무추진계획은 '업무 중심' 추진계획일 뿐 성과목표를 달성하기 위한 '전략 중심'은 아니다. 따라서 월 단위의 성과경영의 실행력을 담보하기 위해서는 월 단위에서 성과목표로 세분화되어 연간목표와 전략적으로 연계되어 실행되

업무(과제)	성과목표	전략	추진계획	일정	비고
팀장 대상 리더십 교육	리더십지수 5점 향상	구성원 육성 역량을 2점→4점으로 향상 비전 제시 역량을 3점→4점으로 향상	사내 팀별 하이퍼포머 육성 페스티발 실시 사업부/팀 단위별 비전·미션 경진대회 실시	2010. 11.30	

추진계획은 성과목표 달성전략의 실행계획이 되어야 한다.

〈표 3-38〉 성과목표 달성전략과제의 실행계획

어야 한다.

그러기 위해서는 성과목표 달성전략의 올바른 수립 프로세스와 역량 평가지표의 구체적인 현실화, 그리고 성과목표의 월간/주간 차원에서의 전략 중심의 전개가 필요하다.

둘째, 월간 성과경영에 대한 구성원의 공감대를 형성해야 한다.

성과경영이 구성원들에게 체질화되기 위해서는 단순한 슬로건, 구호로 알리는 것보다는 월간/주간 단위에서 실행되는 일상적인 업무활동을 목표 중심, 전략 중심으로 습관화하는 것이 매우 중요함을 조직 내에 널리 주지시켜야 한다. 특히 CEO와 경영진, 리더들이 무엇보다 이 점을 뼈저리게 반성하고, 실행력을 담보하기 위한 가장 중요한 프로세스로 지정하고 직접 나서야 한다.

조직의 최고 수장이나 경영진들이 직접 나서서 현재 경영 계기판의 상태가 어떠한지를 매월 체크한다면 그보다 좋은 솔선수범은 없다. 아울러 팀장도 상위 조직으로부터 부여받은 연간 성과목표를 월간으로 쪼개어 매월 확정하고 이를 어떻게 달성할 것인가를 팀원들과 치열하게 고민할 필요가 있다.

셋째, 매월 이벤트를 가미하여 월간 성과경영을 '펀(Fun)경영', '신바람경영'의 장으로 만들어야 한다.

월간 성과경영 프로세스에는 한 팀 내의 팀장과 구성원들이 함께 한 달간 성과목표와 달성전략에 대해 치밀하게 논의하는 것 이외에도, 회사 전체의 모든 팀들이 모여 당월의 성과목표와 달성전략을 운영하는 모든 과정이 포함되어 있다. 예를 들어 필요한 지원 요청사항에 대해서 전체 리더들과 구성원들이 리뷰하고, 익월의 성과목표 및 달성전략에 대해서 협의, 협조, 조정하는 시간이 이에 속한다고 볼 수 있다.

그리고 월간 성과경영 프로세스란 회사 내에 명확한 벽이 있는 조직들로 운영할 수 있는 툴(Tool)이기도 하다. 여기서 말하는 '명확한 벽'이란 커뮤니케이션이나 공감대 형성이 차단된 심리적인 벽을 말하는 것이 아니다. 필자가 강조하고자 하는 것은 연간 성과목표를 달성하려면 각 팀과 조직의 성과책임이 명확해야 하기 때문에 오히려 벽이 명확한 조직이 필요하다는 것이다. 경영층, 타 팀이나 구성원들로부터 협조 받아야 할 공헌목표를 사전에 명확히 함으로써 팀워크는 극대화되고, 전체 회사라는 큰 집단을 생각하게 된다.

실제로 필자가 컨설팅한 어느 공기업에서는, 매월 첫째주 토요일에 월간 성과목표 경영 워크숍을 진행하였다. 이곳에서는 휴일을 반납한 채, '월간 성과 품앗이 워크숍(월간 성과경영이라는 용어 대신 사용)'이라는 독특한 용어를 개발하여 사용하였다. 이 용어는 품앗이가 내포하고 있는 의미를 활용하여, 팀장과 팀원이 서로 공헌해야 될 과제들을 정하고, 아울러 팀 사이에 도출된 공헌과제를 해당 팀에 요청하고 이에 대한 실행계획을 수립하여 팀 간 공헌과제와 달성전략을 '서로 주고받아(Give & Take)' 목표를 '달성하는(Conquer)' 성과지향형 워크숍을 강조하는 의미로 사용하였다.

성과 품앗이 워크숍을 진행할 때는, 다른 회의나 미팅 때와는 달리 사장부터 말단 평사원에 이르기까지 모든 개인들이 집에서 손수 도시락을 싸오게 했다. 워크숍을 진행하면서 점심시간에 각자 집에서 정성스레 싸온 도시락을 함께 나누어 먹으면, 그동안 팀별로 소원했던 점을 푼다든가 구성원들 간의 원활한 의사소통과 업무 진행을 위한 부드러운 대화의 장으로 승화시킬 수 있었기 때문이다. 처음에는 휴일에 회사에 나온다는 사실은 물론이고 도시락 싸오는 것에 대해서도 다들 귀찮아하고, '이렇게까지 해봐야 어떤 효과가 있겠느냐'는 등 반신반의하는 분위기였다. 하지만 한두 달 진행하고 정착이 되면서부터 반응은 서서히 달라지기 시작했다. 저마다 그 시간들을 기다리고 회사의 대표적인 아이디어 교류의 장으로 다양한 의견을 쏟아내고 반영하는 등, 전사 커뮤니케이션 활성화와 조직의 단결에 일익을 톡톡히 담당하고 있을 정도로 단시간에 변모하는 것을 보게 되었다.

팀 간의 지원 요청사항들을 공유하는 자리에서나 또는 앞서 이야기한 팀 내에서 최소한 2회 이상 미팅을 가지게 될 때, 팀장 또는 구성원들이 쉽게 공감할 수 있고 재미를 느낄 수 있는 이벤트를 함께 활용한다면 보다 좋은 결과를 얻을 수 있을 것이다. 그렇게 되면 차별화된 회의문화가 기업의 독창적인 문화로 지속적으로 자리 잡게 되어 연속성을 가지게 되고, 그야말로 월간 성과경영이라는 회의문화가 구성원들의 에너지와 열정을 솟아나게 하는 환상의 커뮤니케이션 역할을 톡톡히 하리라 믿어 의심치 않는다.

④ 월간 성과목표 경영을 위한 역할별 바람직한 행동원칙은 무엇인가?

월간 성과목표 경영을 운영함에 있어서 CEO 및 임원, 팀장, 구성원 별로 역할에 따른 바람직한 행동원칙을 짚고 넘어가보자.

먼저 CEO 및 임원은 당월 팀에서 수행해야 할 일시적인(Spot) 업무나 수명사항 등을 미리 예측하여 '월간 성과목표 경영'에 요청하여 실행하는 조직들이 한 달간의 경영에 차질이 없도록 도와주어야 한다. 그리고 팀이 성과목표 달성 실행방법을 모르면 최대한 코치해주며, 사기가 저하된 팀은 마음먹게 해주고 외압이나 예측하지 못한 상황은 막아주는 역할에 주력해야 한다.

팀장은 월간 성과목표 경영에 있어서 가장 핵심적인 역할을 한다.

먼저 월간 성과목표를 정확하고 구체적으로 설정하는 것이 가장 중요하다. 월간 성과목표는 연간 성과목표와 반드시 연계하고, 최고경영자 및 임원 또는 상위 조직에서 요구하는 사항을 구체적으로 파악하여 공유해야 한다. 그리고 팀의 성과 달성을 위해 팀원들의 공헌과제를 구체적으로 도출하고 팀원의 역량을 고려하여 전략과제를 적절히 배분할 수 있어야 한다. 또한 팀장은 팀의 성과목표를 달성하기 위해서 도출된 공헌과제를 구체화시키는 역할도 수행해야 한다.

또한 당월에 추진될 성과목표 달성전략들의 대략적인 추진일정을 팀원들이 함께 공유할 수 있게 도와줌으로써 팀원들이 업무에 몰입할 수 있는 분위기를 만들어주는 것도 팀장의 중요한 역할이라 할 수 있다.

끝으로 팀원의 역할은 자신이 공헌해야 할 성과목표를 명확히 이해하고, 팀장이 내려준 공헌과제를 성과목표로 설정한 후, 그것을 달성하기 위한 실행방법을 최대한 창의적으로 고민하여 수립하도록 한다. 이때 성과목표를 달성하기 위한 지원 요청사항(자기계발 계획, 시간, 예산 등)을 구체적으로 밝혀주는 것은 기본이다.

Chapter 4

구성원 동기부여 시스템
(Motivation System)

구성원들이 적극적인 참여와 몰입으로 신바람 나게 성과목표를 달성하기 위해서는
상사 중심의 헤드십이 아니라 성과 중심의 리더십이 필요하다.

성과 중심의 리더십

① 대한민국 기업의 리더십, 이대로 괜찮은가?

하이퍼포먼스 기업으로 성장하기 위한 SCM 모델의 마지막 단계는 구성원의 동기부여 시스템(Motivation System)에 해당한다. 그중에서도 여기서는 실행 주체자인 구성원들의 참여와 몰입을 어떻게 하면 적극적으로 이끌어 낼 수 있는가에 대한 고민을 바탕으로 리더십 문제와 조직 내 각종 동기부여 시스템의 적합성에 대해 알아보고자 한다.

현재 대한민국의 기업이나 조직에서 발휘되고 있는 리더십의 모습은 어떠한가?

결론부터 말하면, 개선의 여지가 많은 불완전한 리더십이 여전히 우리 기업이나 조직 내에 보편화되어 있다 할 수 있다. 회사가 나아가야 할 목적지를 정하고, 그 목적지에 이르는 방법을 짜는 중요한 작업에 조직 내 주요 경영자나 중간관리자들은 뒷짐만 진 채 방관하고 몇몇 하위 구성원들이 모여 마무리하는 조직이 부지기수로 많은 것이다. 중대한 직무유기 행위가 만연해 있다는 말이다.

비유컨대 국가대표 축구팀 감독이 중요한 시합을 앞두고 어떤 선수를 기용하고 이들을 어떻게 훈련시킬지에 대한 구상은 하지 않고, 본인이 직접 그라운드에 나가 뛸 생각을 하거나, 아니면 몇몇 선수들에게 필승의 작전을 수립하라고 시키고 자신은 다른 일을 하는 것과 무엇이 다르겠는가?

성과 중심의 리더십은 구성원이 하이퍼포머로 성장할 수 있고, 기업은 하이퍼포먼스 조직으로 시장에서 경쟁할 수 있도록 기반 여건을 만들어주는 것이다.

이때 반드시 D. 맥그리거가 주장한 Y이론처럼 기업의 구성원들이 자율적인 존재라는 인식을 기본전제로 삼아야 할 필요가 있다. 구성원들을 자신의 영향력 아래에 두고 통제하고 지시하려는 욕심은 바람직하지 않다. 이처럼 구성원을 존중해야 할 인격체로 바라보는 관점을 유지한 채, 단위 조직에서 진행되는 경영활동은 피터 드러커에 의해 정립된 성과목표에 의한 경영(MPO) 방식으로 추진해야 한다. 단위 조직은 회사와 사업부의 중장기 목표를 달성하기 위해 단기성과를 먼저 책임지고 전략을 실행할 수 있어야 하기 때문이다.

그리고 F.허즈버그(Frederick Herzberg)가 주장한 자가발전기 개념처럼 리더는 구성원을 자율적이고 창의적인 존재로 존중하는 철학을 가지고 있어야 한다. 그래야 구성원들이 회사에서 자신이 해야 할 역할과 책임에 대해 공감하고 목표를 정확하게 인식함으로써 성과 중심의 자율책임경영을 실현시킬 수 있기 때문이다.

리더는 구성원이 성과목표를 달성하고 마음껏 역량을 발휘할 수 있도록 D.맥그리거의 Y이론처럼, 피터 드러커의 성과목표에 의한 경영처럼, F.허즈버그의 자가발전기 개념처럼 구성원을 바라보고 그들 스스로가 동기부여할 수 있도록 해줘야 성과 중심의 자율책임경영이 가능해진다.

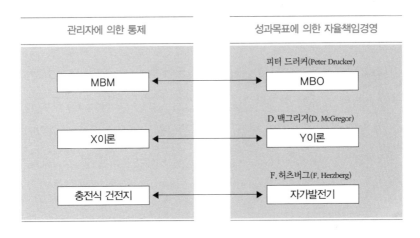

〈표 3-39〉 성과 중심의 리더십을 통한 성과 중심의 자율책임경영

그러나 안타깝게도 수많은 우리나라의 조직들이 '성과 중심의 리더십'이 아닌 전통적인 리더십 스타일인 '상사 중심의 헤드십(headship)'에 의존하고 있다.

여전히 리더들은 구성원을 통제하고 실행 과정에 간섭하는 데 익숙하다. 그러나 리더란 조직이 나아가야 할 정확한 목적지와 그 목적지에 가장 효과적이고 효율적으로 도달할 수 있는 로드맵을 제시하고, 구성원들이 이 로드맵에 따라 성과를 이룰 수 있도록 코칭해야 해야한다.

모든 경영은 정해진 기준을 바탕으로 시스템적으로 이루어져야 한다. 리더 개인의 기분에 따라서 관리되거나 주관적인 경험과 판단에 의해서 좌지우지되는 인치(人治) 경영이 되어서는 안 된다. 해야 할 일들을 나열하는 것과 내가 들인 인풋이 얼마인가 하는 것은 필요 없다. 우리가 가야 할 목적지를 설정하고 무엇을 창출할 것인가 하는 아웃풋(Output) 중심으로 리더십을 발휘해야 한다.

더욱이 로드맵은 리더의 일방적인 생각이나 계획을 답습하는 것이 아니라 객관적인 데이터에 근거해 작성되어야 하며, 확정되기 이전에 구성원들과 충분한 공감의 기회를 가져야 한다. 리더는 이렇게 완성된 계획에 대한 구체적인 실행 권한을 구성원들에게 과감히 임파워먼트해야 한다. 이것이 바로 '성과 중심의 리더십'의 요체다.

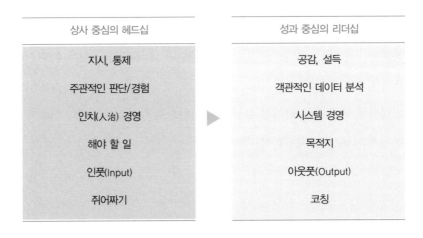

상사 중심의 헤드십	성과 중심의 리더십
지시, 통제	공감, 설득
주관적인 판단/경험	객관적인 데이터 분석
인치(人治) 경영	시스템 경영
해야 할 일	목적지
인풋(Input)	아웃풋(Output)
쥐어짜기	코칭

〈표 3-40〉 상사 중심의 헤드십 vs. 성과 중심의 리더십

② 성과 중심의 리더십이 왜 중요한가?

우리가 앞에서 지금까지 살펴봤던 하이퍼포먼스 기업의 SCM 모델 중의 일부인 조직의 미래전략 시스템(Strategy System)과 이를 연간/월 간 단위로 쪼개서 구체적으로 실천하는 실행 시스템(Cruising System)이 지속되기 위해서는 무엇보다도 제도와 시스템을 운영하는 사람의 역 할이 중요하다.

여기서 말하는 사람의 역할이란 구성원들이 신바람 나게 성과목표 를 달성할 수 있도록 적극적인 참여와 몰입을 유도할 수 있는 리더의 역할을 의미한다.

단위 조직의 성과를 창출하는 데 기여할 수 있는 인재에게 어떻게 동기부여를 함으로써 잠재된 역량을 발휘하게 할 것인가? 이것이 바 로 하이퍼포먼스 기업을 완성시키는 마지막 핵심 시스템인 것이다.

SCM 모델은 구성원들이 충분히 동기부여 되었을 때 효과적으로 가동되며, 구성원들의 동기부여는 구성원들의 리더가 갖고 있는 리더십 스타일과 밀접한 관계를 갖고 있다. '성과 중심의 리더십'은 구성원의 리더들에게 올바른 리더십 모델을 제시함으로써, SCM 모델의 성패를 결정짓는 해답을 제공한다.

- 구성원들의 자발성을 자극할 수 있다.
- 구성원들을 고객 지향적 경영환경에 쉽게 적응하게 한다.
- 구성원들을 '자기성과 경영자'로 육성시킬 수 있다.

〈표 3-41〉 성과 중심의 리더십이 중요한 세 가지 이유

첫째, 구성원들의 자발성을 자극할 수 있다.

간섭하고 통제하는 메커니즘으로는 조직 구성원들을 동기부여하는 데 한계가 있다. 인간은 실행 과정을 통제 당한다는 느낌을 받으면 본래 하려고 했던 노력조차도 기울이지 않는 행태를 보인다.

마음에서 우러나오는 내적 자발성에 근거하여 일을 할 때 성과가 높아진다. 구성원들이 직무에 대한 주인의식(Job Ownership)을 가지고 스스로 일을 하고 싶도록 만들어내는 것이 리더십의 궁극적인 목표라는 점에서, 과거와 같이 업무 실행과정에 리더들이 지나치게 개입하여 목표 달성방법과 자원의 배분까지 영향력을 행사한다면, 구성원들은 사

기를 잃고 업무의욕을 상실하게 되므로 주의해야 한다.

임원과 팀장들은 역할을 분명히 해야 한다. 도달해야 할 목적지와 성과목표를 명확하게 제시하고, 달성전략을 구성원과 합의하여 결정해주는 것이 리더의 역할이다. 이후 실행방법의 선택에 대해서는 구성원들에게 맡기고 그들의 실행력을 전적으로 신뢰해야 한다. 임원이나 팀장의 역할에 대해 우리나라 기업들을 대상으로 조사한 바에 의하면, 사업의 목표를 설정하고 방향을 설정하는 데(Planning) 약 20%, 업무 진행과정을 지시하고 보고 받고 의사결정 및 통제하는 데(Controling) 약 70%, 그리고 업무 수행 결과를 평가하고 피드백하는 데(Seeing) 약 10% 정도의 힘을 배분하고 있는 것으로 나타났다.

이런 결과에서 보듯이 우리나라 리더들은 목표 설정자 혹은 비전 제시자로서의 역할보다는, 주로 부하들의 업무 실행과정을 통제하고 관리하는 관리자의 역할에 머물고 있다고 판단된다.

'성과 중심의 리더십'은 리더에게 올바른 역할모델을 제시하여 구성원들이 자발적으로 일을 관리하고 실행하게 하여 인적 생산성을 극대화하는 데 기여한다. 그 구체적인 모습은 목표를 설정하고 로드맵을 그리는 일(Planning)에 70% 정도의 힘을 쓰고, 구성원들의 창조적인 동기부여를 해주고 지원해주는 데(Doing) 약 20%의 힘을, 그리고 업무 수행 결과를 평가하고 피드백하는 데(Seeing) 약 10% 정도의 힘을 배분하는 형태라고 할 수 있다.

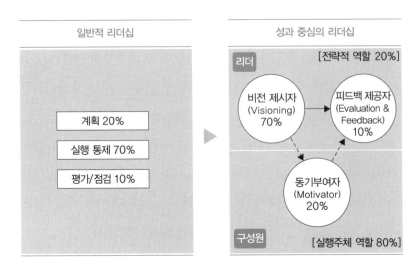

일반적 리더십	성과 중심의 리더십

계획 20%

실행 통제 70%

평가/점검 10%

리더　　　　　　　　　　　　　　[전략적 역할 20%]

비전 제시자
(Visioning)
70%

피드백 제공자
(Evaluation &
Feedback)
10%

동기부여자
(Motivator)
20%

구성원　　　　　　　　　　　　　[실행주체 역할 80%]

〈표 3-42〉 일반적 리더십 vs. 성과 중심의 리더십

둘째, 구성원들을 고객 지향적 경영환경에 쉽게 적응하게 한다.

시장은 수시로 변화하고 있으며 고객의 욕구도 다양하게 변한다. 이러한 시장과 고객의 욕구 변화를 가장 정확히 파악하고 대처할 수 있는 사람들은 고객 접점에 있는 일선 구성원들이다.

오늘날 업무를 수행하는 데 활용되는 각종 도구들의 기능은 IT기기의 발달과 더불어 전문화되고 고도화되었다. 일선 구성원들은 이렇게 전문화, 고도화된 IT기기를 능숙하게 다루며 자기 업무를 수행하고 있다. 시장변화에 적응해서 고객을 만족시키는 것이 조직 성패의 핵심이라고 가정했을 때, 고객 접점에서 고도화된 IT기기를 능숙하게 다루며 자기 업무를 수행하는 일선 구성원들은 그 조직의 성패에 결정적인 역할을 한다고 할 수 있다. 그들이 제 역할을 못하면 그 조직은 시장이나 고객의 변화에 적응하지 못하게 되고 자연스럽게 시장에서 멀어질 수밖에 없다.

만약 리더들이 일선 구성원에게 자신이 해야 할 역할을 맡김으로써, 정작 구성원 자신들이 본연의 역할을 못하게 된다면 그 결과는 치명적이다.

'성과 중심의 리더십'은 리더와 구성원의 역할을 정립시키고 하부 권한위양을 확대함으로써 그 조직이 시장과 고객의 변화에 즉각적으로 따라 갈 수 있도록 만들어준다. 성과 중심의 리더십은 임원이나 팀장들에게 전략 혹은 나아가야 할 방향을 주로 고민하게 하고, 팀원들은 주로 실행계획을 세우고 실천하는 데 주력하게 한다. 그러면 같은 내용의 일을 팀장과 팀원이 중복해서 수행하지 않게 되는 것이다.

또한 성과 중심의 리더십은 임원과 팀장들에게 구성원과 사전에 합의된 기준에 의해 목표와 전략을 공유하게 하고, 전략 실행을 위한 세부 실천방법에 대해 구성원들을 믿고 그들이 자율적인 책임 하에 행동하도록 만들어줄 것이다.

셋째, 구성원들을 '자기성과 경영자'로 육성시킬 수 있다.

경영자는 사업이나 업무를 자신의 역량과 주어진 책임 하에서 관리하고 운영하여 소기의 성과를 내는 사람이라 할 수 있다. 구성원들이 자기 업무에 대해서 경영자처럼 행동하고 성과를 일구어낸다면 '자기성과 경영자'가 될 수 있다. 성과 중심의 리더십은 성과 중심 사고방식과 자율책임 실행을 강조하여 구성원들을 자기성과 경영자로 만들어내는 데 기여한다.

예컨대 프로야구 경기를 보더라도, 감독이 중요한 경기의 분수령에서 기습번트 사인을 냈는데 작전을 수행하는 타자가 이를 수행해낼 역량이 없어서 삼진으로 물러났다면, 감독은 어떤 생각이 들겠는가?

구성원들이 리더와 합의한 성과목표와 달성전략을 얼마나 창의적인 아이디어와 실행력을 가지고 추진하느냐에 따라 성과가 좌우된다. 그렇기 때문에 리더는 구성원들이 주어진 성과목표를 달성하기 위해 자신의 역량을 강화하는 데 끊임없이 노력을 기울이도록 만들어야 한다.

'성과 중심의 리더십'은 이와 같은 구성원들의 역량 개발 노력을 부단히 자극한다. 구성원들이 모두 자기성과 경영자가 된다면 그 조직의 성과는 폭발적으로 향상될 것이다.

③ 성과리더의 3단계 핵심 미션

만약 '성과리더'가 되고자 한다면 핵심미션을 어떻게 수행하면 되는가? 사례를 들어 설명해보자.

프로경기로 비유하면 리더는 경험 많은 코치다. 코치가 해야 할 가장 중요한 임무는 선수들이 보유한 능력을 잘 발휘하게 해서 경기를 승리로 이끄는 일이다.

프로구단의 감독이나 코치가 처음 부임하면 가장 먼저 하는 일이 무엇인가? 그것은 선수들의 역량을 정확하게 파악하는 일이다.

각 선수들이 어떤 역량을 가지고 있는지를 먼저 파악해야, 선수들의 재능과 잠재능력을 따져 각자의 위치에 포지셔닝 하고 최고의 기량을 갖출 수 있도록 훈련을 시킬 수 있다. 선수들의 배치가 끝나면, 실전에서 감독이나 코치의 전략을 잘 실행할 수 있도록 팀플레이를 비롯한 실전 적응훈련을 하게 된다. 특히 동계훈련이나 해외전지훈련을 통해서 팀워크를 키우고 타격이나 수비력을 극대화시키는 다양한 훈련들을 소화시키는 데 중점을 둔다. 선수들의 역량을 강화하는 것이 팀의 승리와 직결된다고 믿기 때문이다.

기업이나 일반조직에서 임원이나 팀장들의 역할도, 앞에서 언급한 프로구단의 감독이나 코치의 역할과 비슷하다. 리더들은 늘 구성원들의 직무행동들을 예리하게 관찰하고 진단할 수 있어야 한다. 노련하게 어떤 구성원들이 어떤 성과를 내는 데 가장 적합할지를 파악하고 적재적소에 배치해야 한다. 이를 통해 리더는 구성원들이 역량을 마음껏 발휘하게 할 수 있고, 잠재된 역량을 발굴하여, 개인과 팀 그리고 회사의 성과를 극대화할 수 있도록 유도하는 성과 창출자가 된다.

'성과 중심의 리더십'을 발휘하기 위해서 반드시 해야 하는 중요한 미션은 바로 구성원들의 역량을 진단하고, 적재적소에 배치하며, 지속적으로 역량 개발을 할 수 있도록 지원하는 일이다.

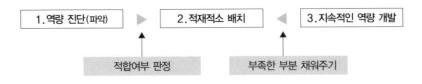

<표 3-43> 성과리더의 3단계 핵심 미션

첫째, 구성원들의 역량을 정확하게 진단해야 한다.

일반적으로 리더들은 구성원을 파악할 때, 과거의 경력이나 신상명세를 근거로 자신의 머릿속에 그려진 주관적인 이미지를 조합하여 평가하려 한다.

흔히 어느 학교를 나왔고 어디 출신인지 등등 소위 혈연, 학연, 지연 등을 구성원들의 평가잣대로 많이 사용한다. 그러나 이러한 도구는 절대 과학적이지 못하다. 더구나 그런 정교하지 못한 평가도구를 승진이나 보상, 구성원의 능력 개발에 활용하고 인사 이동이나 업무 배분에 적용하다 보니 구성원의 업무성과가 더욱 만족스럽지 못한 것이다.

구성원들의 역량을 정확히 진단하기 위해서는 무엇보다 직무 분석이 명확하게 이루어져야 한다.

리더는 자신이 맡고 있는 팀이나 조직의 직무를 단계별로 분류하고, 직무 수행에 필요한 자격요건을 명확히 설정해놓아야 한다.

그리고 직무를 성공적으로 수행했을 때 어떤 형태로 성과가 나타나야 하는지를 직무별로 보여주는 핵심성과지표를 구체화시켜 두어야 한다. 성과지표를 구체화시킨 후 구성원들의 역량이나 경험 등을 고려해 어느 정도의 성과목표를 주문해야 할지 정한다.

각 직무별로 성과지표와 성과목표가 설정되면 이 성과목표를 달성하기 위해 필요한 역량(Competency)을 구체적으로 설정하고, 리더가 요구하는 수준과 해당 구성원의 현재 수준을 비교해서 그 차를 밝혀 두어야 한다. 이러한 차이를 일목요연하게 정리해서 조직 구성원을 한눈에 모두 볼 수 있는 표로 만들어보는 것도 좋다.

둘째, 구성원들을 적재적소에 배치해야 한다.

구성원 개인별로 도출된 역량 진단결과를 바탕으로 서로의 강점을 발휘할 수 있는 직무에 구성원들을 배치함으로써, 성과 창출을 극대화시키는 것도 리더의 중요한 미션 중 하나다.

리더가 구성원들을 적재적소에 배치한다는 것은, 구성원들이 자신의 역량을 성과창출로 연결할 수 있도록 유도하는 것을 의미한다. 잊지 말아야 할 것은 조직의 성과목표는 쉽게 변화될 수 없지만 목표를 달성하는 전략과 전술, 방법론은 고객의 요구사항이나 경쟁 사의 대응방향, 외부환경의 변화에 따라 수시로 수정되어야 한다는 점이다. 특히 적재적소 인력 배치와 관련해서 리더들이 주의 깊게 생각해보아야 할 점은, 고객 접점 업무에는 역량 있는 고참 직원들을 우선적으로 배치해야 한다는 것이다.

고객들의 눈높이는 갈수록 높아지고 서비스에 대한 요구는 점점 까다로워지고 있다. 고객이 선택할 수 있는 제품이나 서비스가 다양화되고 있는 상태에서, 자칫 고객 응대를 잘못하였을 경우 그 피해가 막대할 수 있기 때문이다.

셋째, 지속적으로 구성원들의 역량을 개발시켜야 한다.

경영학자 톰 피터스(Tom Peters)는 "경기가 좋을 때 구성원 교육예산을 두 배로 늘리고, 나쁠 때 네 배로 늘려라."라고 말했다. 구성원들에 대한 역량강화 교육을 경쟁력 제고의 원동력으로 본 것이다.

IBM의 경우 전 세계적으로 연 평균 8억 달러를 직원 교육비로 투자하고 있다. 이는 미국 하버드대의 연간 강의 예산보다도 많은 수준이다.

구성원들의 역량은 기업의 지속적인 성과 창출을 위해 무엇보다 중요한 자원이다. 역량 개발과 조직성과 증대가 선순환으로 지속되기 위해서는 구성원들이 가진 역량이 최대한 발휘되어 성과로 이어질 수 있도록 정교하게 배치해주어야 하고, 배치 이후에는 그 직무에 필요한 역량 개발을 위해 다양한 형태로 지원해주어야 한다.

아울러, 유념해야 할 점은 역량 개발이 지나치게 이론적 방법이나 기술적인 기법에만 치우쳐져서는 안 된다는 점이다. 조직의 전체 전략을 이해하고 이를 달성할 수 있는 실행역량을 체질화시키는 것이 역량 개발의 주목적임을 망각하는 경우가 종종 생긴다.

그렇다면 현업에서 가장 중요하게 다루어야 하고 바로 적용할 수 있는 역량 개발 방법에는 어떤 것이 있을까?

가장 쉬운 방법으로 직무와 관련된 외부교육을 수강하도록 하는 방법이 있다.

그러나 이 방법도 실제 운용하는 과정에서 현실적인 어려움이 많다. 구성원들이 자신의 직무와 관련된 교육에 참가하고 싶어도 관리자 눈치를 보느라 참가하지 못하는 경우가 허다하기 때문이다. 요즘 들어서는 직무교육을 강조하는 기업이 늘어 예전보다는 여건이 좋아졌다지만, 여전히 실무자의 입장에서 자리를 비우고 교육을 받기란 쉬운 일이 아니다. 리더는 교육으로 인한 부하의 공백을 불편한 것으로만 여겨서는 곤란하다.

또 하나의 역량 개발 방법으로는 꾸준하게 직무 관련 독서를 하게 하는 방법이다. 최근 인터넷이 활성화돼 다이제스트 형태의 다양한 정보들을 쉽게 접할 수 있지만, 필요에 따른 단편적인 지식만 취하다 보면 깊이 있는 지적 자산을 축적하기 힘들다. 따라서 리더들은 가급적 구성원들이 직무 수행에 필요한 정보를 인터넷 검색에만 의존하지 않고 관련 학술지나 논문, 전문서적 등을 탐독해 좀 더 깊이 있는 지식을 쌓도록 유도해야 한다.

역량 개발을 위한 또 다른 지원은 새로운 전략과제를 부여함으로써 가능하다. 창의적인 검토가 필요한 업무나 전략과제에 대해서는 관련

기업을 벤치마킹하고 시장조사 또는 통계조사를 이용해 새로운 방식을 모색하도록 과제를 부여하는 것이 좋다. 새로운 과제를 해결하는 과정에서 구성원들의 역량은 자연스럽게 향상될 수 있다. 사내에서 컨설팅이 진행되거나 전사적인 프로젝트가 진행될 때 각 부서에서 한두 명씩 차출해 태스크포스(Task Force)를 만드는 경우가 있는데, 이 경우 학습효과는 상당히 높다.

마지막으로 가장 효과적이고 바람직한 역량 개발 방법은 구성원에게 다양한 직무를 경험해보도록 직무를 바꾸어주는 것이다. 업무효율 측면에서 보면 직무순환이 갖는 문제는 적지 않다. 숙달이 되기까지 많은 시간이 소요되고 그에 따른 비용이나 에너지 역시 만만치 않게 들기 때문이다. 그러나 지금까지 알려진 여러 방법 중에서 직무순환만큼 확실한 역량 개발 방식은 없는 것으로 평가되고 있다. 리더들은 사전에 체계적이고 잘 정리된 역량 개발 계획을 가지고 있어야 하고, 이에 따라 구성원들을 직무순환시켜야 한다.

구성원들을 적재적소에 배치한다는 것은 단순히 구성원들의 역량을 파악해 업무를 주고 목표를 부여하는 데서 끝나는 것이 아니라, 성과를 더욱 잘 달성할 수 있도록 지속적인 역량 지원을 아끼지 않는 것을 포함한다. 맡고 있는 업무의 성과가 다소 부진하고 구성원이 슬럼프에 빠져 업무성과가 미흡하더라도, 인간적인 신뢰를 바탕으로 그가 다시 탁월한 성과를 낼 수 있도록 다양한 방법으로 동기부여하는 것은 대단히 중요하다.

비전이 있는 기업과 비전이 없는 기업의 차이는 분명하다. 그 차이는 지속적인 교육이 이루어지느냐 그렇지 않느냐이다. 앞으로 어떤 조직이든 눈에 보이는 유형자산에 의한 경쟁력은 거의 대동소이해질 수밖에 없고, 핵심적인 격차는 무형자산에 대한 투자를 누가 제대로 하느냐에 따라 생겨난다. 그중에서도 유능한 인적자원에 대한 투자가 경쟁력의 핵심임은 두말할 필요도 없다.

④ '성과 중심의 리더십' 발휘를 위한 성공요소

성과 중심의 리더십을 발휘하기 위해서는 다음 요소들이 적절히 갖추어져야 한다.

- 자신의 역할에 따른 미션과 책임을 재정립해야 한다.
- 리더 육성 교육 프로그램을 전면 개편해야 한다.
- 리더의 평가지표를 새롭게 정립해야 한다.
- 성과리더로서 필요한 다섯 가지 역량을 반드시 발휘해야 한다.

〈표 3-44〉 '성과 중심의 리더십' 발휘를 위한 성공요소

첫째, 자신의 역할에 따른 미션과 책임을 재정립해야 한다.

조직은 효과적인 조직 운용을 위해 조직원들을 계층으로 나누고 각 계층에 따라 적절한 역할을 부여 하고 있다. 오늘날 많은 조직에서 이

러한 계층별 역할이 모호해지고 그에 따른 폐해가 증대되고 있다.

"리더로서 나는 제대로 된 역할을 수행하고 있는가?"

"나의 역할모델은 제대로 설정되어 있으며 그에 따라 나는 지속적으로 학습하고 있는가?"

이러한 질문에 제대로 답변하는 리더가 적다면, 그 조직은 시급히 대책을 강구해야 한다.

임원들은 '중장기 성과(전략) 경영자'로서의 역할을 수행해야만 하므로 나무보다는 숲을 보는 능력을 키워야 한다. 눈앞의 과제나 단기적인 수익보다는 2~3년 후의 중장기적인 관점에서 해야 할 일을 관리해야 한다. 전쟁에 비유하면 최종 승리를 위한 전략에 관한 사항이며, 기업으로 보면 미래 지속성장을 위한 투자계획 같은 일을 맡아야 한다.

팀장은 '단기 성과(연간성과) 경영자'가 되어야 한다.

전쟁에 비유하면 전투를 진두지휘하는 투사의 모습이다. 어떤 조건의 전쟁이라도 거뜬히 승리할 수 있는 전투의 달인이 되는 것. 이것이 진정한 팀장의 모습이다. 기업이나 조직으로 말하면 성과 창출을 위해 시작부터 최종 목적지까지 로드맵을 그릴 줄 아는 사람이 팀장이다. 이들은 팀원을 이끌어야 하고 그들의 충실한 조력자가 되어야 한다.

팀원은 철저히 '직무 성과 경영자'가 되어야 한다.

과거의 팀원은 임원이나 팀장이 지시한 내용에 따르고 충실히 수행하면 충분했다. 그러나 오늘날의 기업환경은 팀원이라 하더라도 이런 피동적인 아마추어로 남는 것을 허락하지 않는다. 자신이 맡고 있는 직무를 스스로 챙기고 설사 누가 동기부여 해주지 않더라도 자발적으로 업무에 몰입해서 성과목표를 달성해내는 '직무성과 경영자'가 되어야만 조직도 살고 구성원 자신도 살아남을 수 있다.

선수들은 감독과 코치의 작전을 실행하는 주체다. 그들이 관객과 가장 가까이 있는 사람이고, 그들이 어떤 활약상을 보여주느냐에 따라 관객들은 입장료를 지불하고 경기를 관람하느냐 마느냐를 결정한다.

프로선수들이 이름에 걸맞은 실력을 갖춰야만 많은 팬을 확보할 수 있고 그에 따라 구단도 성장할 수 있는 것처럼, 기업도 팀원들을 프로선수와 같이 진정한 '직무 성과 경영자'로 거듭나게 해야 성장하고 발전한다.

둘째, 리더 육성 교육 프로그램을 전면 개편해야 한다.

다수의 국내기업과 조직들이 리더 육성 교육을 시킨다고 하면서도, 실용성이 떨어지는 관념적인 교육에 매달리는 경우가 많다. 출처나 근거도 불분명한 수많은 리더십 교육들이 난무하고 있으며, 그렇게 실시된 리더 육성 교육의 효과가 어느 정도인지 교육 주관부서도 자신

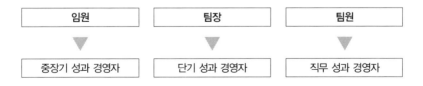

〈표 3-45〉 리더 역할별 성과 창출 분야

있게 답변하지 못한다.

많은 프로그램이 아직도 낡은 지식의 주입에 얽매어 있고 그 형태도 구태의연하다. 학교 방식의 집합교육, 형식적인 동종업체 벤치마킹, 값비싼 외국 프로그램의 무분별한 도입 등 우리나라의 리더 교육은 전략적 방향성을 못 찾고 갈팡질팡하고 있다 해도 과언이 아니다. 성과 중심의 리더십 교육 정착을 위해서는 현재 실시되고 있는 리더십 교육을 전면적으로 혁신해야 한다.

그 혁신 방향은 이미 언급한 계층별 역할을 감안해서 철저히 현장적응식 프로그램이 되어야 하고 과제해결형 프로그램이 되어야 한다. 예를 들어 목표를 설정하고 그 목표를 달성하기 위해 다양한 전략을 수립하는 훈련이나 지속적인 성과 창출을 위해 필요한 조직력 배양 훈련, 구성원 코칭이나 면담 훈련, 효과적인 워크숍 진행 및 피드백 훈련 등 철저히 성과 창출에 목적을 둔 프로세스 중심의 교육이 이루어져야 한다.

이런 가상훈련을 통해 리더들은 실전과 같은 훈련을 경험할 수 있게 된다. 만약 실제 업무 도중 어떠한 장애요인이 닥쳐오거나 내부적인 문제가 발생하더라도 리더들은 여유를 가지고 문제를 해결할 수 있고, 그들이 맡은 조직을 본래 원하는 목적지로 리드해갈 수 있을 것이다.

셋째, 리더의 평가지표를 새롭게 정립해야 한다.

현재 대부분의 기업이 리더를 평가하는 데 활용하는 지표들을 보면

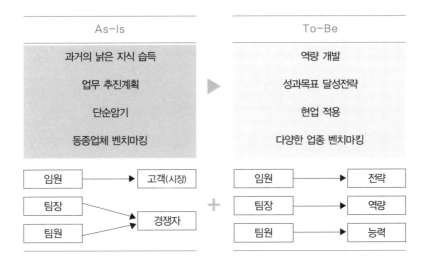

<表 3-46> 바람직한 기업 리더 육성 방향

주로 재무적인 성과지표(매출, 영업이익 등)에 치중되어 있거나 혹은 막연히 기술된 평가지표를 활용하고 있는 경우를 많이 본다.

또한 말로는 성과 중심의 평가를 해야 한다고 주장하면서도, 정작 실제 실행과정에서는 임원들에게나 팀장들에게나 동일한 지표를 적용하는 경우가 비일비재하다. 성과 중심의 리더십을 제대로 발휘하기 위해서는, 계층별 역할에 맞는 평가지표를 새롭게 정립하여야 한다. 예를 들어, 중장기 성과를 책임지는 미션과 역할을 부여받은 사람은 대부분 임원들인데도 평가를 할 때는 재무적인 성과와 관련된 지표들에 높은 가중치를 두어 이들이 단기성과 위주의 경영에서 헤어나지 못하게 만드는 우를 범하고 있다.

이들에게는 당해년도 재무지표보다는 오히려 신규고객 개척이라든가 신시장 개척, 신제품 개발, 내부 프로세스 개선, 구성원 역량 레벨 향상과 같은 중장기적인 미션이나 역할과 관련된 평가지표를 부여하는 것이 바람직할 것이다.

팀장들의 경우 당장 재무적인 단기성과도 중요하겠지만, 더불어 구성원들을 얼마나 코칭하고 면담하고 목표를 얼마나 합리적으로 부여했는지, 또한 구성원들을 얼마나 적재적소에 배치하였는지 등과 같은 성과 중심의 리더십 지표도 함께 부여해야 제대로 된 평가라 할 수 있다.

리더의 평가지표를 바꾸면 리더들의 역할행동이 바뀌어 성과 중심의 리더십 역량이 탁월하게 발휘될 수 있음을 잊지 말아야 한다.

넷째, 성과리더로서 필요한 다섯 가지 역량을 반드시 발휘해야 한다.

필자는 다년간의 컨설팅 경험과 많은 리더와의 면담 끝에 다음과 같은 다섯 가지 필수역량을 교훈으로 얻었다. 유능한 성과리더로 성장하기 위해서는 아래와 같은 역량을 필수적으로 발휘해야 한다.

- 마케팅 역량을 발휘해야 한다.
- 비전 제시 역량을 발휘해야 한다.
- 커뮤니케이션 역량을 발휘해야 한다.
- 팀워크 역량을 발휘해야 한다.
- 하이퍼포머 육성 역량을 발휘해야 한다.

〈표 3-47〉 성과리더로 성장하는 데 필요한 다섯 가지 역량

a. 마케팅 역량을 발휘해야 한다.

성과 리더가 발휘해야 하는 마케팅 역량이라 함은 조직 내/외부 고객의 니즈와 원츠를 잘 파악하고 이를 잘 충족시켜줄 수 있는 능력을 의미한다.

흔히 고객하면 외부고객을 생각하기 쉬운데 내부고객에 대한 마케팅 역량을 간과해서는 안 된다. 임원은 위로 최고경영자라는 고객이 있고 아래로는 팀장이 있다. 마찬가지로 팀장도 위로는 임원이라는 고객과 더불어 아래로는 팀원을 고객으로 갖고 있다. 팀장은 팀원이라는 고객이 어떤 욕구를 가지고 있는지 파악하고 이에 적극 대응해야 한다. 팀원들은 팀장이 공정한 업무기준을 제시하고, 그것에 따라 공정한 평가와 보상을 해주기를 바라고 있음을 알고 있어야 한다. 그 욕구는 외부고객과 마찬가지로 쉽게 겉으로 드러나지 않고 고객들 마음속에 감추어져 있다는 것도 알아야 한다.

팀원도 마찬가지로 팀장을 고객으로 인식하고 팀장이 갖고 있는 욕구를 파악하고 거기에 상응하는 조치를 강구해야 하는 것은 더 언급할 필요도 없다.

외부고객도 내부고객과 같다. 시장에서 고객들의 니즈와 원츠를 파악하고, 전략적인 통찰력을 발휘하여 이를 최대한 충족시킬 수 있도록 노력해야 한다.

외부고객은 내부고객과 달리 대상을 분명히 하기 어렵다. 그런 의미에서 외부고객에 대한 역량 발휘는 먼저 우리가 시장에 공급하는 제품의 고객이 정확하게 누구인가를 알아내는 것으로부터(Target Segment) 시작한다.

공략대상이 확인되면 거기에 맞는 대책을 수립할 수 있다. 사소한 아이디어로도 고객의 마음을 움직일 수 있고, 그들을 항구적인 우리 편으로 만들 수도 있다. 이는 창의성을 계발하는 훈련효과와 함께 마케팅 효과도 거둘 수 있어 두 마리 토끼를 잡는 장점이 있다.

마케팅과 관련하여 하나의 사례를 살펴보자.

분당우체국 옆에 자리 잡고 있는 현대오일뱅크 주유소의 경우, 지리적인 위치도 좋지 않고 가격도 다른 주유소에 비해 리터당 100원 이상 비싸지만 전국의 현대오일뱅크 2,300개 주유소 중 5년 연속 순이익 1위를 굳건히 지키고 있다고 한다. 고객들은 이 주유소에서 기름을 넣기 위해 주유소 건물을 한 바퀴 끼고 도는 수고를 마다하지 않는다고 한다. 그렇다면 이 주유소를 찾고 있는 하루 700여 명의 고객들은 이 주유소의 어떤 점에 사로잡힌 것일까?

비밀은 역시 시장과 고객을 바라보는 날카로운 통찰력과 고객의 원츠를 파고드는 마케팅에 있었다. 이곳 주유소의 주요 마케팅 전략은 바로 '고객과 사귀어라'라는 슬로건 하에 고객에게 '편안함'을 제공하는 것이었다.

아무래도 입지가 좋지 않았기 때문에, 어떤 이유에서든지 처음으로 방문하는 고객들을 짧은 시간에 단골고객으로 사로잡느냐가 중요한 포인트였다. 그래서 생각해낸 것이 모든 고객들이 '나를 위한 주유소'

라는 착각을 할 정도로 편안하게 모시자는 것이었다.

그러한 서비스의 일환으로 실천한 것이 주유소를 한 번이라도 방문한 차량이라면 기억해두었다가 다시 방문했을 때 알아보고 진심에서 우러나오는 따뜻한 말과 친절로 감사를 표시했다는 것이다. 거창하거나 비용이 많이 드는 아이디어가 아니면서도 그 주유소는 고객들이 진정으로 원하는 것이 무엇인지 파악해서 큰 성공을 거둔 것이다. 다른 경쟁 주유소들이 경품공세다 할인정책이다 물량 승부를 하고 있지만, 이곳에서는 공략할 마케팅 대상을 주유소를 찾는 고객의 '마음'에 집중하고 이 마음을 어떻게 하면 가장 편하게 만들어주느냐에 전력을 기울인 것이다.

다시 내부고객으로 돌아와서 이 사례는 리더들이 구성원들을 고객으로서 어떻게 대응해야 하는지를 시사해준다. 리더들은 일선의 구성원들이 진정으로 원하는 것이 무엇인지를 가슴으로부터 파악할 수 있는 현장감각이 필요하다고 본다.

고객의 니즈와 원츠를 잘 헤아려서 그 필요와 욕구를 충족시켜주고자 하는 노력은 성과 리더가 되기 위한 중요한 역량이다.

b. 비전 제시 역량을 발휘해야 한다.

리더는 모름지기 미래의 바람직한 모습을 구성원들에게 제시할 수 있는 비전 제시 역량을 가지고 있어야 한다. 필자는 여러 기업의 컨설팅을 진행하면서 경영진과 임원들이 적절한 조직의 비전을 제시하지 못하여 구성원들이 갈팡질팡하는 경우를 많이 봐왔었다.

아무리 인간적이고 업무능력이 뛰어난 경영자라 하더라도 비전 제시 역량이 부족한 리더는 구성원들에게 리더로서 인정받지 못한다. 차라리 업무능력이 좀 떨어지더라도 비전 제시 역량이 있는 리더가 오히려 낫다는 것이다.

구성원들의 입장에서는 리더에게 다른 어떤 역량보다도 조직을 리드하고, 그 조직이 나아갈 방향을 제시해주는 능력을 갈구하고 있다.

비전은 칠흑 같은 어둠 속에서 불을 밝혀주는 등대와도 같다. 풍랑이 몰아치고 험한 파도가 몰려와도 꿋꿋하게 목적지를 향해 항해하는 배처럼, 조직이 나아가야 할 비전과 방향을 제시하고 구성원들을 독려하는 리더가 있는 조직은 필경 성과조직으로 성장할 수 있다.

필자가 알고 있는 한 중소기업의 사장은 비전 제시 역량이 정말 탁월하다. 구성원들이 원하는 조직의 모습과 사장인 자신이 만들어가고픈 회사의 이미지를 함께 논의하여 공개적으로 선포하고 비전과 중장기 목표와 관련된 내용들을 모든 사무실과 구성원들이 많이 다니는 곳에 액자로 부착하여 누구나 수시로 보고 비전 달성의 의지를 북돋울 수 있도록 하고 있다. 그는 때때로 '우리의 진짜 실력이 과연 어디까지인가'라는 다소 도전적인 질문을 직원들에게 던지면서, 보다 높은 목표를 부여하고 달성 이후 맛볼 수 있는 결실을 구체적으로 제시하기도 한다.

구성원들이 존경하는 리더의 모습은 비전과 방향을 제시하고, 함께 노력하는 사람임을 리더들은 기억해야 한다.

c. 커뮤니케이션 역량을 발휘해야 한다.

주변에서 일방적이고 강압적인 의사소통을 하는 리더들을 보기란 어렵지 않다. 그들은 구성원들이 어떤 성과를 이룩하고 어떻게 보고해야 하는지를 요구하기보다, 그냥 "열심히 해 봐.", "내가 뭘 요구하는지 알지?" 하는 식의 선문답으로 두루뭉술하게 지시하는 사람들이다.

이런 리더들은 일을 지시하고 난 이후 확인하는 커뮤니케이션도 매우 엉망이다. 본인이 타부서나 부하들과 무슨 이야기를 주고받았는지, 또 이야기했던 내용 중 끝까지 챙겨야 할 부분이 무엇인지를 망각하고 다닌다. 그러다 보니 심지어 그의 부하사원들도 지시를 받은 후 피드백을 하지 않는 못된 습관을 물려받는다.

리더들은 결과물에 대한 아웃풋 이미지가 선명하게 떠오를 수 있도록 구체적인 수치로 커뮤니케이션 하는 습관이 필요하다. 정확히 어떠한 결과물을 언제까지, 얼마만큼의 분량으로 원하는지를 구체화된 숫자나 용어를 사용하여 말해야 한다. 특히 본인이 애매모호한 의사소통을 해놓고 괜히 부하사원들에게 책임을 돌리는 일이 생기지 않게 해야 한다.

지시했다고 해서 부하사원들이 모두 알아서 하겠지 하고 방임하는 태도 또한 옳지 않다. 지시한 내용에 대해서 확인하고 어떠한 방법으로 실행을 할 것인지 분명히 체크함으로써 리더와 구성원 간에 불필요한 불신을 막아야 한다.

좋은 커뮤니케이션 리더가 되기 위해서는 일련의 스킬이 필요하다. 이는 경청하고 인정하고 요청하고 질문하는 프로세스를 체득하는 것이다.

먼저 '경청'이란 잘 듣는 것인데, 단순히 들어주라는 의미만은 아니다. '말하는 구성원'의 숨겨진 욕구를 찾아서 공감하고 충족시켜주어서 상대방을 내 편으로 만드는 스킬을 의미한다. 즉 구성원들의 니즈만 보지 말고 원츠까지도 파악해야 한다는 것이다. 최근 미국의 CEO들이 별도의 경청훈련을 받으며 '말하는 리더'가 아니라 '듣는 리더'가 되기 위해 노력하는 것은, 그들의 듣기 능력이 떨어져서가 아니라 듣기의 중요성을 잘 알고 이를 훈련하기 위함임을 알아야 한다. 잘 듣는 것은 상대방의 의중을 정확히 파악하는 것이며 상대방의 의중을 분명히 파악하면 적합한 해결책을 제시하거나 공감을 이끌어낼 수도 있다.

'인정'이란 리더의 생각과 구성원의 생각이 서로 상이하더라도 구성원 관점에서 바라보고 이해하려 노력하는 것이다. 문제를 푸는 방식은 다양할 수 있으므로 굳이 리더가 생각하는 방식이 아니더라도 해결책은 있을 수 있다. 만약 상대방의 방식을 선택해도 성과를 내는 데 큰 차이가 없다면 팀원의 방식을 인정하고 받아들여주는 것이 좋다. 이는 문제를 풀어가는 방식에 대해 리더 자신의 방식만 고집하지 말라는 의미이기도 하다. 어떤 문제를 풀 때 과거 리더가 밤을 새워 풀었다고 해서 자신의 팀원에게도 밤을 새워 문제를 풀라고 지시하는 것은 난센스가 아니겠는가? 인정은 팀원의 눈높이로 자신을 낮추는 것이며, 획일성이 아닌 다양성을 존중하는 자세를 드러내 보이는 것이다. 누구나 자신의 존재와 역할에 대해 인정받기를 원한다. 그런 의미에서 '인정'은 구성원의 자신감을 높여주고 이를 통해 성과를 높이는 성과 코칭의 중요 스킬이다.

'요청'은 구성원이 가지고 있는 생각이나 방법을 들어보고, 본인의 생각을 솔직하게 얘기한 뒤에 구성원들에게 실행을 선택하도록 부탁하는 스킬이다. 한마디로 리더가 일방적으로 지시하지 말라는 의미다. 권위와 강요가 동반된 어투로 "내가 임원이니까(혹은 팀장이니까) 이 일은 네가 당연히 해야 된다."라는 식으로 지시하는 것은 바람직한 의사소통 방식이 아니다. 반면에 요청이라 함은 역할에 입각한 사고가 동반된 것으로 "이 일은 자네가 가장 잘 아는 전문가이니, 이 상황에서는 자네가 이 일을 처리해주면 좋을 것 같은데 어떻겠는가?" 하는 형태로 이야기하는 것을 의미하며, 이렇게 하는 것이 바람직하다는 것이다. 리더가 요청을 하게 되면 구성원들은 자신들이 그 선택을 했다고 믿게 되며, 이는 구성원들을 동기부여시킴으로써 성과로 연결지을 수 있는 좋은 계기를 만들 수 있다.

마지막으로 '질문'이란 구성원 스스로 해답을 찾아가도록 유도하는 스킬이다. 질문을 통해 팀원들이 알아가는 과정을 즐기게 해주고, 또 팀원 관점에서 깨닫게 해주는 것이 핵심이다. 즉 질문이란 리더가 생각하는 것을 팀원들에게 알려주기 위해서 하는 것이 아니고, 구성원 스스로가 성찰하여 깨닫게 해주는 것이 포인트다. 여태까지 많은 리더들이 질문을 한다고 했지만, 따지고 보면 일방적인 강요의 말투로 윽박지르지 않았는지 되돌아볼 일이다.

리더는 이상에서 언급한 경청, 인정, 요청, 질문이라는 네 가지 스킬을 정확히 이해하고 자유자재로 활용할 수 있어야 한다. 그러면 구성원과의 의사소통이 눈에 띄게 개선되는 모습을 발견할 수 있을 것이다.

d. 팀워크 역량을 발휘해야 한다.

여러 사람들이 모여 이룬 조직은 구성원의 태도나 행동양태에 따라 발휘하는 힘이 현저히 다르다. 이런 구성원의 태도나 행동양태가 모여 발휘되는 힘을 팀워크라 하며, 리더는 구성원의 태도나 행동양태에 큰 영향을 미친다.

다시 말하면 리더가 조직의 팀워크를 결정짓는 중요한 요소라는 것이다. 이 점에서 리더의 팀워크 역량은 조직의 성과를 좌우하는 주요 요소가 된다.

팀워크를 논함에 있어 또 한 가지 유념해야 할 점은 바로 리더 자신도 다른 사람들과 마찬가지로 한 명의 팀원이라는 사실이다. 다른 팀원들보다 조직에 큰 영향을 미치면서도 그 스스로 팀원의 한 사람이므로 리더의 행동은 대단히 조심스러워야 한다. 임원이나 팀장이라고 해서 부하들 위에 군림하려 한다거나 의사결정권을 남용하면 팀워크가 현저히 손상되는 것은 이러한 이유 때문이다. 팀워크를 증대시키기 위한 리더의 역할에 대해서는 다양한 연구결과를 통해 일반적으로 알려져 있다. 그러나 여기에서 강조하고자 하는 것은 리더가 팀원들을 진정으로 설득하고 공감함으로써 끈끈한 팀워크를 다져가야 한다는 것이다.

간혹 팀 내에서 의견을 교환하다 보면 서로 여러 가지 근거 자료를 가지고 토론을 벌일 경우가 생긴다. 이 때 각자는 상대에게 자신의 아이디어와 주장의 당위성을 전체 목표를 달성해간다는 공통의 전제 하에서 의견을 내곤 한다.

이런 측면에서 본다면 팀은 하나의 시장이다. 승리는 '시장'에서 아이디어가 채택된 사람의 몫이지만, 그렇다고 나머지 사람이 패자가 되게 해서는 안 된다. 진정한 리더는 아이디어가 채택되지 못한 팀원들을 설득하여 최종 의사결정 결과에 동참하도록 유도해야 한다.

구성원들의 눈높이에서 그들의 의견을 존중하는 것, 자신도 팀원의 한 사람으로서 겸허히 의견을 제시하는 것, 조직원 간에 자유롭게 의견을 교환하도록 유연한 조직 분위기를 유도해내는 것. 이러한 것들이 리더가 갖추어야 할 팀워크 역량의 핵심인 것이다.

e. 하이퍼포머 육성 역량을 발휘해야 한다.

강하고 실력 있는 구성원들로 거듭나는 문제는 어떻게 보면 리더가 누구냐에 달려 있다 해도 과언이 아니다. 예전에는 평범했던 팀원이 어떤 리더와 함께 일하면서 갑자기 역량이 눈에 띄게 향상되고 근성 있는 업무 실행가로 변화해나가는 경우를 가끔 본다. 이와 반대로 우수했던 인재가 새로운 리더를 만나면서 이전보다도 일의 효율이 떨어지고 성과도 줄어드는 것을 경험하게 되는 경우도 종종 있다.

리더가 갖고 있는 어떤 요소가 구성원들을 이렇게 정반대의 모습으로 탈바꿈시키는 것일까? 필자는 리더가 가진 워크숍이나 면담, 피드백 능력 여하에 따라 달라진다고 생각한다.

'워크숍' 능력은 팀원 간에 자연스럽고도 격의 없이 의견을 나누게 하는 팀 플레이(Team Play) 능력을 의미한다. 워크숍은 말 그대로 조직원이 모여 주제를 놓고 토론하며 결론을 이끌어내는 모임이다.

이때 참석자들은 허심탄회하게 서로의 정보와 의견을 공유해서 발생한 문제를 찾아내고 대책을 수립해내야 한다. 누가 워크숍을 주관하든 상관없이 워크숍 결과의 책임자는 구성원들 전체라는 점에서, 워크숍은 일반적인 회의보다 훨씬 구성원의 의견 개진이 자유롭고 문제해결 목적에 적합하다. 필자가 주장하는 것은 워크숍을 잘 활용해서 팀의 성과목표 달성에 영향을 미치는 핵심성공요인과 예상장애요인에 관해 충분히 토론해야 한다는 점이다. 워크숍은 팀워크를 다지고 조직의 성과목표를 달성하는 데 유용한 도구가 될 수 있다.

'면담'은 리더가 구성원 개인의 직무특성과 업무특성을 고려하여 개별적으로 눈높이에 맞게 코칭해주는 행위를 의미한다. 비전을 달성하기 위해 연간 성과목표를 설정하고 구체적으로 실행하기 위해 우리는 월 단위로 성과목표를 수립한 바 있다.

리더는 매달 실시하는 월간 성과목표 경영(MPM : Monthly Performance Monitoring)의 기회를 통해 개인별로 맞춤면담을 실시해야 한다. 전월 실적에 대해서는 달성된 성과에 대해 분석하고 리뷰해주고, 익월의 성과목표를 수립하고 달성전략을 세울 때는 목표 설정에 포커스를 맞춰서 면담을 하도록 한다. 이때 반드시 성과 창출과 관련된 장애요인을 제거하고, 핵심성공요인을 도출해낼 수 있도록 유도하는 것이 중요하다.

마지막으로 성과 리더가 숙지하고 있어야 할 것이 피드백 능력이다. 리더는 피드백을 할 때 무엇보다 피드백 내용이 피드백 받을 사람에게 적절한 내용인지를 판단해보고(적합성), 개인적인 성격이 아닌 변화시키고자 하는 행동에 초점을 맞춰서 피드백 할 수 있도록 신경 써야 한다(초점). 또 구성원들이 원하는 시기에 최고의 성과를 낼 수 있도록 적절한 타이밍을 택하여 피드백을 제공해야 한다.

피드백에는 '교정적 피드백'과 '지지적 피드백'이 있다. 리더는 상황을 잘 판단하여 어떤 것을 사용할지 결정해야 한다. 바람직하지 않거나 기준에 못 미치는 행위나 결과에 대해 언급하는 '교정적 피드백'을 쓸 것인지, 아니면 바람직한 성과 혹은 행동을 반복시키거나 더욱 강화시키고자 할 때 쓰는 '지지적 피드백'을 사용할 것인지를 결정하여야 한다.

필자는 개인적으로 칭찬보다는 교정적인 피드백을, 상대방이 기분 나쁘지 않게 기술적으로 활용하는 것이 효과적이라고 생각한다. 당장 교정적 피드백이 상대방의 기분을 상하게 하고 반감을 불러 일으킬 수 있으나, 시간이 지나고 나면 구성원들은 진정한 발전을 위해서 잘못된 점을 구체적으로 지적해주는 교정적 피드백이 더 중요한 것이라고 받아들이기 때문이다.

성과 중심의 자율책임경영을 실천함에 있어, 각 단계를 수행할 때 체크해야 할 것으로 성과 피드백과 역량 피드백을 어떻게 하면 잘할 수 있을 것인지도 고민하고 대비해야 한다. 개별적으로 고성과자 및 저성과자들을 대상으로 성과와 역량에 대해 피드백을 해줄 때, 대화의 단초를 열고 분위기를 누그러뜨리기 위해 개인 신상에 관한 이야기를 꺼낼 수는 있으나, 가급적이면 본래의 면담목적에 어긋나지 않도록 충분한 시간을 배분하여 피드백을 해주어야 한다. 이때 피드백 스킬을 활용해서 구성원들이 업무 수행에 필요한 스킬을 가지고 있는지 그리고 그 수준은 어떠한지, 업무에 필요한 태도와 역량은 어떠하고 어떻게 발전시켜나가고 있는지 등에 대한 피드백을 제공해야 한다.

마지막으로 리더가 구성원들을 하이퍼포머로 만들기 위해서는 최악의 상황에 직면할지라도 그 상황을 긍정적으로 받아들이는 태도를 가져야 한다. 시련은 구성원들의 역량을 강화할 수 있는 최적의 연습조건이다. 일부 임원들은 조금만 경기가 나빠지고 회사의 실적이 하향

세로 돌아서면 직원들의 역량 개발에 대한 예산을 삭감한다, 구조조정이다, 임금 삭감이다 하며 호들갑을 떤다. 물론 그런 단기적인 처방이 필요한 경우도 있겠지만, 오히려 불황의 시기일수록 리더들은 의연한 자세로 호황의 시기를 대비해야 한다. 어려운 시기는 구성원들의 역량을 한 단계 업그레이드시킬 수 있는 절호의 기회인 것이다.

역량 중심의 인적자원 경영

① 역량 중심의 인적자원 경영이 왜 중요한가?

우리나라가 산업사회로 본격적으로 이행한 지 40여년 만에 디지털 지식사회에 안착할 수 있었던 주요한 요인은 인적자원이 풍부했기 때문이라는 의견이 주류를 이룬다. 그만큼 우리는 물리적인 자원이 넉넉하지 않은 편인데, 오히려 빈약한 부존자원 때문에 타 국가에 비해 남다른 교육열을 보였고 그 결과 선진기업들과 경쟁할 수 있는 역량을 확보했다고 여겨지기 때문이다. 때로는 불꽃 튀기는 교육열이 사회적인 문제점으로 대두되기는 하지만, 우리나라가 글로벌 경쟁에서 살아남기 위해서는 회사와 국가의 경쟁력을 높이는 방법의 모티브가 된 것은 사실이다.

무엇보다도 상품의 가격과 품질이 중요하여 대량생산을 하던 산업화 시대에는 어디에 내다 팔 것인가를 강력하게 추진할 인재가 필요했다. 그래서 통찰력과 직관적인 경험을 가진 임원을 핵심인재로 인정했다. 기업에서는 임원을 확보하기 위해 학력과 경력이 출중한 신입사원을 뽑아서 트레이닝을 시킨 후, 오랜 경험을 쌓게 하면서 전문가로 키웠다.

그러나 지금처럼 경쟁이 극심해지는 경영환경에서는 웬만한 시장은 모두 개척이 된 상태이고, 우리는 이미 넘쳐나는 '지식 과포화' 시대에 살고 있다고 해도 과언이 아니다. 개인이든 조직이든 이미 머릿속에 알고 있는 지식은 너무나도 많으며, 인터넷으로 인해 국가와 시장의 장벽이 낮아졌기 때문에 더 이상 신대륙을 발견하기란 어렵다.

따라서 얼마나 많이 알고 있는지보다 그것을 행동으로 실행하여 성과를 창출할 수 있는가에 대해 우리의 관심은 집중되고 있다.

지금 같은 경쟁시대에서는 개인 스스로 기업의 CEO로서 생각하고 전략을 실행하는 역량 전문가만이 기업의 하이퍼포먼스를 지속적으로 이끌어 낼 수 있다. 산업화 시대에는 상품을 생산하고 판매하는 일에 전문가가 핵심인재였다면, 정보화 시대에는 상품을 생산하기 이전에 고객의 니즈와 원츠를 반영하여 마케팅하는 역량 전문가를 핵심인재라고 부를 수 있다. 따라서 단위 조직을 맡고 있는 소사장과 팀장의 경우 그 역할의 중요성이 증대되고 있다고 할 수 있다.

이러한 현상이 나타난 이유는 구성원들의 에너지 원천이 진화했기 때문이다.

대부분의 구성원들이 가슴 속에 '충전식 건전지'를 달고 생활한다. 일에 있어 싫증을 느끼고 매너리즘에 빠지는 이유는 일 자체에 의미를 두기보다 남에 의해 관리받는 것에 익숙해졌기 때문이다. 대다수의 월급쟁이들은 회사를 그만두고 싶은 마음이 굴뚝같아도 한 달에 한 번씩 꼬박꼬박 나오는 월급에 의해 건전지가 충전되면 그제야 힘을 내서 일하게 되는 시스템에 길들여진 지 오래다. 그 건전지는 시간이 지날수록 서서히 소모되기 때문에 일정 기간 계속 에너지를 충전시켜줘야 한다. 이런 방식으로는 요즘같이 치열한 경쟁 환경에서 절대 경쟁력 있는 개인 혹은 조직으로 성장할 수가 없다. 그런 구성원들이 가득한 회사나 조직은 금방 시장에서 도태될 것이 틀림없다.

따라서, 기업에서는 구성원들이 충전식 건전지 대신 '자가발전기'를 가슴에 품고 업무에 몰입할 수 있도록 구성원들의 행동변화를 유도해야만 한다. 이를 위해서 반드시 선행되어야 할 필요조건이 바로 구성원들의 '역량' 개발에 대한 투자임을 명심해야 한다. 회사에서 구성원들을 우는 아이 젖 주는 식으로 달래는 데 얼마나 많은 비용이 들어간다고 생각하는가? 아마도 그 비용을 추산해보면 전체 예산의 30~40% 정도는 차지할 것이다. 이런 곳에 쓰이는 예산을 직원들을 동기부여하고 역량을 개발시키는 부분에 과감하게 투자해야만 한다. 그렇게 해야만 구성원들이 기존에 달려 있던 '충전식 건전지'를 스스로 가슴에서 떼어내고 진정 마음에서 우러나오는 '자가발전기'로 힘차게 도약할 수가 있다.

구성원들 역시 소진된 에너지를 다른 사람이나 회사에 의해서 충전하려는 의존적인 사고는 임시방편에 불과하다는 것을 알아야 한다. 구성원 스스로가 일과 삶에 대한 에너지를 생산할 수 있는 자가발전기가 되어야 한다. 자신의 업무와 일에 대한 성과를 향해 스스로 동기부여하고 의미를 찾아내는 원동력을 지니고 있어야 하는 것이다.

	As-Is	To-Be
관심사	제품, 가격, 품질	고객의 니즈와 원츠
Focus	강한 추진력	성과(가치) 창출
핵심인재	임원	소사장/팀장
선발기준	능력 전문가	역량 전문가
에너지 원천	충전식 건전지	자가발전기

〈표 3-48〉 하이퍼포먼스 기업으로 지속하기 위한 핵심인재의 조건

실력 있고 강한 구성원들을 얼마나 보유하고 있느냐가 향후 경쟁시장에서 하이퍼포먼스 기업으로 성장하느냐 혹은 도태되느냐를 결정한다. 지금 우리는 그러한 갈림길에 놓여 있다. 앞으로의 조직은 구성원들이 1인 CEO로서 그들의 순발력과 창의력을 키워주고 자율적이고 자립적인 형태로 진화하도록 유도해야 한다.

하이퍼포먼스 기업처럼 인적자원 경영을 역량 중심으로 바꾸기는 쉽지 않을 것이다. 학벌, 지연, 경험 등 과거지향적인 지표들을 가지

고 일부 사람의 주관적인 가치판단에 의거하여 평가하고 관리하는 경향이 여전히 우리 기업에 고착되어 있기 때문이다. 아울러 연공주의에 기반을 둔 보상제도가 운영되는 경우가 일반적이므로, 구성원들이 도전적인 성과목표를 설정하고 이를 달성하기 위해 역량을 발휘하는 것이 아직은 미흡하다.

게다가 여전히 사람에 대해서는 투자개념이 아닌 비용개념으로 여기는 경향이 강하다. 혹시라도 경기가 어려워지거나 기업의 재무상태가 나빠지면 다짜고짜 사람부터 줄이려는 시도가 부지기수이니 말이다.

과거 연공 위주의 인사관리 시스템을 역량 중심의 인적자원 경영 시스템으로 전환하고자 하는 노력이 시도되기는 하지만, 인적자원에 대한 투자효과 측정이라든가 인적자원에 대한 데이터 관리가 거의 유명무실했다고 볼 수 있다.

한마디로 인적자원제도의 바탕에 깔려 있는 철학은 테일러리즘(Taylorism)적인 사고에 여전히 머무르고 있다. 많은 기업들은 구성원들을 하나의 생산요소로서 생산을 위한 원부자재와 비슷한 개념으로 생각하는 경향이 있다. 직급과 직위 등 집단적인 계층 테두리를 정하고 그것에 맞추어서 인사관리를 했던 과거의 방식은 바로 이러한 사고가 바탕이 되었기 때문이다.

최고경영진이나 주관부서들도 입으로는 '인재제일', '인재 육성중심'과 같은 슬로건을 외치고 있었지만, 사람에 대해서도 기계처럼 생산성을 효율적으로 향상시켜야 할 객체로 인식하고 있었던 것이다. 그러면서 인적자원의 시장을 내부 노동시장 중심으로 여기기 시작하였고, 학력, 배경 중심의 집단/연공 위주로 사람을 평가하기도 했었다.

또한 선(先)사람, 후(後)직무 식으로 사람을 먼저 놓고 직무와 업무를 배치하고 맞추려는 사람 중심적인 경향이 있다. 동시에 최고 의사결정권자를 중심으로의 탑다운(Top-down) 방식의 획일적 커뮤니케이션 구조를 지향하는 편이었다.

능력 중심의 연공서열 위주의 인사관리 하에서는 이미 능력을 갖춘 구성원들은 갖고 있는 능력에 따라 지속적으로 고평가를 받게 될 것이며, 능력을 갖추지 못한 구성원들은 기업가정신을 가지고 도전적인 성과를 창출하려는 의지가 생길 리 만무하다.

이제는 생각을 바꾸고 보는 눈을 바꿔야 한다.

학력과 경력 등의 능력사항은 기본적인 요건일 뿐이며, 조직이 지향하는 비전과 목표를 행동으로 옮길 수 있는 '역량'이 중요하다. 이러한 역량 중심의 인적자원 경영은 스포츠 구단에서 많이 볼 수 있다. 프로축구 구단에서 공격수와 수비수를 확보하고 활용하는 방법은 선수에 대한 정확한 데이터를 분석하여 조직의 비전과 승리라는 목표를 달성하기에 가장 적합한 선수를 기용하고, 감독의 작전을 정확히 이해하고 수행할 수 있는 선수들을 게임에 내보내는 것이다. 그야말로, 무한경쟁의 모습으로 한번 주전선수라고 해서 영원한 주전선수일 수 없으며, 선배라고 해서 매번 출장한다는 보장을 받을 수도 없다.

기업경영에 있어 성과 창출의 중심이 구성원들, 즉 사람이라고 바라보는 철학적 관점이 인적자원 경영의 전반적인 부분에 녹아들게 해야 한다.

구성원들은 관리와 통제의 대상이 아니라, 생산의 주체이자 수익의 원천이다. 그러므로 구성원 한 사람 한 사람이 자율적이고 주체적 사고를 회복하고 스스로 인간의 존엄성을 느끼면서 신바람 나게 일하기 위한 휴머니즘(Humanism)적인 사고를 바탕으로 한 인사철학을 재정립할 때다.

외부 노동시장을 중심으로 시각을 넓히고 집단의식보다는 개인과 성과 중심주의를 지향해야 한다. 그리고 선(先)직무, 후(後)사람 식으로 일을 중심으로 사고할 필요가 있으며, 조직 전체에서 수평적 커뮤

능력 중심의 인사관리	역량 중심의 인적자원 경영
과거 지향	미래 지향
집단적/연공 중심	개인별/맞춤형 중심
테일러리즘(Taylorism)	휴머니즘(Humanism)
사람을 생산 요소로 인식	사람을 성과 창출 요소로 인식
사람 중심(先사람 後직무)	기준 중심(先직무 後사람)
내부 노동시장 중심	외부 노동시장 중심
탑다운 방식의 획일적인 커뮤니케이션	수평적 커뮤니케이션 활성화

〈표 3-49〉 능력 중심의 인사관리 vs. 역량 중심의 인적자원 경영

니케이션을 활성화시켜 조직 내의 유형·무형의 정보 흐름에 문제가 없도록 해야 한다.

인적자원 경영의 기준이 될 '역량'이라는 것은 어디로부터 추출하는 것을 의미하는 것일까? 다음 도표를 자세히 살펴보도록 하자.

〈표 3-50〉 인적자원 경영의 기준, 역량은 어디에서 나오는가?

과거에는 능력을 갖추면 역량을 갖추게 되고, 역량을 갖추면 전략을 세울 수 있으며, 전략을 세울 수 있으면 성과가 날 것이라는 논리가 일반적이었다. 그러나 이것은 막연한 추측이다. 능력을 갖추면 성과가 날 것이라는 믿음은 근거가 부족하다. 단지 아마도 그렇게 될 가능성이 있다는 희망 섞인 추측에 불과하다. 일종의 '진인사대천명(盡人事待天命)'의 자세라고 볼 수 있다.

예를 들면, 2008년 베이징 올림픽 야구 예선전에서 국가대표팀의 김경문 감독은 믿음의 야구로 이승엽 선수를 결승전까지 계속해서 기용했는데, 이는 사실 역량 중심의 인적자원 경영은 아니었다. 물론 이승엽 선수의 전적이 최고의 실력가임을 말해주고, 과거에 뛰어난 야구선수로서의 능력을 검증 받았었다.

그러나 역량 중심의 인적자원 경영 측면에서 보면, 경기 당일에 컨디션이 최고로 좋고, 특히 최근에 반복적으로 높은 성과를 달성했던 멤버들을 구성하여 최고의 라인업을 구성하는 것이 올림픽 '금메달'이라는 성과목표를 달성하기 위한 역량 중심의 인적자원 경영의 예가 될 것이다.

이전에 이승엽 선수가 일본에서 보여준 플레이를 생각하며 올림픽 경기에서 결승전까지 계속적으로 기용했던 것은, '한 방'을 바라는 우리의 염원 때문이었을 것이다. 과거의 실적이나 능력 중심이 아닌 현재의 컨디션과 감독의 작전대로 실행할 수 있는 전략적 실행력이 가장 높은 구성원을 중심으로 운영하는 것이 역량 중심의 인적자원 경영이다.

우리가 원하는 도전적인 목표나 성과를 정해놓고, 이를 달성하기 위한 전략을 수립하고 실행에 옮기기 위해서 필요한 역량을 도출해야 한다. 또한 이루고자 하는 정확한 목표를 겨냥해서 전략을 수립하고 역량을 발휘하여 반드시 달성하겠다는 열정적인 자세도 필요하다. 결국 성과를 달성하기 위한 전략실행에 필요한 것이 역량이고, 때문에 우리가 역량 중심의 인적자원 경영을 해야만 성과를 달성할 수 있을 것이라는 당위성이 성립될 수 있다. 이 점을 명확하게 인식해야만 한다.

더불어, 이제는 성과목표 달성을 위한 강한 의지를 가지고 궁극적으로 성과를 달성하기 위한 전략에 기반을 둔 역량을 갖추려고 노력하는 것이 훨씬 중요한 시대가 왔다. 기업마다, 조직마다 성과목표가 다르고 이를 달성하기 위한 전략적 선택이 다르기 때문에 구성원들이 각자 맡은 업무에 대해 자기 스스로 성과를 낼 수 있는 경쟁력을 갖추지 않으면 조직이 원활하게 돌아갈 수 없게 되어버린 것이다.

② 인적자원 경영을 역량 중심으로 혁신한다는 것은 무엇을 의미하는가?

최근에는 비록 소수이기는 하지만 인적자원을 장기적인 수익의 원천으로 활용하고자 하는 기업들이 늘어나고 있다. 역량과 성과에 따른 공정하고 객관적인 성과급 제도를 도입하고 교육을 강화하는 등, 성과를 내기 위한 다양한 방법을 동원하여 인적자원을 전략적으로 경영하려는 시도가 집중되고 있는 것은 상당히 고무적인 일이다.

급변하는 경영환경에 능동적으로 대응하고 경쟁력을 강화하기 위해서 이제는 우리나라 기업들도 인적자원 경영에 고도의 전문성을 가지고 '탁월한 하이퍼포먼스 기업(Excellent High Performance Company)'으로 거듭나야 할 때가 왔다.

대부분의 국내기업들은 성과를 반복적으로 창출할 수 있는지에 대한 검증이나 지원제도가 없는 상태에서 화려한 학력, 경험, 지식 등 주로 연공과 관련된 요소들을 가지고 인사의 기준으로 삼아왔다. 그렇기 때문에 성과 창출에 직접적인 영향을 미치는 통합적인 인적자원제도 운영이 제대로 이루어지지 않았던 것이 사실이다. 그러다 보니 구성원들도 그저 조직 안으로 들어오기 위한 오래된 지식이나 경험 혹은 학력 같은 요소들을 갖추려고 노력했었다.

구성원들이 조직 속에서 장기적으로 터전을 잡고 본인의 역량을 개발시킬 수 있는 인적자원제도가 서로 연계되어 있지 않았던 관계로 마치 응급환자가 침대 위에서 헉헉거릴 때마다 산소마스크로 겨우겨우 생명을 연장하는 것처럼, 필요할 때마다 땜질로 일관하는 인사 처방만을 해왔었던 것이 아닌가 하는 생각이 든다. 게다가 기업의 미래를 생각하기보다는 주관적인 판단이나 기본적인 능력의 관점을 평가의 잣대로 삼아왔다.

궁극적으로 기업들이 '탁월한 하이퍼포먼스 기업'이 되기를 희망하는 이유는 고객들로부터 인정받고 시장에서 우위를 선점하여 성과를 극대화함으로써 기업의 궁극적인 목적지인 비전을 달성하기 위함이다. 그렇기 때문에 우리는 장기적으로 우리가 이루고자 하는 비전으로부터 역계산하여 중단기적인 목표와 전략을 수립하고 이를 실행하기 위한 '역량' 중심의 인적자원시스템을 설계하고 운영해야 한다.

구성원들에게 필요한 역량을 얼마나 체질화시킬 수 있느냐 하는 것이야말로 기업이 추구하는 궁극적인 목적, 즉 이윤과 성과를 극대화시키는 지름길이라고 확신한다. 여기서 말하는 '역량'이라 함은 '개인의 특정 직무 수행 상에서 높은 성과를 올리기 위해 안정적으로도 행동으로서 발휘되는 특성'이라고 정의할 수 있다. 혹자는 '해당 직무를 성공적으로 수행하기 위해 필요한 지식, 기술, 자세 및 행동의 총합'이라고 정의하기도 하고 다른 이는 '어떤 직무에 있어서 효과적이며 우수한 성과를 발휘하는 것과 밀접하게 관계되는 특성'이라고 정의하기도 한다. 그런데 많은 사람들이 학벌, 지식, 경험과 같은 능력을 역량이라 오인하고, 아직까지도 교과서적인 지식을 달달 외운다거나 혹은 해당 조직의 구체적인 비전 및 성과목표와는 별 상관이 없는 역량을 축적하는 데 열을 올리고 있는 모습을 보면 안쓰러운 생각마저 든다.

역량이라는 것이 우연적인 사건이나 일회적으로 나타나는 성과가 아니라, 반복적이고도 지속적으로 발휘되는 성과와 관련된 행동특성을 일컫는다는 데 주목해야 한다. 기업은 자사가 추구하고 있는 핵심가치와 비전을 바탕으로 이루어야 할 성과를 구체화하고, 그것과 연계해서 성과지표를 구성해야 한다. 또한 단위 조직과 구성원 개개인이 이루어야 할 성과에 대해 정기적으로 피드백을 주고받고 그 성과를 달성하기 위한 전략을 실행하는 데 필요한 역량을 구체화하며 역량 발휘에 필요한 능력 개발 요소를 알려줘서 구성원들이 스스로 자기계발을 할 수 있도록 해야 한다. 그것을 통해 성과와 역량에 따른 동기부여 요소와 보상이 이루어지는 방법 등이 전략적인 연계성을 가지고 일목요연하게 구성원들에게 인지될 때, 구성원들은 비로소 주체성을 느끼고 잠재되어 있던 에너지를 폭발적으로 쏟아낼 수 있는 것이다.

지금도 인풋이 성과의 일부를 차지하기도 하지만, 산업화가 시작되던 때는 현재보다 그 비중이 더욱 컸다. 그렇기 때문에 열심히, 철저하게, 성실하게만 일을 하면 되었고, 구성원들 간의 경쟁의식을 높여주기 위해 순위경쟁도 시켰었다. 그러한 현상은 능숙함과 경험을 중요시하는 능력주의 현상으로 부각되면서 인재를 선발하고 육성할 때의 기본철학이 되었다.

그러나 요즘처럼 저성장사회에서는 더 이상 능력코드는 적합하지 않다. 이제는 성과와 역량을 극대화시키는 인적자원 시스템이 필요할 때이다. 우리는 중장기적이고 균형적인 성과경영을 해야 하며, 철저하게 기준 중심으로 구성원의 성과와 역량을 평가하고 총보상 관점의 원칙을 지키되 기록경쟁을 유도할 수 있어야 한다. 채용과 승진 측면에서는 과거지향적인 능력이 아니라, 성과와 직결되는 역량 중심으로 채용하고 승진시키며, 핵심인재를 끊임없이 조직으로 유입시키도록 해야 한다.

동시에 기존 구성원들에 대해서는 역할별로 차별화된 인적자원 개발을 시행해야 한다. 경영진과 리더들의 경우에는 회사 전체적인 관점에서 통합적이고 전략적으로 사고하고 추진할 수 있도록 개발해주어야 하고, 고참 팀원들은 지속적으로 성과를 창출할 수 있는 행동특성인 역량과 성과 창출 고유의 프로세스를 체질화시키는 것이 가장 중요하다고 볼 수 있다. 신참 팀원들의 경우에는 업무를 잘 처리하며 성과를 내기 위한 기본적인 능력을 갖추고 스킬을 익히도록 하는 데 힘을 기울이는 것이 바람직하다.

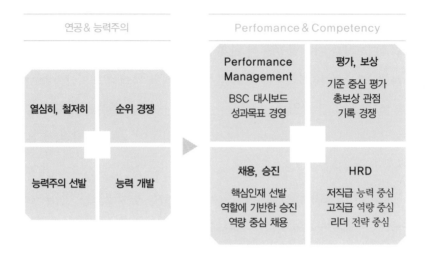

〈표 3-51〉 성과와 역량기반의 새로운 HR 트렌드

우리는 끊임없이 구성원들이 성과 창출에 자발적으로 참여하고 창의적인 지식을 동원해 고객 만족을 극대화할 수 있게 해주는 진정한 인적자원 경영 시스템이 무엇인가를 고민해야 한다. 이러한 시대적 요구를 반영하여 향후에 전개되어야 할 바람직한 인적자원 경영의 트렌드로는 성과와 역량 중심의 인적자원제도라고 표현할 수 있다.

구성원들은 보다 자율적이고 창의적으로 일하고 싶어 한다. 그러나 무엇을 어떻게 해야 하는지에 대한 기준이 애매하다면, 그들은 자신의 역량을 마음껏 펼쳐보이기를 꺼려할 것이다. 어떤 일을 어떤 범위까지 해야 하는지에 대한 기준이 부정확하면, 구성원들은 되도록 자신에게 피해가 가지 않는 범위에서 업무를 수행할 수밖에 없다. 현재 대부분의 국내기업들은 이런 이유 때문에 자사가 보유하고 있는 구성원들의 역량을 충분히 활용하지 못하고 있다. 구성원들은 자신이 지니고 있는 모든 능력을 조직의 성과를 위해 선보이고 싶어 한다. 그런데 동기를 고취시켜야 할 기업들이 도리어 그들의 잠재력을 막고 있는 경우가 허다하다. 그러다 보니 구성원들은 자꾸 타성에 젖게 되고 핑계를 찾게 되며 변명거리를 만들게 되는 것이다.

이제야말로 사람의 본성을 되찾아 기업의 성과를 꽃피울 때라고 생각한다. 이런 측면에서 역량 중심의 인적자원 경영은 이러한 본성을 일깨워주는 원동력이 될 것이다. 인적자원 경영의 성공은 역량이라는 관점을 인적자원 경영 전반에 연계하여 다음 도표와 같이 다양하게 활용할 수 있을 때, 비로소 튼실한 열매를 맺을 수 있을 것이다.

③ 역량 중심의 인적자원 경영을 위한 3대 핵심전략

기업 구성원들이 성과 달성을 위해 직접적으로 영향을 미치는 역량의 고도화는 이를 지원해주는 인적자원 경영에 의해 달라진다. 앞으

- 역량모델을 비전 및 성과목표를 달성하기 위한 전략으로부터 시작하라.
- 사람을 채용하고 승진시키는 기준을 역량 중심으로 재편하라.
- 사람을 평가하고 보상하는 기준을 역량 중심으로 새롭게 디자인하라.

〈표 3-52〉 역량 중심의 인적자원 경영을 위한 3대 핵심전략

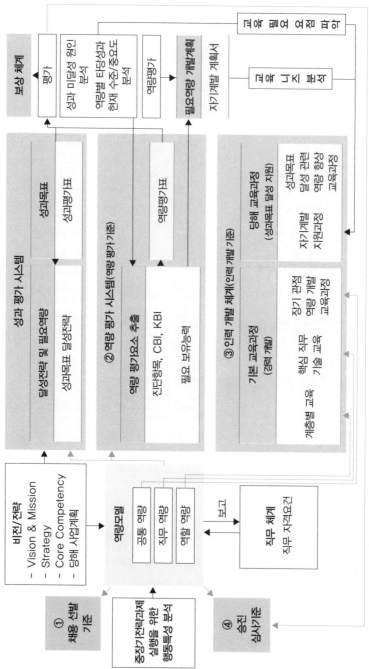

〈표 3-53〉 성과와 역량 중심의 인적자원 경영시스템

로 인적자원 경영을 철저하게 역량 중심으로 디자인하고 운영하기 위해서는 세 가지 핵심전략이 반드시 수반되어야 한다.

첫째, 역량모델을 비전 및 성과목표를 달성하기 위한 전략으로부터 시작하라.

우리가 비약적인 발전을 거듭했던 지난 세월들은 어쩌면 성실과 노력, 그리고 화합이라는 개념을 통해 이루어낸 것일지도 모른다. 그러나 이제는 이것만 가지고서는 경쟁의 무대에 설 수조차 없게 되었다. 여기에 더해서 국제적인 감각, 경쟁개념, 전문성, 정보기술 등 소위 차별화된 역량들을 채워놓지 않으면 살아남기 힘들어졌다. 기업의 입장에서는 자신들이 세워놓은 비전 및 성과목표를 달성하기 위해서 필요한 전략이 무엇인지 선택하고, 이를 실행하기 위해 필요한 역량이 무엇인지를 체계화시켜야만 했다. 그렇기 때문에 역량 모델링이 매우 중요한 과제로 대두되기 시작했다.

역량 모델링이란 조직 또는 직무성과 달성에 필요한 구성원들의 역량을 정의하여 이를 기초로 인적자원 경영의 여러 영역(채용, 경력 개발, 평가, 보상 등)에 응용 가능한 정책 대안을 만들어가는 과정이다. 역량모델은 과거 공급자 중심의 시장형태와 단기성과 중심에서 고객과 핵심역량 중심의 업무 수행방식으로 전환시키기 위한 기준을 표준화하여 제시함으로써, 인적자원 활용을 다변화할 수 있고 역량을 결집시킬 수 있게 하는 효과를 가져올 수 있다는 데서 그 의의를 찾을 수가 있다.

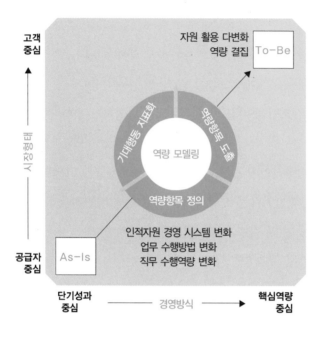

자원 활용 다변화
역량 결집   To-Be

고객
중심

시장형태

기대행동 지표화

역량 모델링

요원인양화

역량항목 정의

인적자원 경영 시스템 변화
업무 수행방법 변화
직무 수행역량 변화

공급자
중심   As-Is

단기성과
중심 ──── 경영방식 ───→   핵심역량
중심

〈표 3-54〉 역량 모델링의 개념

　현업에서는 외부에서 검증된 연구자료 및 선진기업의 역량모델을 참고로 하여 역량을 도출하는 방법을 쓰고 있지만, 해당 기업의 비전 혹은 목표로 하는 구체적인 성과목표를 고려하는 부분이 부족하다. 이러한 현상은 도출된 역량이 해당 기업 고유의 비전과 성과목표에 어떤 관련성이 있는지에 대한 설득력이 매우 떨어지기 때문에 구성원들의 역량을 뽑아내려는 노력이 미비하다고 할 수 있다.

　또 다른 측면에서 많이 쓰이고 있는 방법으로, 고성과자의 특성을 조사하여 역량을 도출하는 방법이 있다. 대부분 현업에서 많이 쓰고 있는 경우인데 현직, 비공식 관찰자, 핵심그룹들과 고성과자와 관련된 행동특성을 수집하여 주제와 유형에 대한 자료를 분석하고 역량모델의 프로토타입(Proto-type)을 개발하는 방법이다. 고성과자들만을 집중적으로 샘플링 하여 그들의 공통적인 특성을 추출해본다는 점에서는 나름대로 의미가 있다. 그러나 이 방법 역시 고성과자들의 개인적 특성에 따라 편차가 있고, 회사 비전 혹은 단위 조직의 성과목표와 밀접한 관련이 있다고 확정하기에는 다소 무리한 부분이 있다.

따라서 역량 모델링을 위한 가장 바람직한 방법으로 회사의 비전과 전략으로부터 도출하는 것을 권장한다. 조직이 지향하는 궁극적인 목적지인 비전과 성과목표를 달성하기 위한 전략을 수립하고 이 전략을 달성하기 위해 필요한 관점에서 역량을 도출해야 한다는 의미다. 그 이유는 궁극적으로 달성하고자 하는 성과로부터 시작하여 이를 달성하기 위한 전략, 그리고 그 전략을 실행하기 위해 필요한 역량을 도출하는 과정은 논리적으로 일직선상에 놓여 있기 때문에, 궁극적으로 성과목표를 달성할 수 있는 가능성이 그만큼 높아진다는 장점을 가지고 있다고 할 수 있다.

회사마다 비전과 이루고자 하는 성과목표가 다르다는 것은 각 회사마다 필요역량이 다르다는 것을 의미한다. 따라서 역량모델은 해당기업 스스로가 내부 구성원들이 합의하고 토의하여 3~5년에 한 번씩 설정하는 것이 옳다. 이를 통해 채용, 평가, 육성 등 전반적 인적자원 경영 시스템과 연계하여 조직성과를 극대화할 수 있는 전략을 추구해야 한다. '역량'은 장기간에 걸쳐 육성해야 하는 것이고, 실제로 행동을 해야 축적된다. 또한 한 번 익히면 중장기적으로 습관화되어 발휘되는 특성이며 성과를 위한 필요충분조건에 가깝다고 할 수 있다

따라서 우리는 구성원들을 평가하는 기준을 세움에 있어, 비전과 전략으로부터 역량을 도출하고 이를 평가기준으로 활용하고자 하는 노력에 다시금 관심을 기울여야 할 것이다.

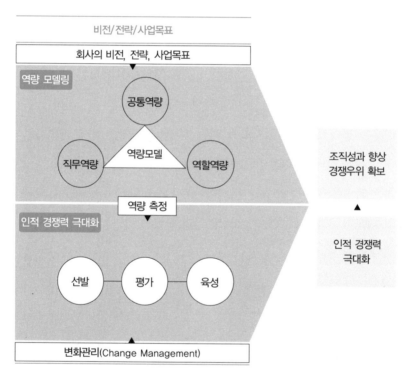

〈표 3-55〉 역량 모델링을 통한 인적자원 경영시스템 통합 모델

둘째, 사람을 채용하고 승진하는 기준을 역량 중심으로 재편하라.

최근 기업경영 패러다임이 인적자원 중심의 경영을 강조하면서 그 중요성과 영향력에 대한 인식을 바탕으로 제반 인적자원 경영의 혁신을 추구하려는 움직임이 시작되고 있다. 특히 회사에서 필요로 하는 인재에 대한 채용을 위해 삼성, SK그룹을 비롯한 유수의 대기업들이 지구를 몇 바퀴 돌면서까지 인재를 모시기 위해 엄청난 투자를 아끼지 않는다는 뉴스도 들려온다. 이것은 기업경쟁력을 확보하는 데 인재가 얼마나 중요한지를 간접적으로 보여주는 현실이다.

비단 기업뿐만 아니라, 대학도 마찬가지다. 얼마 전 서울대학교에서는 미국 프린스턴대학교에서 근무하고 있었던 세계적인 학자이자 한국인 교수인 이철범 씨를 데려오기 위해, 두 달 만에 그 보수적인 학교의 학칙까지 바꿔서 현금으로 연구비 5억 원을 지원하기로 하고, 화학부 학부장이 수차례 미국으로 날아가서 설득작업을 한 끝에 결국 스카우트 할 수 있었다고 한다.

이렇듯 성과경영의 당위성이 기업들에게 점점 절실히 다가오면서 기업의 비전과 전략, 그리고 성과목표를 달성하는 데 필요한 인재를 채용하기 위한 방법이나 프로세스의 변화까지 요구되고 있으며, 역량을 기반으로 한 채용전략에 관심이 증폭되고 있다.

그러나 국내기업의 전반적인 선발방식과 분위기를 감안했을 때, 전체 인사전략에서 선발이 차지하고 있는 비중을 너무 가볍게 보는 것은 문제라고 본다. 일반적으로 인사 분야를 선발(채용, 승진), 경력 개발, 평가, 보상 등으로 구분했을 때, 선발에는 조직의 외부에서 내부로 유입되는 채용도 있지만, 역할책임을 더욱 부가시키는 승진도 포함된다. 여기서 실제로 기업 고유의 문화와 바람직한 인재상에 적합한 인재를 선발하는 것이 전체 인사전략에서 80%를 차지할 정도로 중요한 것임에도 불구하고 선발 부분에 대한 관심은 낮다. 특히 선발에서 가장 중요한 것은 기업이 추구하는 핵심가치와 기본적인 태도를 갖춘 이들을 선별해내는 것이다. 이는 인적자원 경영을 위한 가장 근본적인 조건이 된다.

보통 우리 기업들은 일반적인 학력, 경력 등의 과거 중심의 지표에 따라 채용이 끝난 후 교육훈련을 통하여 조직문화를 수용시키고자 하지만, 애초부터 조직문화를 수용하지 못하는 인재들도 있게 마련이다. 그들이 얼마 못 가서 도태되고 그 조직에 잘 적응하지 못하여 하향평준화 경향을 보이는 경우를 심심치 않게 보아왔을 것이다.

아울러 기존의 승진을 처우를 올려주는 방편으로 활용하였다면, 앞으로는 해당 직책의 역할조건을 명확히 규정짓고 이에 따라 후보자들을 진단하여 승진시키고, 역할을 수행하게끔 하는 것이 중요하다. 예를 들어 인사팀장 직책을 수행할 후보자를 승진시킨다면, 인사팀장의 역량조건(Requirements)을 명확히 규정짓고 후보자별로 이러한 기준에 의거해 진단(Assessmet)한 다음 승진시켜야 예측 가능성, 투명성, 공정성 등을 제고할 수 있을 것이다.

교육훈련도 매우 중요한 요소임에 틀림없으나 기업의 자율책임 성과경영의 주체로서 구성원들을 정착시키고 효율성을 극대화하기 위해서는 앞에서 이야기한 바와 같이 채용에 훨씬 많은 예산과 관심을 기울여야 한다.

예를 들어, 인사부서의 실무자나 관리자, 인사 담당 임원들도 교육이나 보상 부분에 들어가는 예산의 경우는 신경을 많이 쓰고 확대하려고 노력한다. 하지만 채용에 드는 예산이나 앞서가는 선진기법들을 배우고 각 회사에 맞게 적용시키려는 노력에 들이는 인풋 자체는 극히 미비하고 변화를 주려는 노력 또한 미흡한 실정이다.

따라서 기본적인 학력, 경력, 인맥 등 연공적인 요소를 주로 반영하여 사람을 채용하려고 하는 것은 참고사항으로 한정해야 한다. 그것은 시시각각 변하는 환경에 능동적으로 대응하고 넓은 업무 범위와 자기만의 전문성을 기반으로 근본적으로 조직에 융화하고 성과를 낼 수 있는 'T자형 인재'를 확보하고 육성하기에는 아무래도 한계가 있다. 단순한 월급쟁이들을 뽑으려고 하는 채용 프로세스인지, 아니면 기업에 새로운 가치를 창출해서 고성과를 창출할 수 있는 필요인재, 즉 하이퍼포머(High Performer)들을 뽑으려는 채용 프로세스인지를 지금부터 심각하게 고민해봐야 하는 것이다.

이제 우리는 해당 직무에서 반드시 필요로 하는 인재를 채용하기 위한 프로세스를 변화시키고 채용을 한 이후에 이들이 고성과를 창출하기 위한 제반 경영 시스템 준비와 환경을 제공해줘야 한다. 이때 각 회사에서 필요한 직무별로 적합한 인재를 채용하고 승진시키기 위한 세 가지 원칙을 지켜야 한다.

- 역할별 필요인재에 대한 기준을 수립하라.
- 필요인재 선발 프로세스를 새롭게 디자인하라.
- 미래 역할 수행에 대한 투자가 바로 승진임을 명심하라.

〈표 3-56〉 역량 중심으로 채용하고 승진시키는 세 가지 원칙

a. 역할별 필요인재에 대한 기준을 수립하라.

우선, 우리 회사가 하이퍼포먼스 기업이 되기 위해 각 역할별 필요
인재에 대한 기준을 분명히 하는 일부터 시작해야 한다. 필요인재를
보는 시각은 각 기업의 경영철학 및 비전, 미션, 기업문화 등에 따라
다를 수 있다. 개별 기업마다 업의 특성을 고려하여, 우리가 필요로
하는 인재가 정확하게 어떤 요건을 갖추어야 하며, 조직성과의 어떤
부분에 기여를 해야 하는지 등을 명확하게 정의해놓는 것이 매우 중
요하다.

예를 들어, 우리 기업 내에서 가장 필요한 인재로 분류할 수 있는
1순위의 사람을 최고경영자를 대신해서 사업을 수행할 수 있는 역량
을 갖춘 라인 매니저(line Manager)라고 해보자. 기업이 영속성을 가지
고 성장해나가기 위해서는 무엇보다 치열한 경쟁 환경에서 신수종 사
업을 발굴한다거나 혹은 기존 사업을 획기적으로 도약시킬 수 있는 사
업가적인 역량을 가진 사람들이 가장 절실하다.

특히 임원은 신성장 동력을 발굴하고 시장을 개척하며, 팀장과 구성

원이 성과를 달성할 수 있도록 전략적 성과코칭의 역할을 해야 한다. 또한 팀장은 단기성과 달성을 통한 수익성 제고의 역할을, 구성원은 전략적 실행력의 역할을 해야 한다는 점을 명확히 규정지어야 한다.

정의해놓은 기준에 따라 외부인력들을 충원하고, 내부인력들을 진정한 하이퍼포머로서 육성해나가는 것이, 무엇보다 필요인재를 잘 길러낼 수 있는 방법임을 명심하도록 하자.

b. 필요인재 선발 프로세스를 새롭게 디자인하라.

우리 회사에 적합한 역량과 하이퍼포머의 기준을 수립했다면, 이후에 해야 할 일은 필요인재 선발프로세스를 새롭게 디자인하는 일이다. 역량이라는 관점에서는 단지 '우수함' 그 자체는 그다지 중요하지 않다. 중요한 것은 그 사람이 가진 기본적인 능력이 바로 성과와 직결되느냐 하는 점이다.

신입사원이든 경력사원이든 채용을 할 때 반드시 성과를 재현할 수 있는 잠재력을 평가해야지, 단지 학력이 좋다거나 과거의 실적이 좋다거나 하는, 잠재적으로 재현성이 없다고 판단되는 성과를 가지고 평가해서 채용의 근거로 삼아서는 안 된다. 어떤 사람이 재현성이 있는 과거의 성과를 가지고 있느냐를 보고 그 사람이 미래에도 꾸준하게 그 성과를 낼 가능성이 얼마나 될 것인가 하는 역량개념에 초점을 맞추어 채용에 대한 관점과 프로세스를 혁신해야 한다.

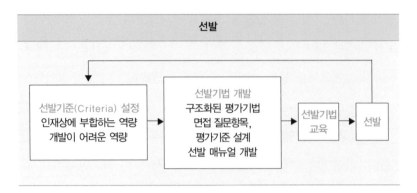

〈표 3-57〉 역량 중심 선발 프로세스

　신규인력을 채용하는 경우에 있어서도 역량을 파악하는 프로세스를 명확하게 하는 것이 매우 중요하다. 선발도구의 타당성을 향상시키기 위해 조직이 필요로 하는 인적자원 역량에 대한 구체적인 기준을 제시하고, 해당 직무의 역량을 보유한 적임자를 선발할 수 있는 가능성을 최대한 높여야 한다. 선발기준 역량을 도출할 때는 일반적인 필요능력, 기본적인 인성 및 자질 등과 관련된 역량을 기본적으로 뽑아내고 이후 인재상에 부합하는 역량 및 팀장, 최고경영자 인터뷰를 통해서 뽑은 역량을 통해 선발 평가항목을 확정한다. 특히 입사 후 개발이 용이한 역량보다는 개발이 곤란하거나 태생적으로 갖추어야 할 자질이나 캐릭터를 고려하는 것이 필요하다.

　그 다음으로는 이러한 역량은 선발기법인 구조화된 평가기법, 면접기법, 선발 매뉴얼 등을 개발하여 측정해야 한다. 이러한 것이 준비가 되면 마지막으로 선발기법에 관해 기업 내부의 주요 담당자들에 대한 심도 있는 반복교육이 이루어져야 한다. 특히 최근에는 어세스먼트 센터(Assessment Center)를 통하여 여러 다양한 기법(Behavioral Event Interview, Psychological Test, In-Basket, Case Analysis 등)이 적용되어 자사에 적합한 인재를 선발하기 위한 진단도구로 활용되고 있다.

이 중에서도 특히 구조화된 면접기법이 유용한데, 역량기준 면접은 면접내용과 직무역할과의 관련성이 높다는 데 주목할 필요가 있다. 역량기준 면접은 역량모델을 활용하여 구체적인 직무와 역할수행의 성공요인을 중심으로 면접내용을 구성할 수 있다는 장점을 가지고 있으며, 지원자에 대한 면접자의 주관적인 판단을 최소화시킬 수 있다는 장점을 가지고 있기 때문에 중요하다.

이는 면접의 타당성이 높아, 전통적인 면접방식에 비해 직무에 적합한 인재의 선발 가능성을 높이고 전체적인 채용 시스템의 성공 가능성을 높여줄 수 있다는 것을 의미한다. 따라서 이와 같은 역량기준 면접의 이점을 극대화하기 위해서는 면접 질문도구가 역량모델에 근거하여 지원자의 보유역량을 정확하게 측정할 수 있도록 설계되어야 한다.

마지막으로 우리가 짚어보아야 할 것은, 채용 관문에 있어서 위에서 이야기했던 부분 이외에 채용기간 및 다양한 제도의 활용이 필요하다는 점이다.

예를 들어 현업에 인턴십을 최소한 3개월에서 6개월 정도 경험시켜 보고 평가에 반영해서 채용을 고려한다거나 하는 방법들을 통해 꽉 막힌 면접장이 아닌 현장에서 직무수행 성과 창출의 잠재적인 가능성과 역량을 고려해보는 것이 반드시 필요하다는 점을 재차 강조한다.

c. 미래 역할수행에 대한 투자가 바로 승진임을 명심해라.

승진(Promotion)이란 조직에서 구성원이 보다 상위의 역할책임으로 옮기는 것을 말하는데, 통상적으로 임금이나 지위가 오르고 책임이 수반되며 인정과 도전을 통하여 높은 욕구의 달성을 기대할 수 있는 상태가 되는 것을 말한다. 일반적으로 승진은 조직의 신분관리 기준, 내부 노동시장 발달에 따른 인재의 체계적 육성을 통한 충원 기능 등이 구성원의 사회적 지위(Status Symbol) 및 소득수준 상승 욕구를 성취하는 경로와의 조화가 이루어지게 해준다.

그리고 합리적인 승진체계 설계를 통하여 구성원들에게 승진에 대한 전망을 부여함으로써 자기계발과 새로운 직무 탐색 등을 적극적으로 하게 하여 인력의 유지 및 생산성 향상에 영향을 미치는 역할을 한다. 이는 조직이 무엇을 가치 있는 것으로 생각하고 있는가를 보여줌으로써 구성원이 조직의 가치기준에 따라 한 방향으로 의사소통할 수 있는 수단이 된다는 점에서 그 중요성을 찾을 수 있다.

승진제도에 있어 무엇보다 중요한 것은 과거의 유령이 미래를 지배해서는 안 된다는 점이다. 승진을 과거 성과에 대한 보상이라는 관점에서 접근하는 것은 옳지 않다.

만약 지속적으로 반복되는 성과를 올리지 못하는 사람이 조직의 리더나 책임자로 승진하게 될 경우를 예상해보자. 그는 온갖 수단을 안 가리고 어떻게 해서든지 자신이 과거에 낸 성과에만 의존하고 향수에 젖을 가능성이 높다.

"내가 5년 전까지만 해도 정말 잘나갔는데 말이야." 하면서 과거의 성과 자랑만 늘어놓게 되는 것이다. 더 큰 문제는 이런 리더 밑에서 일하게 되는 구성원들의 경우, 사기가 저하되고 덩달아 성과를 만들어내지 못할 가능성이 높다는 데 그 심각성이 있다.

구성원들을 승진시킬 때 주관적인 가치판단이나 과거의 인상적인 기억을 더듬어 판단하는 기업들이 여전히 많다. 이와 같은 일이 잦아질수록 대부분의 구성원들을 역량과 실력이 부족한 무능력자로 만드는 꼴이 되어, 해당 기업의 인적 경쟁력은 하이퍼포먼스 기업과는 영영 이별을 하게 된다.

승진제도를 운영할 때 유념해야 할 것은 대상자들에게 미래에 그들이 맡아야 할 역할에 대해 분명하고 확실하게 이야기해주어야 한다는 것이다. 그리고 역할을 잘 수행해내기 위한 역량이 무엇이고 어떻게 역량 개발을 지속해나가야 할지에 대해 확실하게 짚어주는 것이 필요하다.

구성원들이 해당 역할에 적임자인지를 다양하게 평가할 수 있는 별도의 시스템을 구축하는 것이 바람직하다.

승진관리 운영의 유형에는 크게 졸업방식과 입학방식 두 가지가 있다.

졸업방식은 현재의 어느 직급이 기대하고 요구하는 지식, 기능, 경험과 같은 자격요건을 충분히 충족하면 상위직급으로의 승진이 이루어지는 승진방식을 의미한다. 입학방식은 현재의 직급에서 요구하고 기대하는 자격요건을 충족할 뿐만 아니라, 그 상위직급에서 요구하고 기대하는 요건까지 충족할 수 있다고 인정될 때 이루어지는 승진방식을 말한다.

바람직한 승진제도를 운영하려면 졸업방식과 입학방식을 절충하는 것이 필요하다. 능력의 육성단계에 있는 팀원급일 경우 졸업방식을, 축적된 전문능력을 발휘하여 성과 달성을 하는 것에 자격요건의 초점이 맞추어진 팀장급 이상의 경우 입학방식을 채택하여 운영하는 것이 효과적이다.

팀장 이상급 : 입학방식 팀원급 : 졸업방식	연공	성과	역량

대상	승진제도 방식	운영 기준	
		주요 요소	기본 요소
팀장 이상급	입학방식	성과위주	연공
팀원급	졸업방식	역량위주	연공

〈표 3-58〉 바람직한 승진제도 운영 기준

과거에는 실적 중심으로 승진의 기준을 삼았다고 하면, 앞으로는 미래의 가능성을 바탕으로 해서 역할 중심의 승진제도를 구축해야 한다. 그래서 승진 대상자를 결정하는 데 객관성을 유지하기 위해서는 아주 다양한 진단 기법을 활용하는 것이 필요하다. 승진 대상자들에 대해 관찰 및 면담도 적극적으로 여러 번 해보고, 액션러닝 과제를 부여한다거나 다면평가 등을 활용해 최소한 1년 정도의 기간을 거쳐 다각도로 평가해보고 최종 승진자를 결정하는 것이 좋다. 기존의 직급을 바탕으로 한 승진보다는 임원 및 팀장, 파트장 등 역할을 중심으로 한 승진제도 운영을 강화하여 향후 구성원들이 본인의 역할인식을 재정립하고 성과책임을 충실하게 이행해나갈 수 있는 토양을 구축할 수 있도록 최선의 노력을 기울여야 한다.

셋째, 사람을 평가하고 보상하는 기준을 역량 중심으로 새롭게 디자인하라. 많은 기업들이 성과를 더욱 극대화하기 위해 구성원들을 평가함으로써 동기부여시키기를 고민하고 있다. 우리가 흔히 이야기하는 평가는 광의의 의미와 협의의 의미로 구분될 수 있다.

광의의 의미는 주관식 자질 평가를 의미하는 것으로 주로 채용, 승진, 혹은 보임과 같은 부문에 있어 참고자료로 활용하는 것이 보통이며 오랫동안 축적시켜놓고 관찰하는 것이 상례다. 3~5년 정도 중장기적인 관점에서 구성원들을 적재적소에 배치하는 것을 목적으로 하고 있어서, 직무가치와 사람에 대한 주관적 가치평가를 통해 조직의 역할수행 능력을 함양하는 데 집중한다고 보면 이해하기가 쉬울 것이다.

반면에 매년 시행하는 협의의 인사 평가는 사전에 합의한 성과목표에 대한 달성도를 평가하는 것과 더불어, 성과목표 달성전략을 실행하기 위해 필요한 역량 평가의 두 가지 의미를 동시에 지니는 직무 수행기준 평가를 의미한다.

즉 단기적인 관점에서 사전에 합의한 연간 성과목표의 달성도와 함께, 구성원들이 전략 실행에 있어 필요한 역량에 대한 평가까지 포함한 직무수행 기준에 대한 평가를 일괄하여 성과 평가라고 명하여 실시하는 것이라고 보면 된다.

두 가지의 인사 평가 측면에서 봤을 때, 과거 우리나라 기업들이 운영해왔던 평가제도를 살펴보면 몇 가지 문제점을 안고 있음을 발견할 수 있다.

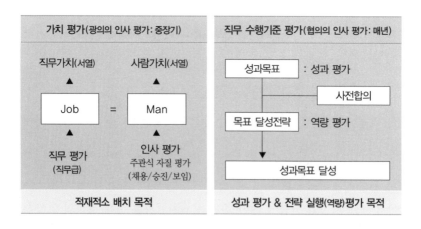

〈표 3-59〉 광의의 인사 평가 vs. 협의의 인사 평가

첫째, 우선 아직도 직무 수행기준 평가가 아닌, 사람 중심의 주관식 가치평가가 주류를 이루고 있다는 점을 들 수 있다. 무엇보다 성과목표 달성전략을 실행함으로써 애초에 합의했던 성과목표를 얼마나 달성했는가에 대한 객관적 성과 평가기준이 아직도 미흡하고 달성전략을 실행할 역량에 대한 적정한 평가기준 설정은 더욱 적용되지 않고 있다. 여전히 윗사람들의 주관적 가치판단에 따른 평가를 성과 평가에까지 적용시키고 있다는 문제를 언급하지 않을 수 없다.

아울러 평가자가 임의로 혹은 자의적으로 해석하여 근거 없는 주관식 평가를 자주 하게 되는 결과도 목격하게 된다.

두 번째로 들 수 있는 문제점은 평가를 위한 기준이 사전 직무수행 기준이 아니라 주로 사후 평가지표 중심이라는 점이다. 객관적이고 합리적인 평가기준이라고 하는 것은 일을 시작하기 이전에 이미 원하는 성과의 아웃풋 이미지를 떠올릴 수 있어야 하는데, 대부분의 기업에서 운영하는 평가지표는 일을 해보아야만 그 측정 가능성을 알 수 있

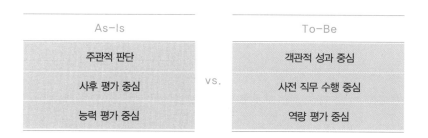

〈표 3-60〉 직무수행 기준평가의 개선 방향

는 지표로 구성되어 있는 경우가 허다하다. 이로 인해 구성원들이 업무 수행 방향을 제대로 잡지 못하는 경우가 발생하고 성과를 올릴 수 있는 가능성이 점점 희박해지는 상황을 맞이하게 된다.

세 번째로 지적할 수 있는 것은 역량 평가 부분에서 비전 및 성과목표 달성을 위한 전략적 실행역량을 평가해야 하는데, 이와 동떨어진 능력과 관련된 평가지표들을 활용하여 운영하고 있다는 점이다. 우리가 도착하고자 하는 목적지, 즉 성과를 달성하는 데 결정적인 영향을 끼칠 수 있는 전략 실행역량이 정작 무엇인지도 모르고 그저 느낌으로 오래된 지식이나 경험, 스킬 같은 능력을 필요 역량이라고 추측하여 정의하고 이를 역량 평가의 기준으로 삼는 오류를 범하고 있는 것이다.

결국 성과목표를 달성하기 위한 전략을 얼마나 잘 수행할 수 있는가와 관련된 역량의 보유수준이 기업 구성원들의 경쟁력을 판단하는 관건이라고 보면, 조직 단위 혹은 개인의 평가제도 운영에 있어 역량 기반의 평가제도 혁신이 꼭 필요하다고 볼 수 있다.

특히 그동안 우리나라 기업과 조직에서 운용해왔던 연공중심의 보상제도는 신분적 보상 위주의 내용과 연공서열 위주의 획일적인 보상 형태를 띠고 있어서 조직경쟁력의 하향평준화, 구성원들의 무사안일주의와 치열한 경쟁시장에서 상대적인 생산성 저하를 가져왔다. 성과가 직접적으로 보상에 반영되지 않음으로써 결국 구성원들의 적극적인 동기부여를 이끌어내지 못했고 이는 역으로 성과 창출을 저해하는 요소로 작용하기에 이르렀다.

사기를 저하시키는 보상		동기를 부여하는 보상
금전적		금전적 + 비금전적
연공 중심	vs.	성과와 역량 중심
획일적 보상		차등 보상
불공정 보상		공정 보상

〈표 3-61〉 사기를 저하시키는 보상 vs. 동기를 부여하는 보상

1990년대 후반 IMF 외환위기와 최근 글로벌 금융위기를 겪으면서 많은 기업들이 연봉제, 성과급 등 성과와 역량 중심의 보상체계를 도입하여 침체된 조직에 활력을 불어넣으려고 했다. 이에 따라 성과주의의 보상체계로 전환되면서 '가치를 창조하는 전략적 보상'이라는 새로운 패러다임이 등장하기도 했지만, 일반적으로 기업의 보상체계는 급여나 상여 등을 통한 직접보상 위주로 구성되어 있으며 간접보상은 형식적인 수준으로 미미한 형편이다.

보상제도는 마치 미꾸라지들 속의 메기와 같은 역할을 함으로써 구성원들의 행동에 신선한 자극을 주어야 한다.

따라서 과거와 같은 보상패턴에서 벗어나 구성원들을 능동적이고 자율적으로 움직일 수 있는 시스템으로 혁신해야 스스로 동기부여시키는 자가발전식의 조직문화를 정착시킬 수 있다.

앞으로 구성원들을 역량 중심으로 공정하게 평가하고 보상할 수 있는 일곱 가지 원칙이 무엇인지 살펴보도록 하자.

- 구성원들의 주관식 자질 평가는 가치 중심으로, 직무수행 평가는 성과와 역량 중심으로 하라.
- 경쟁의 방식을 순위 경쟁에서 기록 경쟁으로 바꿔라.
- 평가 결과보다는 프로세스를 중시하라.
- 평가자들을 교육하는 방식부터 과감하게 바꾸어라.
- 보상은 단편적 보상이 아닌, 총보상 관점에서 하라.
- 평가와 보상 메커니즘을 입체적으로 연동하여 동기부여를 강화하라.
- 초과성과에 대한 기여 부분에 대해 과감하게 보상하라.

〈표 3-62〉 역량 중심으로 공정하게 평가하고 보상하는 일곱 가지 원칙

a. 구성원들의 주관식 자질 평가는 가치 중심으로, 직무수행 평가는 성과와 역량 중심으로 하라.

대개 구성원들의 승진, 보임, 이동 및 배치, 퇴직 등과 같은 주관적인 평가를 하게 될 경우에는 진단 기법을 활용하여 자질과 잠재력에 대해 충분한 검증을 하는 것이 필요하다. 특히 구성원들에 대한 주관식 가치평가는 무엇보다 육성을 위한 피드백을 그 주요 목적으로 하고 있기 때문에, 결과에 따라 순위를 매긴다거나 과도한 성과급과 연계시키는 것은 바람직하지 못하다.

평가 대상자가 향후 승진이나 직책 보임을 원할 경우, 강점과 보완해야 할 부분에 대해 구체적으로 피드백을 해주고 1년 정도 지켜본 후 의사결정을 하는 데 활용하는 참고자료로 삼는 것을 잊지 말자. 구성원들이 직무를 수행한 결과에 대한 직무수행 평가기준에는 분명하게 성과와 역량 평가기준에 근거하여 평가해야 한다. 이유 없이 미워보이고 마음에 안 든다고 해서 주관적으로 평가하는 것은 절대 금물이다.

예를 들어, 성과는 자타가 공인하는 최고 성과를 달성하나, 자질이나 팀워크라는 측면에서는 팀장에게 매일 대들고 아래 사람들에게는 지나치게 이기적인 면을 보여서 다른 구성원들이 기피하고 꺼리는 구성원이 있다고 하자. 이런 구성원은 어떻게 평가를 해야 할까?

일은 잘하지만 자질이나 태도가 영 찜찜해서 낮은 점수를 주자니 탁월한 성과를 무시할 수도 없고, 한참의 고민 끝에 적당히 평균 잡아서 B등급을 주는 것이 과연 옳은 것일까?

아무리 그 구성원의 태도나 자질이 마음에 들지 않더라도, 팀에서 제시하는 성과기준과 역량 평가기준을 모두 만족시켰다면, 당연히 그에 상응하는 신뢰성 있는 평가등급을 부여하는 것이 맞다. 구성원의 자질과 태도와 관련해서는 매년 실시하는 인사 평가와 별개로 승진이나 직책 보임과 같은 경우에 반영할 문제로 별개로 처리해야 한다. 구성원에 자질이나 태도와 관련된 문제를, 사전에 제시한 직무수행 기준의 달성 여부와 연동해서 평가하지 않도록 유의해야 한다.

직무 수행기준의 경우, 사전에 평가기준을 제시하여 일정 기간이 지난 후 그 기준에 따라 평가할 것임을 알려주고 제시된 바람직한 기준에 따라 행동할 수 있도록 유도하는 것이 중요하다. 특히 그 사전 기준이 객관적이고 구체적이어야 한다.

요즘 많은 기업이나 조직들에서 평가 결과를 통해 교육훈련을 강화하는 것을 볼 수 있다. 필요역량 수준을 진단하고 바람직한 수준과의 격차를 극복하고자 하는 역량 강화 교육을 현장에서 많이 실시하고 있다는 점은, 참으로 바람직한 현상이다.

b. 경쟁의 방식을 순위 경쟁에서 기록 경쟁으로 바꿔라.

평가기준과 수준을 어떻게 조정하고 운영하는가에 따라, 기업 구성원들의 행동방식은 천지차이로 달라질 수 있다. 동시에 경쟁방식은 조직 성과 및 개인 성과에 지대한 영향을 미친다고도 볼 수 있다. 평가의 측면에 얽매이게 되면, 구성원들은 본능적으로 자기의 목표수준을 도전적으로 잡지 않고 보수적인 수준에서 설정하려고 하는 경향이 있다. 또한 평가 결과에 대해서도 여러 가지 많은 의문점을 던지곤 한다.

우리나라 기업들 대다수는 평가를 통해 이른바, 상대적인 순위를 측정하고자 하는 '순위 경쟁'에 열을 올린다. 특별히 우수한 인재를 가려내자는 취지도 물론 있지만 대부분은 단기성과를 획득하기 위해 경쟁을 부추기려는 경향이 강하다.

조직의 전체적인 시스템이 순위 경쟁에 매달리게 되면 단위 조직의 장이나 구성원들은 목표수준을 도전적으로 잡지 않게 돼서 조직 전체의 경쟁력은 저하되게 마련이다. 전 구성원이 도전적으로 생각하는 목표수준을 달성하려고 노력하는 것이 아니라, 단지 내부 경쟁에서 승리하기 위해 자신들이 달성 가능하다고 생각되는 수준에서 목표를 정해버리기 때문이다. 그러나 자칫 잘못하면, 전체 구성원들의 역량수준을 하향평준화시키고 내부 구성원들의 과도한 경쟁으로 인해 화합을 저해함으로써, 조직 전체의 경쟁력을 악화시키는 부작용을 초래할 수 있다.

평가 방식과 평가 반영방법도 '절대평가, 절대반영'의 기준을 적용시키는 것이 필요하다. 좋은 예로 마라톤을 한번 생각해보자.

영광스런 명예가 걸린 올림픽 혹은 거액의 상금이 걸린 세계적인 대회의 경우를 보면, 출전 선수들이 기록보다는 금메달을 따는 것 혹은 1등을 해서 상금을 타기 위한 순위 경쟁에 몰입하게 된다. 그러다 보면 세계기록을 보유한 선수들조차 자연스레 느슨한 레이스에 말려들어서, 설령 금메달을 목에 걸지 몰라도 기록은 형편없어지는 결과가 나오곤 한다.

축구의 경우에도 이기고 있다고 느슨하게 경기하는 것보다는 애초에 목표한 대로 지속적인 공격을 통해 골을 넣으려는 공격축구를 펼치는 편이 곧 최선의 방어이자 내부경쟁력을 강화시킬 수 있는 좋은 방법이다. 이미 득점한 골을 지키려는 수비형 축구는 얼마 못 가서 팀 전체를 느슨하게 만든다.

기업 구성원들의 경쟁방식도 마찬가지인 것이다.

도전적으로 달성해야 할 기준들을 절대수준에 맞춰 명확하게 반영해놓고, 이를 달성하는 조직 혹은 개인들에게 절대반영함으로써, 전체적인 역량수준을 끌어올릴 수 있도록 '기록경쟁'의 장치를 두는 것이 반드시 필요하다.

c. 평가 결과보다는 프로세스를 중시하라.

임원들이나 팀장급의 평가자들은 어디까지나 평가 프로세스가 잘 진행될 수 있도록, 마치 운동경기가 규칙대로 매끄럽게 진행되는 것처럼 옆에서 도와주고 조정해주는 심판의 역할을 수행해야 한다.

경기장에서 주인공은 선수들이고 심판자는 조연이다. 그러므로 당연히 평가는 선수인 구성원들 중심으로 이루어져야 한다. 평가자는 단지 선수들이 규칙을 어기지 않는 범위 내에서 자신들의 역량을 맘껏 발휘할 수 있도록 하는 심판자의 역할을 하는 것이 필요하다.

이때, 평가자는 사정(査定) 목적이 아닌, 개개인의 역량을 육성하기 위한 도구로 평가를 사용해야 한다. 평가를 한다는 것은 업무 수행기준의 결과에 대한 가치를 판단하는 것이므로 결과 자체에 대한 측정도 중요하지만, 그러한 결과가 나오게 된 원인을 분석하고 더 나은 결과를 내기 위해서는 어떠한 역량을 보완해야 할지에 대해 미래지향적으로 논하는 것이 더욱 중요하다.

그런 의미에서, 평가 시에 행하는 리더들의 코칭이나 면담이 차지하는 몫이 굉장히 중요하다고 볼 수 있다. 평가면담은 성과와 직무수행 과정상에 나타난 행동을 정리하고 평가자와 평가 대상자가 의견을 공개적으로 교환하는 과정이다. 때문에 이러한 과정을 거치게 되면 아무래도 평가 대상자로 하여금 결과에 대한 수용을 용이하게 만든다. 평가자가 평가 대상자의 관심사를 경청하고 그에 대해 적절한 반응을 보여줄 수 있는 중요한 장으로 활용하는 것이 좋다.

평가면담에서 잊지 말아야 할 것이 하나 더 있다.

절대로 평가기준을 감추거나 은근슬쩍 넘어가려고 하지 말아야 한다. 평가 대상자들과 사전에 어떠한 합의나 의견교환 없이 일정 시간이 지난 후에 일방적으로 합리화시킨다거나 하는 것은 절대 있어서는 안 된다. 그것은 어느 누구에게도 도움이 되지 않고 오히려 평가 대상자들에게 미움과 원성만 사게 하는 역효과를 불러일으킬 뿐이다.

평가기준을 제대로 설정해놓고 모든 평가 대상자들이 처음부터 공유할 수 있게 제도적으로 보장해놓고 나면, 굳이 일부러 통제를 하거나 관리를 하지 않더라도 평가 대상자들이 스스로 기준에 맞춰 행동하려는 모습을 보인다. 이러한 일련의 프로세스를 통해 평가자들이 평가 대상자들에게 무엇이 필요한지 상세하게 설명해준다면, 평가 대상자들은 마음의 문을 활짝 젖히고 자신의 부족한 부분을 스스로 깨닫고 보완하고자 더욱 더 정진하게 될 것이다.

앞으로 우리 기업이 시장에서 하이퍼포먼스 기업이 되기 위해서는 고객들을 감동시키는 계획 단계가 보강되고 경영자들은 그 단계에 정말 많은 시간과 역량을 투입해야 한다. 그리고 실행 단계에서 필요한 중간경영자들의 코칭 활동, 그리고 그것을 통한 실행방법에 대한 자연스런 권한위임, 성과 평가 단계에서의 분석 및 피드백이 제대로 이루어져야 할 것이다.

더불어 평가과정을 속이 잘 안 보이는 블랙박스로 만들 것이 아니라, 누구나 잘 볼 수 있는 투명한 유리박스로 만들어야 한다. 이러한 일련의 역량 중심의 평가 프로세스 혁신과 성공적인 평가 시스템 정착을 위한 반복적인 평가자 훈련 또한 중요하다는 점을 잊지 말기를 바란다.

d. 평가자들을 교육하는 방식부터 과감하게 바꾸어라.

우리나라 학교교육에 있어서 학생들을 어떻게 평가하겠다, 교원들을 이런 식으로 평가하겠다는 소식이 TV나 언론매체에 전해지면, 매번 평가 문제로 학부모와 교육단체, 그리고 감독기관까지 나서서 대안 없는 시끄러운 논쟁과 소모전을 계속하고 있는 것을 종종 볼 수 있다. 그런 모습들을 보면 아직도 우리나라의 교육 현실은 평가의 진정한 의미와 합리적인 방법에 있어 공감대를 형성하지 못했다는 것을 알 수 있다. 아울러 평가자들에 대한 지속적인 교육이 많이 부족해서 그런 것이 아닌가 하는 생각에 안타까운 생각이 많이 든다.

우리 기업들도 정도의 차이가 있긴 하지만, 예외는 아니다.

많은 조직들이 해마다 평가 문제를 가지고 조직 단위에서 또는 개인 차원에서 서로 으르렁거리고 싸우기도 하고 또는 혼자 의기소침해서 급기야 조직을 떠나게 되는 경우도 종종 볼 수 있다. 성과 중심의 자율책임경영을 하기 위해서는 평가가 무엇보다도 중요하다. 그중에서도 평가 주관부서와 현업의 평가자들에 대한 교육은 무엇보다 그 형식과 내용면에 있어서 혁신이 필요한 것이 사실이다.

대개 기업에서 평가자들을 교육하는 시기를 보면 연말 평가시기에 맞춰서 한두 번 하는 데 그치는 경우를 자주 볼 수 있다. 그리고 평가자 교육의 내용을 보면, 주로 인사 평가 시스템으로 어떻게 들어가야 하는지, 평가항목은 무엇인지, 시스템에 입력하는 방법은 무엇인지, 언제까지 입력해야 하는지 등 주로 인사부서의 입장에서 평가 관리의 편의를 위한 시스템 활용법에 치중한다는 인상을 지울 수가 없다. 이런 정도의 교육을 가지고서는 평가자들에게 진정한 평가의 의미와 핵심을 전달해줄 수가 없다. 기업의 경영자나 임원들은 평가자 교육에 있어서 적어도 다음과 같은 형식과 내용이 보완될 수 있도록 과감한 변화를 주문할 필요가 있다.

가장 효과적인 평가자 교육의 시기는 연말이 아니라, 한 해를 시작하고 성과목표를 설정하고 달성전략을 수립하는 연초부터 진행되어야 한다. 즉 한 해의 평가기준을 세울 때부터 평가자 교육을 시행해야 한다는 의미다. 연말의 평가 결과는 연초에 세운 평가에 대한 기준을 얼마만큼 명확하고 구체적으로 수치화시켜 수립했느냐에 따라, 그 신뢰성과 타당성, 납득성이 제고될 수 있다.

다시 말하자면, 평가에 있어서는 구성원들이 수용할 만한 신뢰성, 타당성, 납득성을 확보하는 기준을 세우고 이 과정에서 사전에 합의하는 프로세스가 가장 중요하다고 볼 수 있다. 그렇기 때문에 기업 전체로 보았을 때나 단위 조직의 리더 입장에서 보더라도 해당 조직이 어떤 기준에 따라 평가를 받고, 또 어떤 기준에 따라서 팀원들을 평가할 것인가를 직접 고민하고 기준을 세우는 작업, 그리고 구성원들과 그 기준에 대해 합의하는 초반의 커뮤니케이션 과정이 너무나도 중요하다.

또한 평가자 교육내용에 있어서는 시스템에 입력하는 방법이나 규정된 평가시즌에 대한 안내, 시행중 주의사항과 같은 인사 평가 시스템 매뉴얼을 설명하는 정도에서 그치는 것이 아니라, 먼저 성과에 대한 평가기준을 어떻게 세울 것인가 하는 것으로부터 출발해야 한다. 성과 평가 및 역량 평가 기준을 세우는 방법과 항목별 수준을 어떻게 합리적으로 측정할 것인가에 대한 방법을 함께 토의하고 결과를 도출할 수 있는 교육내용과 훈련방법을 평가자 교육에 반드시 집어넣어서 실행해야 한다. 평가자들이 기준항목을 잘 세우고 구성원들의 성과수준 및 역량보유 정도를 잘 평가할 수 있는 역량은, 어떻게 보면 해당 기업의 구성원들의 역량 수준을 상향평준화시킬 수 있는 기회가 될 수도 있고, 반대로 하향평준화시키는 계기가 될 수도 있다. 그만큼 평가자 훈련을 통해, 평가자들이 지향하는 수준을 육성 지향적이고 발전 지향적인 방향으로 이끌어주는 것이 필요하다.

구성원들이 자가발전기를 장착하고 스스로 에너지를 발산해내고 일에 동기부여하도록 하려면 리더는 '창조적 동기부여자'의 역할을 해야 한다. 이를 위해 평가자 교육의 내용으로 성과 코칭에 대한 이슈들이 반드시 포함될 필요가 있다. 단위 조직의 리더들은 평가를 하기에 앞서, 구성원들이 사전에 합의한 기준에 따라 어떻게 전략을 실행할 수 있게 도와줄 것인지, 또 구성원들이 현재 자기가 실행하고 있는 성과목표의 진행 정도를 어떻게 관리해 나가야 하는지 등에 대한 코칭을 통해 구성원들을 동기부여시키는 일은 매우 중요하다.

그래서 평가자 교육의 내용으로 평가기준 수립 방법과 함께 전략 실행 과정에서 구성원들과 면담은 어떻게 할 것이며, 피드백은 어떻게 주는 것이 효과적이고, 구성원들과의 워크숍은 어떻게 진행하는지 등에 대한 능력을 기본적으로 갖출 수 있도록 해주어야 한다. 평가자들도 인간이기 때문에 어쩔 수 없이 반복해서 저지르기 쉬운 평가 과정에서의 오류 사항에 대해서도 사례나 예시를 들어 설명해준다면 평가자의 입장에서는 아주 좋은 참고가 될 것이다.

e. 보상은 단편적 보상이 아닌 총보상 관점에서 하라.

일반적으로 회사로부터 구성원들이 받는 보상은 금전적 보상과 비금전적 보상으로 구분할 수 있다. 그중에서 가장 두드러진 형태가 현금으로 보상하는 금전적인 것이고, 이것이 지금껏 일반 기업들이 구성원들에게 보상하는 주요 내용이었다고 볼 수 있다. 필자는 금전적 보상과 비금전적 보상을 통틀어 총보상이라고 칭하며 여기에는 인건비, 제반 복리후생과 같은 금전적 보상과 더불어 승진, 교육, 경력 개발 기회와 같은 것을 포함한 다양한 비금전적 보상을 합쳐서 총칭한 개념으로 볼 수 있다.

이 시점에 다음과 같은 것을 한번 생각해볼 필요가 있다.

구성원들을 행복하게 만드는 보상은 어떠한 것일까?

미래에 부를 가져다 줄 수 있는 진정한 보상은 무엇일까?

대부분의 고성과 기업들을 보면, 구성원들의 역량을 지속적으로 발전시켜 주고 조직 안에서 성장할 수 있다는 자신감과 성취감을 주는 것이 월급이나 인센티브보다도 그 효과가 오래 지속될 수 있다는 데 주목하고 있다. 그런 만큼 총보상의 관점에서 종합적인 시각을 강조하고 있는 것이기도 하다.

현재 앞서가는 기업들은 비금전적 보상의 비율이 총보상 재원의 10%에서 많게는 50%에 육박하는 것으로 나타나고 있으나, 기업이 투자를 하는 만큼의 효과나 인지도가 많이 부족한 것이 현실이다.

이제 구성원들에 대한 보상도, 고객 관점에서 재해석할 필요가 있다. 구성원들이 필요로 하는 것이 무엇인지를 파악해야 동일한 보상이라도 그 효과를 배가시킬 수 있다는 말이다. 그래야만 지속적인 하이퍼포먼스가 약속된다. 이를 위해 반드시 두 가지 측면에서 사전에 고려해야 한다.

첫째, 보상 타이밍을 잘 맞추어야 한다. 구성원들이 가장 갈망하고 원할 때, 또는 기대하지 않았던 시기에 시원한 오아시스를 공급해주듯이 적절한 시점을 잡을 수 있다면, 그 효과는 몇 배 이상으로 늘어날 것이다.

둘째, 보상에 의미를 알 수 있도록 신경을 써야 한다. 즉 왜 주는지 분명하게 의미를 전달하라는 말이다. 급여가 오른 만큼 역량과 성과가 향상되었다는 것을 인식시키고, 인센티브를 줄 때는 조직의 목표 대비 몇 %를 달성했기 때문에 지급하는 것이라고 명시하는 것이다. 심리적으로 성취감을 느낌과 동시에 기쁨을 즐기면서 새로운 의욕을 갖도록 해주는 것이 진정 중요하다. 구성원의 눈높이에서 현재 그들이 필요로 하는 보상과 미래에 그들이 받고자 하는 보상이 어우러진 균형 잡힌 보상구조를 제도화시키는 것, 이것이 필요한 때다.

구성원들로 하여금 스스로 나날이 성장하고 있다는 느낌을 가질 수 있게 조직 내에서 일을 하면서 회사와 자신의 인생을 당당하게 보상 받게끔 해주는 것이 필요하다는 점을 늘 염두에 두기 바란다. 그리고 구성원들이 회사가 진정으로 자신을 위하고 있다는 믿음을 심어주고 이를 통해 성과를 창출할 수 있는 동기부여의 계기로 삼는 지혜를 발휘해야 한다.

f. 평가와 보상 메커니즘을 입체적으로 연동하여 동기부여를 강화하라.

요즘 사람들은 남들이 부러워하는 직장을 다니고 있는 것만으로 인생에 축복을 받았다고는 생각하지 않는 것 같다. 신입사원 때는 좋은 직장에 들어왔다는 기쁨에 겨워 잠시 정신을 놓고 있다가 5년, 10년이 지나다 보면 자기의 정체성이나 일에 대한 근본적인 고민에 빠져들기 시작한다. 자신이 과연 그 조직에서 더 성장할 수 있을지, 또는 내가 필요한 역량을 계속해서 축적할 기회가 생길지 등등의 생각들 말이다. 끝도 없는 질문을 던지게 되는 근본적인 원인은 미래성과를 창출하기 위한 동기부여를 강화하는 보상이 이뤄지지 않았기 때문이다.

대다수 기업들이 구성원들이 일한 대가에 대해 단기적이고 금전적인 보상에만 치중하고 있다. 하지만 구성원들은 오히려 중장기적이고 미래지향적인 보상을 원한다. 하이퍼포먼스 기업이 되기 위해서는 구성원들의 직무 수행에 대한 평가 메커니즘과 보상 메커니즘을 더욱 강력하게 연계하여 구성원들의 동기부여를 강화해야만 한다.

그동안 미래성과보다는 과거 경험이나 연공을 중요시하는 풍토에서 보상체계를 운영해왔는데, 이는 조직의 입장에서 봤을 때 매우 큰 짐이 되지 않을 수 없다. 한번 임금이 인상되면 다음번에는 반드시 그 이상의 임금을 지급하게 되는 누적식 성격이 강했기 때문이다. 기업 입장에서는, "저 사람이 이만큼의 급여를 받을 만큼 과연 열심히 일을 하고 있는 것일까?" 하는 의심의 눈초리를 끊임없이 보내게 되고, 이는 외부환경이 급격히 나빠지거나 기업의 기본토대가 흔들릴 경우에는 더욱 서로가 부담스러운 상황에 직면하게 된다.

따라서 기본급은 구성원들의 역량, 즉 성과에 영향을 줄 수 있는 미래가치에 따라서 지급하는 것이 가장 합리적이라 할 수 있다. 능력과 경험이라는 부분은 과거의 성과에 불과하며, 예전의 경험이나 능력이 미래성과를 담보할 수 있는 것은 절대 아니기 때문이다. 매년 자신의 역량수준을 측정하여 보상을 받을 수 있는 기회는 구성원들의 노력 여하에 밀접한 상관관계를 가지게 된다. 구성원들을 적극적으로 움직이게 만들려면, 현재와 같이 기본연봉을 일괄적으로 인상하는 방식은 과감히 혁신해야 한다.

여기서 말하는 구성원들의 직무 수행평가는 앞에서 언급하였던 성과 평가와 역량 평가를 의미하는 것이며, 이를 보상의 기준으로 활용하면 된다.

첫째, 성과 평가는 조직평가와 개인평가로 구분할 수 있으며, 이는 과거의 실적에 대한 평가로 지급되기 때문에 일시적이며 비누적식으로 보상하는 것이 바람직하다.

단기적인 보상의 기준은 성과 평가에 의해서 이루어져야 한다. 여기까지의 단기성과에 대한 금전적인 보상은, 요즘 일반적으로 기업에서도 이뤄지고 있다. 다만 BSC를 통해 조직의 성과를 평가하는 조직평가의 경우, PS(Profit Sharing, 이익분배제도), GS(Gain Sharing, 집단성과배분제도)와 같은 단기적인 인센티브로 보상하고, 개인의 성과(KPI)와 역량(KBI)을 평가하는 개인평가의 경우는 개인 성과급으로 보상해야 하는 것이 바람직하다.

조직을 운영하다 보면, 개개인은 모두 똑똑한데도 팀 전체의 성과가 좋지 못해서 결국 회사의 수익에는 긍정적인 영향을 미치지 못하는 경우가 발생한다. 따라서 팀 내 선의의 경쟁도 중요하지만, 팀을 하나로 묶어서 부분 최적화가 아닌 전체 최적화를 이끌어내기 위한 방편으로, 개인성과 평가에 따른 성과급 지급과 함께 조직평가를 통한 인센티브 지급 방안을 제도적으로 결합해 정착시키는 것이 중요하다. 개인의 성과 평가를 통해 결과에 대해 보상해주는 것은 물론이고, 개인의 역량 평가를 통해서 과정도 보상해준다는 점이 핵심이다.

둘째, 금전적인 보상 자체만으로는 동기부여에 한계가 있다.
동기부여가 지속되기 위해서는 단기적인 성과를 인정하는 금전적인 보상 외에 구성원들의 미래성장을 담보하는 역량 개발과 승진의 비금전적인 보상이 총합적으로 이루어져야 한다. 특히 지속적이고 반복적

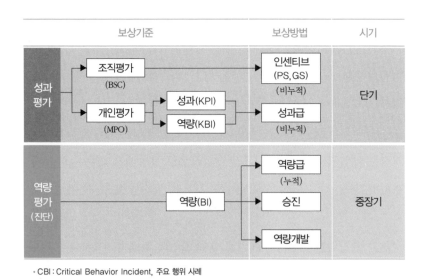

• CBI : Critical Behavior Incident, 주요 행위 사례

〈표 3-63〉 동기부여를 강화하는 평가와 보상의 연계 방안

인 성과를 창출해내는 역량에 대해서는 역량급으로 보상해주어야 한다. 즉 역량은 비전을 실현시키고, 성과목표를 반복적이고 지속적으로 달성시키는 전략적인 힘이므로, 이러한 역량에 대해서는 기존의 일률적 보상인 기본급 인상 대신 역량급을 도입하여 개별 차등화된 보상을 강화해야 한다. 이와 같은 역량급, 승진, 그리고 역량 개발의 보상은 누적식이며, 3~5년 단위로 이뤄지는 중장기적인 보상의 형태다.

g. 초과성과에 대한 기여 부분에 대해 과감하게 보상하라.

구성원들이 주인의식을 가지고 창의적인 아이디어로 성과 창출을 위한 노력에 집중하게 하기 위해서는 어떻게 해야 할까?

아웃풋을 극대화하고 투입되는 인풋을 최소화하려는 경영자 마인드를 가지고 열정과 열망을 가진 사내의 하이퍼포머들을 키우려면, 조직 혹은 개인이 목표로 하는 수준을 훨씬 상회하여 초과수익을 발생시켰을 때 과감하게 보상해야 한다. 이로써 '성과 있는 곳에 보상 있다'라는 성공방정식을 조직 구성원들에게 확실하게 심어줄 필요가 있다.

기업이나 조직에서 흔히 저지르기 쉬운 오류는, 보상의 수준과 상관없이 단지 개인별 혹은 집단별로 차등해서 지급하면 서로 간에 오기가 생기고 질투가 생겨 어떻게든 목표를 달성하기 위해 노력할 것이라고 생각하는 것이다. 이것은 심각한 착각이다. 구성원들을 기계나 부품이 아닌 인격을 가진 인간으로 생각한다면 제대로 된 인간 중심의 평가와 보상이 이루어져야 한다. 구성원들이 열심히 노력해서 목표한 것 이상의 수익을 창출했을 때, 이익배분 프로그램을 통하여 동기부여 차원에서 기여도에 따라 이익을 배분해주는 것은 당연한 일이다. 구성원들이 주인의식을 가지고 창의적으로 성과를 창출하기를 원한다면 중앙통제 방식은 버려야 한다. 과감하게 상호신뢰를 바탕으로 성과기준과 목표, 그리고 허용원가 혹은 목표원가는 회사에서 사전에 합의하되 달성전략과 투입비용의 형태에 대해서는 과감하게 위임해야 한다.

권한위임은 구성원과 조직의 생각과 행동을 바꾸며 성과도 변화시킨다. 예전처럼 중앙에서 모든 것을 보고 받고 통제하는 시스템은 구성원들로부터 더 이상 창의적인 성과를 이끌어내지 못한다. 모든 단위 조직과 구성원들을 성과 책임 조직으로 만들고 목표와 예산에 대해 사전에 가이드라인을 합의하고 실행방법에 대해서는 위임하도록 해야 한다.

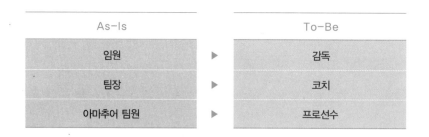

As-Is		To-Be
임원	▶	감독
팀장	▶	코치
아마추어 팀원	▶	프로선수

〈표 3-64〉 성과경영을 통해 재탄생한 기업 구성원들의 To-Be 모델

그동안 조직 내에서 모든 권한과 의사결정권을 쥐고 있던 임원은 프로구단의 감독처럼 전략과 조직의 방향을 지휘하는 역할에 집중해야 한다. 지시하고 통제하고 명령하던 팀장은 프로구단의 코치처럼 구성원들이 업무를 추진하고 실행하는 데 있어서 구체적인 목표를 제시하고 성과를 코칭해주며 지속적으로 동기부여할 수 있도록 지원해줘야 한다. 그리고 아마추어 수준이었던 팀원들은 각자가 프로의식과 열정을 가지고 창의적이고 혁신적으로 성과목표를 달성할 수 있어야 한다.

기존에는 소수인원에 의해 운영되고 독점되는 폐쇄형 인사문화로서 '그들만의 리그'였다면, 이제는 모든 구성원이 참여할 수 있고 예측가능하며 투명성과 공정성이 보장되는 '열린 인사문화'가 정착되어야 한다.

앞에서 봤듯이 기업 구성원들의 역할이 바뀌고 조직이 혁신한다면, 이 책의 가장 중요한 핵심이기도 한 SCM(Strategy & Cruising & Motivation) 모델을 적용하기가 비교적 쉬워진다. 우리나라 경영환경에 적합한 성과경영 프레임을 갖출 수 있도록 설계된 SCM 모델을 근간으로 경영활동을 추진한다면 국내기업들은 글로벌 경쟁시장에서 성과를 극대화하고 지속적으로 성장할 수 있는 가능성을 얼마든지 높일 수 있을 것이다.

대한민국 기업들이 글로벌 시장에서 본연의 존재목적을 이루고 비전과 목표를 달성하는 하이퍼포먼스 기업으로 성장하는 데 도움이 되길 바라며, 마지막으로 다섯 가지 요점을 정리하고자 한다.

- 경영진이 SCM 모델을 직접 챙겨야 한다.
- 하이퍼포먼스 SCM 모델을 활용할 수 있도록 구성원들의 마인드 훈련이 필요하다.
- 중간경영자들을 최고 실력을 갖춘 사내 컨설턴트로 탈바꿈시키는 데 집중해야한다.
- 모든 인사의 기준을 능력 중심에서 역량 중심으로 전환시킨다는 인사철학을 가져야 한다.
- 제도를 만드는 것보다 만들어진 제도를 실행할 수 있는 '힘'을 길러야 한다.

〈표 3-65〉 하이퍼포먼스 기업으로 성장하기 위한 다섯 가지 요점

첫째, 경영진이 SCM 모델을 직접 챙겨야 한다.

기업이 도달해야 할 미래의 비전과 주요 달성전략을 과제화하여 모니터링할 수 있도록 해주는 미래전략 시스템(Strategy System), 비전을 이루기 위한 중장기 과제를 연간 단위로 쪼개어 성과목표로 설정하고 실행시키는 성과목표 실행 시스템(Cruising System), 그리고 두 가지 시스템이 원활하게 운영될 수 있도록 구성원들의 적극적인 참여와 몰입을 유도하는 구성원 동기부여 시스템(Motivation System)에 대해 정확하게 이해하고 활용할 수 있어야 한다.

운영하면서 실행의 주체인 팀 혹은 개인들이 SCM 모델에서 애로사항이나 장애가 되는 요인들에 대해 어려움을 느낄 때는 경영진이 나서서 확실하게 해결해주고, 코칭할 수 있어야 한다. 성과 창출에 필요한 선순환 프로세스를 정립하는 일이 그 어떤 일보다 우선이다. 경영

진이 최우선적으로 추진해야 할 일이라는 사실을 다시 한 번 잊지 말아야 할 것이다.

둘째, 하이퍼포먼스 SCM 모델을 활용할 수 있도록 구성원들의 마인드 훈련이 필요하다.

일을 했으면 성과를 낼 수 있는 구성원들의 마인드 훈련도 중요하다. 특히 성과를 내기 위해서는 무엇보다 구성원 개인들이 상사 혹은 동료들과 같은 사람을 바라보는 인간 중심의 철학이 바탕이 되고 회사와 개인이 동반 성장하여 시너지 효과를 내는 기본적인 경영 메커니즘이 공유되어야 한다.

따라서 구성원들이 먼저 자율적으로 일하고 성과에 책임질 줄 아는 성과 경영자로 거듭날 수 있도록 마인드 훈련에도 많은 투자를 병행해야 할 것이다. 구성원들의 극대화된 역량과 열정은 구성원들의 창의성을 자극하여 고객 만족과 차별화된 경쟁력으로 이어지게 되고 궁극적으로는 기업의 지속적인 하이퍼포먼스로 연계될 수 있다.

셋째, 중간경영자들을 최고 실력을 갖춘 사내 컨설턴트로 탈바꿈시키는 데 집중해야 한다.

사람의 인체를 보면 알 수 있듯이, 허리가 강해야 머리와 다리도 지탱할 수 있다. 조직도 마찬가지다. 내부에 문제가 많거나 비전이 없는 조직을 보면, 대개 중간관리자 계층이 비대하거나 제 역할을 수행하지 못하는 경우를 많이 볼 수 있다. 조직 운영에서 인풋을 줄이는 것을 강조했던 중간 간부들은 아웃풋을 극대화할 수 있는 경영자로서 성장해야 한다. 특히 조직 내의 문제점들을 정확하게 진단하고 이를 바로 잡을 수 있는 사내 컨설턴트로 만드는 노력을 지속적으로 해야 할 것이다.

넷째, 모든 인사의 기준을 능력 중심에서 역량 중심으로 전환시킨다는 인사철학을 가져야 한다.

성공하는 회사의 조직혁신, 성과혁신을 위해서는 무엇보다 구성원들이 움직여주어야 한다. 그렇게 구성원들이 움직이기 위해서는 행동의 기준을 바꿔주어야만 한다. 과거 중심, 능력 중심, 연공 중심의 인사에서 미래 중심, 역량 중심, 성과 중심의 인적자원제도로 과감하게 혁신해야 한다. 성과를 창출해냄에 있어서 구성원들이 역량을 제대로 발휘할 수 있도록 인사제도 각 분야와 유기적으로 연계시키는 것이 절대적으로 필요하다.

다섯째, 제도를 만드는 것보다 만들어진 제도를 실행할 수 있는 '힘'을 길러야 한다.

"구슬이 서말이라도 꿰어야 보배"라는 말이 있듯이 아무리 전략을 잘 수립하고 제도를 잘 만들었다 할지라도 실행이 안 된다면, 조직의 변화나 개인의 혁신에 아무 도움이 안 되는 그림의 떡일 수밖에 없다. 어떠한 환경 변화나 역경에서도 우리가 계획하고 만들었던 전략과 실행과제들을 추진할 수 있는 실행력을 키워야 한다.

성과경영을 통해 시장의 표준을 선점하고 싶어 하는 혁신적인 기업에게 절대적으로 필요한 것은 구성원들이 스스로 생각하고 창의적인 실행을 즐기는 것이다. 일시적인 보상으로 구성원들에게 일에 대한 꿈과 열정을 충전해주려는 기업은 미래 성장동력을 가질 수가 없다. 그런 기업은 언제든지 경쟁에서 뒤쳐질 수밖에 없다.

기업은 구성원들이 자동으로 움직이고 일에 대한 열정과 몰입을 이어갈 수 있도록 하이퍼포먼스 SCM 모델을 활용해야 할 때다. 기업은 중장기적인 비전과 미션, 그리고 핵심가치를 공유하고, 구성원들로 하여금 기업의 비전, 전략, 핵심성과지표(KPI), 핵심행위지표(KBI)를 향해 스스로 동기부여할 수 있도록 해줘야 한다.

구성원들이 주인의식을 가지고 자신의 성과목표를 달성하기 위해 상상력과 창의력을 발휘하는 것은 고객 만족과 기업의 차별화된 경쟁력으로 이어지게 된다. 모든 구성원이 1인 기업가처럼 행동하는 하이퍼포머일 때, 우리 기업과 대한민국은 감히 비교할 수 없는 성과와 함께 역량의 우위를 선점하는 하이퍼포먼스 조직이 될 수 있을 것이다.

미래의 글로벌
하이퍼포먼스 기업을 꿈꾸는
한국기업들을 위한 제언

✿

최고의 환경에서는 역사에 남겨질 탁월한 성과를 기록해낼 수 있지만
최악의 환경에서는 미래의 성과를 보장해주는 핵심역량을 축적시킬 수 있다.

지금까지 진정한 '성과경영'이 지향하는 바가 무엇이며, 성과 중심 경영을 잘 정착시키기 위한 핵심 성공요소들, 그리고 한국기업들을 대상으로 성과경영 유형과 그 특징들을 살펴보고 기업에서 활용할 수 있는 권한위임 경영의 대표적인 도구들에 대해 살펴보았다.

미래에 초우량 글로벌 기업으로 성장하고자 하는 우리 기업 안에 성과 중심의 경영이 제대로 정착되기 위해, 어떠한 면들이 강화되고 어떤 환경이 뒷받침되어야 할까? 각자 몸담은 기업 현장에서 상황과 환경에 맞게 고민하고 연구해야 할 과제일 것이다.

KBS 개그콘서트의 인기코너 '봉숭아 학당'은 전 방송사 코미디 프로그램을 통틀어 최장수 코너로 18년이 넘게 엄청난 인기를 끌고 있

다. 그런데 중요한 것은 TV 화면으로 볼 때는 그렇게도 웃음이 넘치는 '봉숭아 학당'이지만, 그 안을 자세히 들여다보면 정말로 살 떨리는 치열한 경쟁이 숨어 있다는 사실이다. 이 코너에는 시시때때로 누구든지 들어올 수도, 바로 잘릴 수도 있다고 한다. 철저하게 실력 위주로 출연진을 가리기 때문에 봉숭아 학당에는 오직 1등의 '웃음 DNA'만 있다고 한다. 여기에서는 어떤 융합도 가능하고 어떤 개성도 녹일 수 있다. 반면 고객들에게 새롭지 않거나 재미가 없으면 가차 없이 '전학'이다. 철저히 고객 및 수요자 중심으로 진행된다. 그 덕에 '봉숭아 학당'에서 살아남은 개그맨들은 자기만의 캐릭터와 고유 브랜드를 갖는 영광을 누린다.

2000년에 창단된 프로야구팀 SK와이번스는 2006년만 해도 8개 팀 중 6위의 성적을 기록했으며, 연고지로 삼고 있는 인천 지역에는 변변한 고교 야구팀도 없었다. 그러나 이들은 2007년, 창단 8년 만에 한국시리즈 우승이라는 위업을 달성하고 2008년에는 정규시즌 1위로 한국시리즈에 직행하였다. 2008년 시즌은 그야말로 SK와이번스의 독주 체제였다. 시즌 초반에 일찌감치 1위 자리에 오른 뒤 단 한 번도 1위를 내주지 않은 것이다. 다른 팀의 전력이 약해졌다고 할 수도 있겠지만 전문가들은 고개를 저으며 말했다. SK와이번스가 강해진 것이라고.

그렇다면 SK와이번스가 강해진 비결은 무엇일까?
첫째, 감독과 코치의 절묘한 성과 중심의 리더십 발휘를 꼽을 수 있다. 일본 프로야구 지바 롯데마린스 코치를 지낸 감독과 미국 메이저 리그의 시카고 화이트삭스 코치였던 수석코치가 자율성과 데이터를 기 반으로 한 전략실행력을 기본으로 환상의 궁합을 자랑하고 있다.

둘째, SK와이번스에 진정한 2군은 없다고 한다. SK와이번스 선수들 중 자신이 확고한 주전선수라고 말하는 사람은 아무도 없다. 붙박이 4번 타자 자리를 독점하고 있는 선수도 없으며, 매일 매일 타순이 바뀌어 상 대팀이 타순을 예측할 수 없는 시스템은 SK와이번스만의 전매특허다. 그만큼 성적에 따라 각 포지션의 위치가 뒤바뀌기도 하지만, 두 가지 이 상의 포지션을 소화할 수 있는 멀티플레이어가 되기를 강조하는 감독의 선수 평가 기준 때문이기도 하다.

셋째, SK와이번스는 8개 구단 중에 유일하게 2군 선수까지도 해외 에서 전지훈련을 갖는다. 그만큼 훈련의 중요성을 높이 사고 있으며, 성과를 반복적으로 창출하기 위한 역량을 쌓기 위한 노력을 평상시에 도 끊임없이 지속하고 있는 것이다.

앞의 두 사례를 통해, 단순하지만 우리 기업이 글로벌 성과기업으로 거듭나기 위해 어떻게 해야 할지에 대한 방향을 잡는 데 힌트를 얻을 수 있다고 생각한다.

국내에서 제대로 된 성과경영을 펼치는 기업이 거의 없는 현실은 곧, 성과경영 시스템이 아무리 좋아도 그 제도를 수행하고 적용시켜야 하는 구성원들의 역량이 뒷받침되지 않으면 어떤 성과도 창출할 수 없다는 방증임을 깨달아야 한다.

성과경영은 구성원들을 실질적인 주인으로 대접해주는 것에서 출발한다. 그리고 그것은 자율성을 기반으로 권한을 위임해주는 것을 통해서 구체화된다. 성과란 주인의식을 가진 구성원들이 고객 만족을 위한 창의적인 지식을 내놓을 때라야 도출될 수 있는 것이다.

따라서 고객 만족을 가장 많이 생각하고 그것을 위한 실행방법에 대해 가장 많이 고민하는 현장 접점의 구성원들에게 최대한 자율성과 의사결정의 권한을 보장해주는 것이 중요하다. 기업들은 투자의 관점에서 구성원들이 끊임없이 역량을 개발할 수 있도록 지원해주고, 구성원들은 자신들이 기업의 경영자라는 마인드와 애착을 가지고 최고의 실력으로 회사를 위해 성과를 창출해 보답하도록 노력해야 한다.

글로벌 기업 '구글 플렉스(Googleplex)'에서는 일터와 놀이터의 경계가 무너진다. 구글러(Googler, 구글 직원)들은 이곳을 직장이라고 부르지 않고 캠퍼스라고 부른다. 구글 플렉스의 각 층은 온갖 놀 거리로 가득차 있다. 대형 TV에 비디오 게임기와 당구대, 피아노가 놓인 사무실, 호텔급 유기농 음식을 공짜로 제공하는 식당, 하루의 피로를 풀어줄 전문 마사지사와 의료진, 여기에 세탁·이발·자동차 오일까지 회사에서 해결해준다.

메인 건물의 한 사무실은 온통 만화 '심슨' 캐릭터로 도배돼 있다.

모래가 깔린 고무튜브 수영장을 들여놓은 사무실도 있다. 한 30대 엔지니어는 최근 '사내의 유행에 따라' 책상과 의자를 가슴 높이까지 오는 입식으로 바꿨다. 이처럼 놀 거리와 대학 연구실 같은 문화를 고스란히 간직하고 있는 구글이지만, 업무에 대해서는 매우 냉정하다고 한다. 비즈니스 개발 담당 헤드가 말하기를, 구글은 철저하게 퍼포먼스(성과)로 측정하는 회사로 정해진 시간 안에 일을 끝내야 하고, 팀에서 자기의 몫을 반드시 해야 한다는 것이다. 또한 주니어라도 뛰어난 머리와 논리로 설득하면 얼마든지 치고 올라올 수 있을 정도로 나이나 연차는 고려사항이 안 된다고 한다.

또한 직원들의 동기부여를 위해 먼저 직원들 스스로가 권한을 갖고 있다고 피부로 느끼게 만들어주며, 동료들 간의 내부 경쟁 스트레스 역시 건강한 경쟁력으로 전환하도록 해주고 있다. 게다가 직원들을 위한 복지에 많은 돈을 쓰고 있는데 근무하는 동안의 경험을 긍정적인 것으로 만들어 직원들이 회사에 더 오래 머무르도록 하고자 함이다. 모두가 일하고 싶어 하는 직장이 됨으로써 구성원들의 회사에 대한 충성도도 높아지고, 이전보다 더 큰 에너지와 열정을 품고 일할 수 있게 된다.

구성원들이 진정한 고객 만족에 입각한 성과 중심의 '자율책임경영' 메커니즘을 몸에 체질화시키도록 하는 것이, 기업의 입장에서는 몇십 배의 수익을 지속적으로 거둘 수 있는 보증된 '로또'임을 알아야 할 것이다. 하이퍼포머 직원이야말로 하이퍼포먼스 기업을 만드는 원동력이다.

둘째로, 성과를 내려면 기업 내의 프로세스와 제도가 잘 조화되어야 지속적인 고객 만족을 통해 원하는 목적을 달성할 수 있음을 잊지 말아야 한다. 철저하게 실력 위주로 평가와 보상을 실시하는 프로세스를 정착시키고, 아울러 선의의 경쟁을 유도하는 것이 중요하다. 자칫 나태해지거나 고객을 등한시하지 않도록, 객관적인 평가와 함께 차별적인 보상을 연계시키는 인적자원 경영전략을 구사함으로써, 구성원들이 주체성을 가지고 본인들의 잠재적인 에너지까지도 폭발적으로 쏟아내면서 동시에 협력을 할 수밖에 없는 틀을 갖추려고 노력해야만 궁극적으로 우리가 원하는 성과를 달성할 수 있다.

100년의 역사를 자랑하는 미국과 일본의 프로야구를 제치고, 2008년 베이징 올림픽에서 우리나라 야구 대표팀이 사상 처음으로 금메달을 목에 걸었다. 특히 늘 우리를 한 수 아래로 보아왔던 일본이, 이제는 실력이 거의 대등하다고 인정하며 이참에 한국야구를 배워야 한다는 자성의 목소리까지 나왔다.

여세를 몰아 글로벌 경쟁에서 우리나라의 기업들이 전 세계 고객들에게 차별화된 가치와 만족을 제공하고 내부 구성원들이 잠재된 역량을 마음껏 발휘함으로써, 하이퍼포먼스 기업으로 우뚝 서길 바란다.

그래서 전 세계인이 우리를 가리켜 '하이퍼포먼스 기업의 혼이 숨 쉬는 대한민국'이라고 부를 날을 기대해본다.

- 안국동에서 저자 류랑도

HIGH PERFORMER
CORPORATE
STRATEGY

지은이 ✱ 류랑도

'성과경영사상가'이자 '더 퍼포먼스' 대표 컨설턴트.

'성과경영'에 관한 한 대한민국 최고 사상가인 저자는, 한국형 경영전략의 新 패러다임과 새로운 경영시스템으로의 체질개선을 긴급제안하고, 거시적 경영 패러다임의 지각변동과 세부적 실행 노하우, 하이퍼포먼스를 지속적으로 유지할 수 있는 성과 중심 경영의 모든 것을 이 책 한 권에 담았다.

실무경험과 학문적 지식을 모두 겸비한 경영 컨설턴트 겸 성과경영가로서, 연세대학교에서 사회학을 전공하고 SK건설 인사팀에서 다년간 실무경험을 쌓은 후, 성신여대 경영학과 대학원에서 '성과관리'로 박사학위를 취득했다. 현재 ㈜더 퍼포먼스의 대표 컨설턴트로 일하고 있으며, 대한민국 기업과 구성원들을 '하이퍼포머'로 육성하기 위해 십여 년간 노력해왔다.

현재 전경련 국제경영원 HR분야의 자문교수와 수원축협의 사외이사, 한미파슨스의 HR고문, 제주특별자치도 개발공사의 경영자문, 아모제의 경영자문, 화랑신협의 경영고문, 노동부 작업장 혁신위원회 위원 등을 맡고 있으며, 그 외에도 여러 기업의 경영자문을 맡고 있다. 또한 성신여대에서 강의를 맡고 있을 뿐만 아니라, 전경련 국제경영원, 한국생산성본부 등에서도 '하이퍼포머'를 주제로 공개강의를 하고 있다. '성과목표에 의한 자율책임경영'이라는 키워드를 전방위적으로 확장시키는 다양하고 흥미진진한 집필활동을 계속해오고 있으며, 저서로는 《하이퍼포머-성과로 말하는 핵심인재》, 《하이퍼포머 팀장매뉴얼》, 《목표공략3장-일단 시작만 하면 무조건 이루어지는》, 《성과 중심의 리더십》, 《통합성과경영시스템 The Performance》 등이 있다.

하이퍼포머 - 성과로 말하는 핵심인재

류랑도 지음 | 13,000원 (개정증보판)

뛰어난 성과와 열정으로 무장한 인재, '하이퍼포머'. 이 책은 하이퍼포머의 일하는 습관, 성과를 내는 방식, 직장 내에서의 커뮤니케이션 방식 등 핵심적인 노하우만을 뽑았다. '성과경영 사상가' 류랑도 저자가 직접 기업과 개인을 가르치며 얻은 에센스만 엄선했다. (추천 : 팀원들에게 성과에 대한 투철한 마인드와 행동력을 심어주는 책)

하이퍼포머 팀장 매뉴얼

류랑도 지음 | 25,000원

당신을 유능한 팀장, 지혜로운 코치, 존경받는 멘토로 만들어줄 '성과경영'의 교과서! 158개의 도표와 그림, 양식과 차트 등, 성과 중심의 팀경영에 필요한 모든 방법론과 소프트웨어와 툴이 한 손에 잡힌다. 대한민국 최초의 '성과경영을 위한 팀장 코칭 매뉴얼' (추천 : 성과관리와 팀원관리를 해야 하는 리더들의 필독서.)

이기는 습관

전옥표 지음 | 12,000원

애니콜, 하우젠 신화를 만든 마케팅 달인이자, 꼴찌조직을 1등으로 끌어올린 명사령관 전옥표가 말하는 '총알같은 실행력과 귀신같은 전략'으로 뭉친 1등 조직의 비결. 동사형 조직, 지독한 프로세스, 규범이 있는 조직문화 등 실천적인 지침을 담았다. (추천 : 경영자에게는 조직단련의 방법론을, 직원에게는 행동강령을 제시해줄 일터의 필독서)

에너지버스

존 고든 지음 | 유영만, 이수경 옮김 | 10,000원

당신의 인생과 당신의 일터를 열정의 도가니로 만들어줄 책! 삶과 비즈니스의 소중한 교훈이 한 편의 스토리 속에 고스란히 녹아 있어, '에너지 뱀파이어'들로부터 자신을 보호하고, 무한한 열정 에너지를 주위사람들에게 전파시키는 신나는 인생을 사는 방법을 잘 알려준다. (추천 : 조직 활성화와 팀워크 증진에 탁월한 도움을 주는 책)

트렌드 인 비즈니스

글로벌 아이디어스 뱅크 지음 | 고은옥 옮김 | 12,800원

트렌드 속 성공 비즈니스 156가지를 알차게 추렸다! 향후 10년을 지배할 7대 트렌드, 그리고 그 트렌드를 실체화한 비즈니스 아이템과 서비스, 수익모델, 공공정책 등을 소개한다. (추천 : 트렌드에 부합하는 상품과 서비스를 개발해야 하는 비즈니스맨, 신사업을 찾는 CEO, 세상의 흐름을 알고자 하는 모든 사람을 위한 책)

기적의 비전 워크숍

자크 호로비츠 외 지음 | 김시경 옮김 | 17,000원

위대한 기업으로 가는 1박 2일 꿈의 프로젝트! 조직이 품은 꿈을 달성하게 해줄 '비전 워크숍'의 비법을 '하우스모델'과 함께 소개한다. 비전을 통해 모든 구성원의 열정과 헌신을 이끌어내고, 기적 같은 변화를 경험하게 해줄 '비전수립의 결정판'이자 최고의 가이드북이다.(추천 : 비전에 관한 모든 것을 알려주는 최적화된 워크숍 프로그램)

일본전산 이야기

김성오 지음 | 13,000원

장기 불황 속 10배 성장, 손대는 분야마다 세계 1위에 오른 '일본전산'의 성공비결. 기본기부터 생각, 실행패턴까지 모조리 바꾼 위기극복 노하우와 교토식 경영, 배와 절반의 법칙 등 '일본전산'의 생생한 현장 스토리가 우리들 가슴에 다시금 불을 지핀다.(추천 : 감동적인 일화로 '사람 경영'과 '일 경영'을 배운다.)

가슴 뛰는 삶

강헌구 지음 | 13,000원

간절히 원하는 그 모습으로 살아라! '꿈'을 '현실'로, '비전'을 '위대한 성취'로 만들어줄 단 한 권의 책! 150만 밀리언셀러 저자이자 대한민국 최고의 '비전 멘토(Vision Mentor)' 강헌구 교수가 당신의 인생을 바꾸어줄 '꿈의 로드맵'을 전한다.(추천 : 청소년, 직장 초년생, 진정한 인생의 의미를 찾고자 하는 중년의 독자들도 극찬한 책)

성공명언 1001(영한대역)

토머스 J. 빌로드 엮음 | 안진환 옮김 | 18,000원

평생 읽어야 할 동서고금의 명저 1001권을 요약한 듯, 정수만 뽑아 음미한다! 공자, 노자, 소크라테스, 스티븐 코비, 피터 드러커… 인류 역사상 가장 위대한 성취자들이 평생에 걸쳐 얻은 인생의 지혜가 담긴 명문장 1001가지를 영한대역으로 모았다.(추천 : 작가, 강사, 카피라이터 등 글쓰기, 영어논술, 영어토론 준비에 좋은 책)

비서처럼 하라

조관일 지음 | 12,000원

삼성그룹 사장단 47%가 비서실 출신. 회사의 핵심인재이자 히든 브레인, CEO의 비밀병기이자 준비된 1인자, 비서들의 10가지 행동방식을 통해 '비서처럼' 일해야 하는 이유와 그 결과를 명확히 정리한다.(추천 : 사회 초년생에게는 올바른 성공의 길을 알려주고, 힘껏 달려온 상사에게는 따뜻한 위로와 공감을 주는 책)